NARRATORI STRANIERI

MATTHIEU JUNG

PRINCIPIO DI PRECAUZIONE

Traduzione di Sergio Arecco

ROMANZO
BOMPIANI

Via Angelo Rizzoli 8 – 20132 Milano

Realizzazione editoriale: Perroni & Morli Studio – Taormina

ISBN 978-88-452-7197-7

Prima edizione Bompiani novembre 2012

I

Il Dow Jones crollava e io, per quel pomeriggio, decisi di smettere. Erano le 18.30, gli occhi mi bruciavano per aver fissato troppo a lungo lo schermo, la minima iniziativa si sarebbe rivelata controproducente. Preferii navigare per un po' sui siti di *Le Monde*, *Libération* e *Le Figaro*, risollevato dal fatto di aver prestato ottocento milioni di euro al Banco do Brazil a un tasso insperato – exploit che mi rendeva la coscienza molto più tranquilla.

Mezz'ora dopo, mentre aspettavo la metropolitana di superficie, a Auber, mi sentivo piuttosto a disagio. Avevo letto solo tre articoli, e tuttavia le notizie del giorno mi avevano scombussolato. All'improvviso una voce impersonale prese a gracchiare negli altoparlanti della stazione:

"Attenzione! Per la sicurezza di tutti, segnalateci qualsiasi tipo di bagaglio abbandonato. Grazie per la vostra vigilanza."

Macchinalmente guardai sul marciapiede, casomai notassi qualche borsa sospetta. Localizzai alcuni individui capaci, a mio parere, di commettere un attentato, ma nulla nel loro comportamento mi permise di maturare una certezza. Sfortunatamente, quando salii sul treno, il convoglio era così affollato che non mi fu possibile verificare sotto i sedili. Cercai di scacciare dalla memoria le immagini raccapriccianti dei cadaveri a brandelli lungo la massicciata della stazione di Atocha.

Una volta sceso dalla metropolitana, battei il record personale di tredici minuti, il tempo minimo impiegato per percorrere a piedi il tratto di strada che va dalla stazione a casa mia. Entrando salutai Cécile, poi abbracciai Manon, che ripassava le lezioni in camera sua. La bambina saltò dalla sedia per gettarsi tra le mie braccia gridando "Papà!" La quotidiana ripetizione di quelle effusioni mi lasciava ogni volta perplesso. Obiettivamente, nessun aspetto della mia personalità giustificava una simile adorazione. Per la verità, non avevo mai suscitato un tale entusiasmo in nessun essere umano. Ero dotato di un'intelligenza media e non possedevo alcuna qualità particolare, né sul piano artistico né in campo sportivo. Professionalmente parlando, la mia carriera conosceva da tre anni una stagnazione inquietante: prova, forse, che a trentanove anni avevo già raggiunto il massimo livello di incompetenza. Con giudizio unanime, tutti elogiavano la mia proverbiale generosità, dote che, per quanto mi riguarda, sapevo essere più il frutto di un patrimonio ereditario, come i capelli scuri o il metro e sessantasei di altezza. Così non nutrivo la benché minima fierezza, consapevole del fatto che la generosità non era per nulla la conseguenza di un tentativo di miglioramento della mia personalità, come, a mio avviso, dovrebbe essere qualsiasi virtù.

Ad ogni modo, anche se quell'attaccamento alla mia persona assomigliava piuttosto all'affezione riservata da un cucciolo al genitore che lo nutre, Manon mi collocava molto in alto nella graduatoria della sua stima.

Le cose andavano in modo del tutto diverso con mio figlio Julien, il quale preferiva abbastanza apertamente la madre. Dovetti bussare tre volte alla porta della sua camera, bardata di adesivi tipo "Stop", "Do Not Disturb" e "Bussare prima di entrare" prima di sentirgli borbottare qualcosa che interpretai come un consenso. Era chiaro che la mia presenza lo importunava. Negli ultimi tempi vivevo con dolore tali manifestazioni di diffidenza, delle quali mi sentivo in qualche modo responsabile. Che gli abbia fatto mancare, quando era in fasce, tutte le premure necessarie? Devo riconoscere che ai miei figli davo di rado il biberon, come altrettanto di rado cambiavo i pannolini. In questo campo avevo incontestabilmente messo in mostra un egoismo di cui evidentemente subivo a distanza l'effetto boomerang. Tuttavia fino all'età di dodici o tredici anni Julien non mi aveva mai manifestato un particolare risentimento. Anzi, il nostro rapporto interpersonale era piuttosto forte. Nel settembre 2002 lo iscrissi, su incitamento di Jean-Jacques Lamour, ai cui consigli mi attenevo scrupolosamente, al club calcistico di Le Pecq. "Lo sport aiuta la socializzazione", affermava a ogni piè sospinto il ministro, il quale, in quanto medaglia olimpica, conosceva l'argomento *a priori*. Sennonché, quando tutti i sabati pomeriggio assistevo alle partite, a proposito di socializzazione vedevo spesso costituirsi delle orde barbariche in miniatura, le quali non pensavano che a simulare, commettere falli da tergo o colpevolizzare l'arbitro. Anche se sarebbe ingiusto non ricordare le testimonianze di generosità fine a se stessa, o di commovente fratellanza, offerte da certi bambini diseredati, originari dei quartieri più difficili della zona. Così mi sentivo sommergere da un'ondata di perplessità, pensando alle teorie di Jean-Jacques Rousseau sulla bontà intrinseca dell'essere umano che avevo studiato alle superiori.

Dopo l'ingresso al liceo, Julien era diventato del tutto incontrollabile. Si mostrava irascibile, giorno dopo giorno il suo linguaggio parlato si depauperava in modo sempre più desolante. Il lessico era ormai ridotto ad alcune formule grevi, grazie alle quali egli esprimeva emozioni ancora sconosciute nella mia lontana adolescenza, come *kiffer sa race* o *déchirer grave*[1]. Non metteva mai il naso fuori se non per comparire con il capo mascherato da un cappuccio che lo faceva un poco assomigliare allo psicopatico del film *Scream*. Alla ripresa delle partite, malgrado l'insistenza dell'allenatore, entusiasta delle sue incursioni atletiche sul fianco sinistro delle difese avversarie così come del suo sangue freddo in area di rigore – una freddezza tale, secondo il mister, da dare sicurezza a un intero collettivo –, Julien aveva categoricamente rifiutato di riprendere il posto di terzino destro nella squadra dei quindici-sedicenni, senza motivare in alcun modo la propria decisione.

Per il momento si dedicava a un'attività altamente costruttiva, che consisteva nel massacrare il maggior numero di persone grazie ai pulsanti di un videogioco.

"Salve. Hai passato una buona giornata?"

Il mio modo di rivolgermi a lui suonava disperatamente falso, me ne rendevo ben conto.

All'inizio Cécile e io, su raccomandazione di numerosi psicologi di cui raccogliemmo i pareri sui giornali, ci eravamo fermamente opposti all'acquisto di una console. Ma negli ultimi tempi Julien continuava a mettere in campo la sua richiesta con una perseveranza così instancabile che una sera, solo per godere di alcuni minuti di pace, finimmo per cedere. Per caso, alcuni giorni dopo, in metropolitana, sbirciando sopra la spalla del mio vicino, lessi su un giornale distribuito gratuitamente un articolo che attenuò il mio senso di colpa. Cécile e io avevamo

1. Argot. La prima locuzione evoca il titolo di un romanzo di Habila Mahany (2008), la seconda quello di una commedia di Bruno Chapelle (2004). In entrambe, *la race* e *grave* fungono da rafforzativi, mentre il gergale *kiffer* e il comune *déchirer* significano rispettivamente *amare alla follia* e *fare a pezzi*. (*N.d.T.*)

semplicemente ceduto alla "strategia di logoramento messa in campo dai nuovi adolescenti", modalità analizzata dalla direttrice marketing di un operatore di telefonia mobile. L'autrice invitava a sdrammatizzare le frizioni tra generazioni e ravvisava, nelle incessanti richieste dei nostri teneri virgulti, una logica evoluzione delle società moderne, in cui la "gemmazione individuale" costituiva oramai un "orizzonte insuperabile".

Rimasi fermo per un momento a osservare Julien far fuori le sagome del videogame con un ghigno malvagio, le mascelle serrate, le labbra contratte, il corpo scosso da sussulti ogni volta che il sangue di un passante schizzava sui marciapiedi di una megalopoli virtuale. E, rattristato da quello spettacolo, mi eclissai senza aver ottenuto risposta.

Cécile preparava la cena in cucina. Era un'impiegata *part time*. Lavorava come responsabile della contabilità per una catena di librerie, sebbene, di solito, non aprisse altro libro se non il romanzo vincitore del Premio Goncourt, sistematicamente regalatole dalla sorella ogni Natale. In estate si faceva scrupolo di leggere *in extenso* certi mattoni alquanto noiosi, per sentirsi in qualche modo in sintonia con il proprio tempo e arricchirsi intellettualmente. L'ultimo anno aveva sudato sette camicie per leggere fino in fondo un saggio sulla morte spaventosa di quel giornalista decapitato da un gruppo di islamisti in Pakistan. Assecondando un progetto di grande respiro, il filosofo esplorava la "nebulosa terrorista" e al tempo stesso si diceva favorevole a un "Islam dei Lumi", ispirato all'Illuminismo europeo del XVIII secolo. Sulla spiaggia, per non interiorizzare l'effetto traumatico che narrazioni di tale brutalità rischiavano di produrre sulla psiche di un qualunque essere umano messo a confronto con la barbarie, Cécile mi leggeva ad alta voce le pagine sconvolgenti in cui lo scrittore raccontava minuziosamente gli ultimi minuti di vita dell'amico, di cui mi sfugge il nome. In capo a un mese, quando lei richiuse finalmente il corposo volume, pregai Cécile di descrivermi la situazione attuale del Pakistan, questo paese asiatico nato dalla spartizione dell'India in due stati al momento del ritiro britannico nel 1947. Messa in difficoltà dal contenuto della mia domanda, Cécile si era lanciata prima in una serie di spiegazioni confuse, poi, di punto in bianco, vergognandosi di farfugliare soltanto risposte evasive, aveva ammesso di non aver capito granché della tesi sviluppata dall'autore.

"Vedi, è per questo che esito a frequentare tipi un po' troppo brillanti... Dato che non sono abbastanza intelligente per capirli, ogni volta vengono fuori i miei complessi. Mi chiedo se mio padre non avesse ragione trattandomi da idiota."

Il fatto di vederla così disarmata aveva suscitato nel mio cuore un'immensa ondata di tenerezza. Commosso dalla sua fragilità, l'avevo presa tra le braccia.

"Smettila di dire stupidaggini. Sai bene che tuo padre parlava a vanvera, dicendo male di tutti, perché non era tanto a posto con la testa..."

Dopo avevamo fatto l'amore e avevamo provato entrambi un grande piacere, o quantomeno io interpretai la cosa in quel senso.

Nemmeno io leggevo molto, anche se non mi dispiaceva tenermi informato. La mia ultima esperienza con un testo letterario contemporaneo – un romanzo di Michel Houellebecq che finiva con una carneficina perpetrata da alcuni fondamentalisti musulmani – aveva però esercitato un'influenza nefasta sul mio umore, al punto che rinunciai a ripetere in seguito un'esperienza del genere. Bisogna comunque riconoscere che la vita moderna non incoraggia molto a riflettere. Tra il lavoro, i bambini, le compere, la televisione e i passatempi vari, il fatto di sedersi su un divano senza altro oggetto in mano che un libro di difficile lettura assomiglia più o meno a una devianza. Rimangono i mezzi pubblici, ma lo stato di affollamento in cui versano consentiva a un pendolare come me di sfogliare giusto *20 minutes*, che ogni mattina afferravo al volo quando lo strillone, bardato con i colori della testata, me lo tendeva davanti alle macchinette obliteratrici della stazione della metropolitana.

Verso le 20 apparecchiai la tavola in sostituzione di Julien, che stava terminando la sua partita, dopodiché accesi la televisione per seguire il telegiornale di France 2. Sullo schermo comparve una bambina bionda, che vagava da una stanza all'altra in un appartamento cosparso di migliaia di mozziconi. Ultimamente la reti televisive trasmettevano con frequenza quell'impressionante spot pubblicitario contro il tabagismo passivo, commissionato dal Ministero della Salute. Come tutti, mi sentivo sommerso dall'indignazione immaginando il numero di sigarette respirate suo malgrado da quella bambina angelica. Di recente, su *Télérama*, un giornalista aveva parlato del tabacco come di un'arma di distruzione di massa da eliminare in tronco. All'epoca, i poteri pubblici combattevano su tutti i fronti, promuovendo anche una campagna di prevenzione contro la consumazione di alcol da parte delle donne incinte. Da un punto di vista ideologico non sapevo bene da che parte stare. Certe voci diffondevano il timore di una campagna igienista all'americana. Al *desk*, però, i colleghi plaudivano entusiasti. E non a torto, bisogna ammetterlo. Nessuno desiderava mettere al mondo un bambino deforme e ancor meno crepare anzitempo, tra infinite sofferenze, di un cancro al polmone procurato dalle sigarette fumate dagli altri, fossero pure i propri genitori. La morte, se appena vi riflettiamo, ha qualcosa di assolutamente inaccettabile.

Julien si insinuò nella stanza col volto ostile, come se fosse afflitto, per oscuri motivi, da un corruccio cronico.

"Julien, ho dimenticato il coltello per il pane. Vai a prenderlo, per favore?"

A tale richiesta, un dolore atroce sembrò attraversare il suo petto. Spinse le spalle indietro, come colpito da un proiettile ed emise un gemito: "Ollallà!" Quando tornò in cucina, sentii Cécile sospirare:

"Ti prego, Julien, tirati su i pantaloni!"

Nemmeno io ero entusiasta di vederlo portare quei *baggy* che gli scendevano giù fino a metà sedere, mettendo in bella vista il boxer firmato Calvin Klein.

"Be', non cominceremo con il solito lavaggio del cervello!"

"Julien, cambia tono, per favore! Sono tua madre, e in quanto tale esigo da te il massimo rispetto!"

Mio figlio emise uno balbettio che interpretai come una sospensione delle ostilità. Così la cena proseguì senza altri intoppi.

Quella sera, tuttavia, mi occorse più tempo del solito per addormentarmi. Pensavo all'accaduto. E non riuscivo a togliermi dalla testa la frase del Procuratore della Repubblica:

"*Ho avuto a che fare con il crimine per trentuno anni e non ho mai visto una cosa del genere.*"

II

L'ascensore mi depositò al quinto.

Le donne delle pulizie stavano terminando il loro lavoro, lasciandosi dietro un odore di detersivo che, mescolato a quello della moquette sintetica, dei componenti elettronici non ancora accesi e della materia plastica dei contenitori di apparecchiature informatiche, creava nei trecento metri quadrati dell'*open space* un ambiente olfattivo così particolare.

Come ogni mattina fui tra i primi ad arrivare. Avevo sperimentato quel medesimo esempio di puntualità nei quattro o cinque posti di lavoro dove avevo esercitato in precedenza il mio talento di *asset manager*. Una puntualità che, a dire il vero, non era da interpretare come la testimonianza di una coscienza professionale ipertrofizzata, quanto come una semplice manovra grazie alla quale evitavo di fare colazione insieme ai figli.

Privandomi di una mezz'ora di sonno mattutino – che recuperavo andando a dormire prima la sera –, potevo permettermi di bere il caffè da solo al tavolo di cucina, nel torpore dell'alba, assaporando quei minuti di calma scanditi dal notiziario di Radio Classique, essenziali prima di affrontare il caos dei mezzi pubblici e la pressione del *front office*.

Mi aveva preceduto l'algerino-libanese Kamel Zacharias, che

stava già tamburellando sulla sua tastiera. Nel giro di un paio d'ore i mille schermi piatti della banca avrebbero visualizzato gli indici di Borsa, i corsi azionari e i tassi delle obbligazioni. Cécile, il giorno in cui aveva pensato di visitare il posto nel quale trascorrevo la maggior parte del mio tempo, era rimasta impressionata da quell'immenso plateau in ebollizione.

"Che pianeta lasceremo ai nostri figli?" aveva dichiarato enigmaticamente.

Quando, sorpreso, l'avevo invitata a chiarire il suo pensiero, aveva risposto:

"In quale discarica andranno ad ammucchiarsi tutti questi computer? Non riusciranno mai a riciclarli tutti".

In effetti *Envoyé spécial* aveva trasmesso di recente un servizio che dimostrava come, in quel campo, fossimo lontani, molto lontani, dalla soluzione del problema.

Appesi il cappotto all'attaccapanni di metallo e misi in funzione i miei tre monitor e i miei due pc. Mentre Windows si inizializzava, andai a prendere un caffè, che bevvi, inquieto, guardando il giardino delle Tuileries, dove gli ippocastani perdevano le loro ultime foglie: malgrado la comodità delle poltroncine, elemento che aveva ugualmente colpito Cécile, il mio mal di schiena stava a poco a poco ritornando. Da tre anni era degenerato in sciatica, al punto che il dottor Truche, per un momento, aveva messo in conto la necessità di un passaggio sul tavolo operatorio. Poi il dolore, inspiegabilmente, era diminuito. In ogni caso la mia lombalgia, in forma diffusa o acuta, da allora non mi aveva più lasciato, tanto che cominciavo tristemente ad abituarmi all'idea che quella compagna invadente avrebbe condiviso ciascuno dei miei giorni, fino al mio ultimo respiro.

Lionel Ruszczyk, gestore del mercato obbligazionario nei Paesi emergenti, interruppe le mie contemplazioni indirizzandomi un fragoroso "Salve, caro Pakal!". Dopo la sua assunzione diciotto mesi prima, Lionel aveva adottato quel nomignolo per me sgradevolissimo, se non altro perché lasciava trasparire una sorta di intimità familiare: fino all'età di quattro o cinque anni mia cugina Marianne, pronunciando il mio nome, si mangiava la "s". All'inizio avevo sperato che quel po' di affabilità con cui lo ricambiavo avrebbe dissuaso Lionel Ruszczyk dal permettersi con me una simile familiarità. Poi, con il passare del tempo, volente o nolente, me ne ero fatto una ragione.

Luc Landreau, bloccato da un ingorgo, aveva telefonato per avvertire del ritardo. Io accesi il lettore Etrali passando in rassegna le agenzie Reuters e Bloomberg che sfilavano sui miei due schermi, dopodiché cancellai le decine di messaggi inopportuni che si erano accumulati durante la notte su Outlook. Anche se non mi avesse sussurrato "Buongiorno, Pascal", avrei comunque saputo che Hélène Pellin, addetta alla compravendita di titoli a breve termine e seduta nella poltroncina proprio dietro la mia, era giunta in ufficio: ancora una volta si era generosamente spruzzata di Chanel n. 5. Risposi al suo saluto mentre, nello stesso tempo, davo un'occhiata alla mia liquidità.

Disponevo di centoventuno milioni di euro da piazzare entro le 14.00.

Pranzai a mensa, con Luc e Lionel. Dopo le carote grattugiate, Lionel sbadigliò rumorosamente.

"Cazzo, sono completamente a pezzi... Non ho dormito. Ho passato la notte a scopare."

Un simile atteggiamento confidenziale mi meravigliò. Non avevo mai incontrato in vita mia un individuo così privo di educazione da pretendere di tenermi informato, come se avessimo mangiato nello stesso piatto, su certi dettagli della sua vita privata… Luc, peraltro, non condivideva il mio turbamento. Tanto che, con tono distaccato, fece notare:

"In ogni caso hai un buon aspetto".

"Davvero? Il sesso è un affaticamento sano. Quella di stanotte l'ho agganciata grazie al market dating."

"Cos'è quest'altra cazzata?"

"Non è per niente una cazzata! È uno dei migliori sistemi disponibili sul mercato per fottere alla svelta: al Lafayette Gourmet, se scegli un cestino viola, vuol dire che sei un single in caccia. Funziona che è un piacere!"

Lionel spinse lontano il suo piatto vuoto per attaccare il filetto di razza ai capperi.

"Magari quell'idiota si immagina che la sposi… Mi ha già invitato a trascorrere il weekend a Pau dai genitori! Sono proprio tutte uguali! Passata la trentina, la loro ossessione è avere dei figli. Stanno a sentire l'orologio biologico che gli fa tic tac nelle ovaie ma vanno fuori di brutto perché i tipi della loro età o sono froci o sono già sposati. Sulla piazza restano solo i furbastri come me. Credetemi ragazzi, oggi siamo noi ad avere tutti gli assi in mano, è finita per quelle rompicoglioni di zitelle militanti che ci infettano la vita da trent'anni a questa parte. *Pour les bourses comme à la Bourse*[2], è il gioco della domanda e dell'offerta!"

Lionel strizzava gli occhi con una frequenza esagerata, come se volesse togliersi un insetto dalle palpebre.

"Il mio amico Farid, il berbero dell'Atlante, ha compilato un 'manuale dello sciacallo'. Regola number one: se lei non viene a letto con te la prima notte, non richiamarla. Non faresti altro che sprecare del tempo prezioso. In questo periodo me ne scopo otto tutte insieme, non posso nemmeno riservare una notte alla settimana a ciascuna di

2. Gioco di parole, intraducibile in italiano, modellato su *à la guerre comme à la guerre*. *Les bourses* sono le borse testicolari. (*N.d.T.*)

loro! Dovrei forse proporgli delle partite a quattro, giusto perché se la spassino con maggior frequenza? A ogni buon conto, gli toccherebbe leccarsela a vicenda. La fase gay oggi è superata, stanno diventando di moda le lesbiche, in California si sfiora l'epidemia."

La mia mente fu attraversata dai termini "lesbofobia" e "omofobia". Mantenni comunque il silenzio, stando attento a non provocare una polemica inutile. Un'accusa tanto grave poteva benissimo ritorcersi contro di me. Nel bilancio di fine esercizio Lionel metteva a segno le migliori performance del nostro settore. Le voci di una fusione con gli italiani si facevano sempre più insistenti, si annunciava un piano della società per i mesi a venire e io non avevo alcun interesse ad attirarmi dei nemici. Tanto più che non ero affatto sicuro che Lionel provasse un'istintiva avversione per le persone omosessuali. I gay del palazzo non sognavano che di convertirlo. Inoltre pranzava regolarmente con la sua migliore amica, una lesbica che esercitava la professione di vigile urbano. E poi non me ne fregava niente dei sentimenti di Lionel nei confronti delle minoranze sessuali.

"In ogni caso, senza voler scontentare le ragazzine, le migliori scopate della mia vita le ho fatte con le madri di famiglia. È triste ammetterlo, ma, una volta soddisfatto l'istinto riproduttivo, hanno un'unica idea in testa, quella di farsi sbattere come cagne. Credetemi o no, una volta, al Luxembourg, ne ho impalata una dietro una sfilza di cespugli fitti fitti! O infilzata una dietro una palizzata di cespugli belli alti, come preferite..."[3]

Mi dava fastidio ascoltarlo mentre teneva dei discorsi così estranei ai veri valori e al rispetto della dignità femminile.

"Farid dice che le donne, prima di arrivare alla menopausa,

3. Gioco di parole con disposizione a chiasmo, non facilmente riproducibile in italiano. Nell'originale: *... j'en ai fourré une derrière un buisson! Ou buissonné une derrière un fourré...* (*N.d.T.*)

si danno un gran da fare per infilarsi dentro la vagina quanti più cazzi possibile, in misura chilometrica. Badate, è tutta colpa di Farid. Senza il suo manuale non sarei diventato sciacallo fino a questo punto. Non so quante chiavate ha messo a segno Farid quando, per pagarsi gli studi di etnologia, faceva il guardiano notturno nella città universitaria... Una volpe nel pollaio!

"Un minimo di onestà mi obbliga comunque a riconoscere che la cifra mi faceva impressione.

"Otto amichette simultaneamente!

"Più di me in tutta la mia vita."

E più Lionel si dimostrava ignobile con le sue conquiste, più loro si trascinavano ai suoi piedi. Ogni giorno mi forniva prove supplementari di quanto asseriva. Questa strana propensione di una parte della specie femminile gli ispirò la seguente riflessione, degna di un illustre moralista:

"Le donne sono come le palle del *jokari*. Più forte le scagli via, più velocemente ritornano."

"'Seguimi e io ti fuggo, fuggimi e io ti seguo', diceva Proust" commentò Luc.

Normalista, professore di Lettere, Lionel, dopo due anni di insegnamento in una scuola media a rischio nella periferia di Lione, si era dimesso dall'insegnamento, demotivato sia per il livello degli allievi sia per la ristrettezza mentale della maggior parte dei colleghi. Perciò a Credixis non rinunciava mai al suo buonumore. A confronto con il naufragio senza fine da cui sapeva di essere scampato, il mondo della finanza gli appariva divertente.

"Ma va'! Diceva questo? Allora il tizio dava garanzie. Ad ogni modo, con tutta franchezza, io non torno indietro. Io che ho aspettato di compiere diciotto anni per farmi la prima scopata... Chi l'avrebbe detto, quando mi facevo le seghe davanti a Samantha Fox, che a trentaquattro anni avrei scopato sette pollastre alla settimana?"

Fisicamente, comunque, Lionel non era un maciste, anche se lo sentivamo a suo agio, calato alla perfezione nel proprio corpo, virile. Sia come sia, aveva stuzzicato la mia curiosità.

"E come sei riuscito a invertire la tendenza?" domandai, vincendo il mio naturale riserbo.

"Non è complicato, amico mio."

Bevve un sorso di Badoit.

"Ho deciso di prendere in mano il mio destino."

Mossi il capo con uno sguardo di intesa, sebbene quella formula sibillina non mi recasse alcun chiarimento. In effetti, Lionel mi infastidiva non poco. Il mio contabile, Carlos Semeido, che ci aveva raggiunti, pronosticò con il suo solito fatalismo:

"Il giorno in cui vorrai dei marmocchi diventerai meno cinico."

Per lui il problema si poneva in modo diverso. Si era sposato in chiesa, giurando davanti a Dio di essere fedele alla moglie, salvo tradirla ogni volta se ne presentasse l'occasione. Io l'ammiravo, perché non provava né paura né rimorsi. Apparentemente la violazione del suo giuramento al Signore non gli procurava alcun caso di coscienza. Al posto suo, io sarei vissuto in un permanente stato di angoscia. Dopo otto anni di matrimonio Carlos era sicuro che il suo modo di pensare non sarebbe più cambiato. Uomini e donne, semplicemente, non erano fatti per convivere. Ciascuno a casa propria, se possibile nello stesso quartiere, i bambini a turno ora dal padre ora dalla madre. Non esisteva formula migliore.

Lionel riprese a discorrere accennando alle risultanze di una valutazione gratuita del suo loft, appena ultimata da un'agenzia immobiliare. Aveva comprato in Quai de Valmy nel periodo in cui i prezzi sul canal Saint-Martin erano ancora abbordabili. In quattro anni il valore dell'immobile era considerevolmente aumentato. La soddisfazione di Lionel per aver guadagnato sessantamila euro grazie al proprio fiuto mi scoraggiava.

Per quanto mi riguardava, sprecavo un'ora e mezza al giorno per i trasferimenti tra il luogo di lavoro e la mia abitazione. Alla seconda gravidanza di Cécile, avevamo pensato di sostituire il canone pagato per il nostro alloggio di cinquantacinque metri quadri in Rue de Pernety con le rate mensili di un mutuo per l'acquisto di un appartamento più spazioso. Sfortunatamente, nel 1991, la bolla immobiliare che avrebbe spinto il costo del metro quadro verso stime himalayane non era ancora scoppiata. E i nostri redditi, pur cospicui, non ci permisero di comprare nella Parigi *intra muros* un'abitazione adatta a noi, circondata da spazi verdi. Nessuno infatti può negare che, per far crescere bene i figli, sia preferibile beneficiare della presenza, nelle immediate vicinanze, di alberi e prati in cui i piccoli possano rotolarsi come cuccioli. Così finimmo per approdare in questa città dal ridicolo nome di Le Pecq, della quale, prima di investire nel mercato fondiario, non sospettavo l'esistenza.

Avevo mangiato troppo e il pomeriggio mi sembrò interminabile. Il mio istinto mi consigliava di non leggere i notiziari, quel venerdì sera, se volevo trascorrere tranquillo il weekend della festa di Ognissanti. Un impulso misterioso mi spinse tuttavia a seguire su Internet gli sviluppi della fusione, la quale, per la quantità di risvolti oscuri, appariva sempre più sordida man mano che se ne rivelavano i dettagli. Per colmo di sfortuna, scoprii che una vicenda analoga, certo meno costosa in termini di vite umane, si era verificata, quasi contemporaneamente, a Saint-Maur-des-Fossés. Parecchi commenti, tra l'altro, sottolineavano l'inquietante analogia.

Lasciando Credixis mi sentivo confuso, per nulla rallegrato dell'idea di ritrovarmi per tre giorni – il ponte del lunedì è sacro – in compagnia di moglie e figli. Attribuii la mia stanchezza allo stress accumulato nel corso della lunga settimana.

III

Forma fisica scarsa, tornando al *desk* il martedì mattina, dopo la festa di Ognissanti.

Scarsa, assolutamente scarsa.

Julien, ancora una volta, aveva trattato le ingiunzioni dei suoi genitori con una leggerezza vicina al disprezzo. Sabato, per esempio: aveva trascorso il pomeriggio da Paul. Nulla peraltro testimoniava che avesse terminato la sua composizione di francese né i suoi ripassi in vista della verifica in scienze biologiche e fisiche, materia che gli dava dei problemi fin dalla terza media, e per la quale la bellissima cabila Mlle Banour ci aveva raccomandato, nell'ultimo consiglio di classe in istituto, di raddoppiare i controlli. Ebbene, verso le 20, mentre noi ci preparavamo per la cena, Julien non aveva ancora dato segno di vita. Dopo nove chiamate senza risposta sul suo cellulare, alla fine ci telefonò per chiuderci il permesso di passare la serata "alla festa da Jérôme". Seguirono dieci minuti di discussioni, dopo i quali fu concordato che non rientrasse dopo le 23, giusto per punire la scorrettezza di averci avvertiti così tardi della sua defezione a cena.

Conclusione: tornò a casa alla mezza.

Io fingevo di dormire, perché, a dire il vero, non sapevo bene quale atteggiamento adottare. Julien, con tutta evidenza, meritava una punizione, ma, in fin dei conti, non ero diventato papà per trasformarmi in un castigamatti. Concedevo abbastanza fiducia a mio figlio per aspettarmi in cambio riconoscenza e rispetto.

Quando Cécile, durante la colazione del giorno dopo, comunicò a Julien che l'uscita del sabato sera gli era revocata per due settimane, lui, dopo alcune recriminazioni infruttuose, si alzò come una furia urlando: "Ne ho piene le palle di questa famiglia dei *MIEI COGLIONI*!". Dopodiché, facendo cadere la sedia, sbatté la porta della sua camera, dove si rinchiuse per il resto della giornata ascoltando musica a tutto volume. Io, devo ammettere, mi sentivo molto a disagio. E aspettavo con impazienza che mio figlio superasse la fase dell'"età ingrata", com'era definita, non senza ragione, dalla saggezza popolare.

Durante i giorni di festa, Lionel era stato coinvolto in attività visibilmente meno deprimenti. E iniziava allegramente la settimana con un sorriso luminoso ed eloquente sulle labbra. Il giovedì, a mensa, si lasciò andare a un numero dei suoi.

"A proposito, avete sentito quella storia?"

"Quale?" chiese Luc.

Ero certo che, prima o poi, Lionel avrebbe tirato in ballo l'argomento.

"Quel ragazzino di quattordici anni, che ha sterminato tutta la famiglia in Normandia..."

"Ah sì," esclamò Luc. "È spaventoso!"

"Il ragazzino stava guardando *Shrek* e bum, di colpo si alza e fa fuori la madre! Poi si siede tranquillo in salotto e, quando rientrano, si sbarazza del fratello, della sorella e del padre. Così, senza motivo! È una follia, no?"

"Meno conoscenze si hanno, più convinzioni si hanno" intervenne Alice Eberhardt, una legale del secondo piano, amica di Hélène Pellin.

Al che mi aspettavo che Alice precisasse il suo pensiero, ma non aggiunse altro. Lionel la squadrò per qualche secondo, irritato:

"Ehi, Alice!" la aggredì agitandole le mani davanti al viso, come un marionettista. "Non vorresti dirci qualcosa di più?".

"Se sei sicuro che il bambino abbia agito senza movente è perché non conosci molto dell'episodio. Stando agli ultimi sviluppi, è probabile si tratti di un ennesimo dramma da maltrattamenti familiari."

"Un dramma da maltrattamenti! Non ci credo! Dici tanto per parlare, Alice, davvero tanto per parlare."

"Ma sì, la sera prima del dramma la madre l'aveva di nuovo picchiato con la *mouvette*, giusto perché non si era rifatto il letto."

"Con che cosa?"

"Con la *mouvette*. È *patois*. Vuol dire mestolo di legno, in normanno."

Alice era cresciuta a Veules-les-Roses, nel dipartimento della Seine-Maritime.

"Ah! Questa è buona! Ah! Allora la madre gli rifila due o tre colpi di *mouvette* e questo diventa un buon motivo per massacrarla?"

Lionel stava dando fuori. Si agitava sulla sedia sbilanciandosi ora su una natica ora sull'altra.

"Sicché, a questo punto, non ci sarebbero altro che parricidi sulla terra!"

"Vedi bene che non padroneggi l'argomento: la nozione di parricidio non esiste più nel diritto francese."

"Ma va'! E come si dice allora, signora So-tutto-io?"

Come Lionel potesse rivolgersi con tanta disinvoltura a una donna che incuteva soggezione come Alice, resta un completo mistero per me. Fedele a Chanel come Hélène Pellin, Alice preferiva per sé Allure, un'essenza più in linea con i tempi, i cui effluvi, in quell'esatto momento, mi stordivano.

"Si dice crimine contro il genitore, semplicemente."

"Oooh, crimine contro il genitore, com'è delicato... Be', mio padre mi prendeva a cinghiate, il che non mi ha impedito di andare, lunedì, a deporre fiori sulla sua tomba!"

"Forse hai interiorizzato quella violenza," fece notare Hélène. "Del resto è sorprendente che tu non abbia figli alla tua età."

Per la prima volta da quando lo conoscevo vidi Lionel in imbarazzo. Non per molto, certo, ma per alcuni secondi il suo mutismo mi rasserenò.

"È perché tengo alla vita!"

Le spalle di Hélène si afflosciarono. Fu Alice a venirle in aiuto: "Sei ignobile, Lionel, veramente ignobile!".

"Ah sarei io l'ignobile? Per via di un semplice scherzo? Un ragazzo uccide la madre perché quella poveraccia rifiuta di mollargli un euro per comprare *France Football* e l'ignobile sarei io! Morire per un euro, ammetti che non è una morte tanto gloriosa..."

Alice, a sua volta, incassò la battuta con una certa difficoltà.

"Oltretutto ora li assolvono!"

"Come, 'li assolvono'?"

"Sissignora, li assolvono! Credevo seguissi la cronaca giudiziaria, viste le tue funzioni... Ieri sera la corte d'appello di Besançon ha rilasciato un giovane che aveva pugnalato i genitori due anni prima. Centocinquanta coltellate, una carneficina!"

A quella notizia fece seguito un silenzio di piombo, che Lionel si affrettò a rompere:

"Perché no?, mi dirai. Contrariamente ai delinquenti sessuali, quelli non rischiano di rifarlo...".

Alice lo fulminò con lo sguardo. Mi sembrò di leggere nei suoi occhi, mescolata alla riprovazione, un'ammirazione che non distinguevo bene.

"Per spiegare fatti come questi, secondo me, occorrerebbe

rivolgersi al signor Freud," intervenne Carlos Semeido. "I due adolescenti erano semplicemente dei malati non identificati. Ancora una volta la pubblica istruzione mostra i suoi limiti."

"Dei malati non identificati... No, con tutta franchezza, mi disorientate. La verità ve la dico io, ed è molto semplice: i giovani d'oggi non conoscono più freni. C'è troppo lassismo, ecco! Bisogna riaprire i riformatori. In galera, questi piccoli imbecilli!"

Scandalizzata, Alice rilanciò, aggressiva:

"Il tuo è un discorso degno di Le Pen!".

"Ah sì? Con la differenza che, di norma, mi interesso di più al pene!"[4] rispose per le rime Lionel.

Gli avrei manifestato tutta la mia simpatia, ma non potevo.

Feci uno sforzo per non ridere.

Anche se, lo ripeto, non condividevo assolutamente i discorsi retrivi e il comportamento maschilista del mio collega. Alice arrossì, finì di mangiare e lasciò la tavola senza aggiungere parola.

"È la prova che si può ridere di tutto ma non con tutti," concluse Lionel stiracchiandosi.

Cominciava davvero a darmi sui nervi con i suoi luoghi comuni. Per fortuna, il secondo assassinio gli uscì di mente. La conversazione deviò sulla trionfale rielezione di George W. Bush a scapito di John Kerry, questa volta senza i brogli degni di una repubblica delle banane che avevano falsato il precedente scrutinio.

La discussione dell'ora di pranzo continuò a tormentarmi per tutto il pomeriggio. Nessuno, né Alice né Carlos né Lionel proponeva una spiegazione convincente del massacro. Alcuni giornalisti mettevano in luce la doppiezza del bambino, scolaro bravo ed educato ma anche duro, mitomane, imprevedibile. Non si abbandonava forse al vandalismo con i teppisti del suo

4. Gioco di parole: – *Tu tiens un discours lepéniste! – Ah bon? Pourtant normalement je suis plus intéressé par le pénis!* (N.d.T.)

paese, scagliando pietre nei giardini, imbrattando i panni stesi, calpestando i fiori? Per contro, Alice non aveva necessariamente torto quando poneva in primo piano le caotiche condizioni di vita del bambino, che la madre "sgridava tutti i giorni", come aveva detto ai poliziotti. Il giorno stesso del dramma era arrivata a proibirgli di giocare una partita di calcio con i compagni.

Gli psichiatri, dal canto loro, attribuivano il passaggio all'azione del ragazzino a un raptus di follia. In definitiva, malgrado i loro sforzi, non chiarivano l'insorgenza di un disordine mentale tanto avanzato in un adolescente teoricamente senza problemi. Da qualunque verso la si prendesse, quella storia si mostrava refrattaria a qualsiasi interpretazione razionale.

La sera, dopo i miei tredici minuti di camminata fino a casa, pulii la pentola Staub che Cécile la sera precedente aveva dimenticato sul fuoco con i suoi porri alla crema. Accesi la radio. France Inter trasmetteva un programma dedicato alla prevenzione dell'AIDS. Al centralino, un ascoltatore angosciato si chiedeva se una fellatio non protetta fosse sufficiente per contrarre il virus.

"La percentuale delle infezioni accertata nel corso di una fellatio senza preservativo è estremamente bassa", rispondeva, con qualche imbarazzo, la specialista presente in studio. "In ogni caso non possiamo dire che questo tipo di rapporto non protetto sia esente da rischi. Per quanto minimo sia, il rischio esiste."

Mentre, con l'aiuto di una grattugia metallica, raschiavo il fondo annerito della pentola, pensavo all'altro crimine contro il genitore, perpetrato a Saint-Maur-des-Fosses.

Alcuni anni prima la seconda moglie aveva accusato il marito di molestie sessuali sul figlio. In mancanza di prove, il tribunale non aveva dato seguito alla denuncia, ma il coniuge, distrutto da quelle accuse infamanti, era sprofondato nell'alcolismo e nella nevrastenia. Divideva un modesto appartamento in affitto con il primogenito, un figlio di diciannove anni nato da una precedente relazione, parrucchiere come lui, al quale confidava di continuo le proprie angosce. Secondo certi resoconti, il ragazzo aveva a poco a poco interpretato quelle recriminazioni come una chiamata di soccorso e aveva deciso di aiutare il padre a liberarsi di quella vita che lo tormentava. Armato di un coltello affilato, il ragazzo aveva agito in piena notte: un colpo alla nuca e tre al petto, dopodiché si era immediatamente consegnato ai poliziotti. L'assassino era stato internato in un ospedale psichiatrico, anche se il procuratore si mostrava "estremamente prudente circa il movente addotto".

Tra i commenti che avevo letto a proposito dei due parricidi, consumati pressoché a tempo, mi aveva particolarmente impressionato la frase di un'esperta: "Il fantasma della morte del padre è presente in ognuno di noi". Senza che l'avessi sentita arrivare, Cécile mi si era stretta addosso, premendomi le spalle.

"Ci siamo. Ho finito il libro!"

Lo aveva iniziato durante le vacanze a Le Touquet. Apparentemente quel volume le andava via più veloce di quello dell'anno prima. Troneggiava ovunque sugli scaffali delle librerie. Dal titolo, sembrava trattarsi di una biografia di Leonardo da Vinci. Cécile, come trasognata, commentò:

"È veramente incredibile il numero di cose che la Chiesa ci ha nascosto".

Approvai, anche se non riuscivo a cogliere, lì per lì, il rapporto tra il maestro fiorentino e il cristianesimo. Dopo un minuto di riflessione Cécile aggiunse:

"Insomma, potrebbe essere interessante leggere la Bibbia. Non sapevo che fosse composta da un Antico e un Nuovo Testamento".

Mi baciò sulla nuca, poi mi strinse tra le braccia fino a soffocarmi.

IV

Avevamo stabilito che il mercoledì mi occupassi io di tutto. Più esattamente, Cécile aveva unilateralmente stabilito che il mercoledì sera non avrebbe mosso un dito. Divisa tra il mestiere di madre, quello di casalinga e quello di donna lavoratrice, riteneva legittimo, una sera alla settimana, quando rientrava stanca morta dalla sua lezione di salsa, lasciarsi andare all'ignavia più assoluta. Quando rientrava stanca morta dalla lezione di salsa Cécile accettava solo di mettere i piedi sotto la tavola, immergere poi il corpo in un bagno bollente con il viso ricoperto dalla maschera idratante antifatica Roc e infine spalmare accuratamente sul corpo medesimo la crema rilassante e rigenerante di Elizabeth Arden. Il mercoledì sera Cécile rifiutava di correggere i compiti di Manon, brontolava perché non le preparavo mai dei piattini prelibati e non ammetteva alcun atto di indisciplina da parte di Julien, il quale, dal canto suo, non muoveva obiezioni. Avvertivo una qualche forma di ingiustizia in quello sciopero settimanale tecnicamente attuato da Cécile, in considerazione del fatto che lei, per l'appunto il mercoledì, non lavorava, contrariamente a me. Più volte avevo cercato di far valere le mie rivendicazioni, più che giustificate. Al che Cécile mi metteva fuori combattimento con argomenti inoppugnabili, mentre io farfugliavo i miei senza convinzione, maledicendo l'impulsività che mi aveva indotto ad avere la peggio in una discussione in cui avevo così manifestamente torto. Così battevo in ritirata, stordito, pieno di vergogna, scoraggiato di fronte all'arida immensità che ancora mi separava, nella geografia del paese dell'amore, dalla fertile oasi chiamata "condivisione delle mansioni domestiche".

Non mi andavano proprio giù quei mercoledì sera, quando Cécile rientrava stanca morta dalla sua lezione di salsa. Senza negare la legittima aspirazione di mia moglie a godere di più tempo libero, la prospettiva di stendere la biancheria umida che lei aveva lasciato per me nella lavatrice, vuotare la lavastoviglie e preparare in cucina non mi entusiasmava particolarmente. Quelle riluttanze erano in parte spiegabili con l'esempio disastroso fornito da mio padre, che non avevo mai visto tenere in mano un aspirapolvere o uno straccio. Sennonché lui almeno si occupava del giardino e della manutenzione dell'automobile, mentre io, ignorando tutto del funzionamento di un motore a scoppio, mi accontentavo di lasciare la mia in officina. Solo la gestione del bilancio familiare mi era devoluta per intero, dato che Cécile, dopo una giornata di lavoro, non sopportava di vedere altri conti.

Per fortuna, Amalia, la figlia più grande della nostra portiera, si incaricava, in cambio di un sostanzioso compenso, della stiratura e delle pulizie di casa *stricto sensu*.

Manon mi beccò appena aprii la porta, dopo i mie tredici minuti di camminata.

"Papà, da quando è uscita la mamma Julien si comporta male come al solito. Non vuole lasciarmi giocare, sono proprio stufa!"

E io che non vedevo l'ora di sdraiarmi un po', dopo i miei tre quarti d'ora di sballottamenti sui mezzi pubblici...

"Così non si può andare avanti... Julien!"

Il silenzio che ne seguì mi diede sui nervi. Mi diressi verso lo studio.

"JULIEN!"

"Cosa voletEEE?!"

"Non puoi lasciare il posto a tua sorella? Credi di essere l'unico al mondo o che?"

"Ma di che posto ha bisogno quella... Sono giochi che puzzano di merda i suoi!"

"I miei giochi non puzzano di merda!"

"Julien, ti proibisco di dire parolacce. Il computer è di tutta la famiglia, quindi tu ti togli da lì e non rompi più, d'accordo?"

"No."

"Cosa, no?"

"No, non sono d'accordo."

"In tal caso farò a meno del tuo accordo."

"Perché me lo chiedi, allora?"

"Be', mi è sfuggito, è un modo di dire, smetti di volgere ogni più piccola svista a tuo vantaggio, d'accordo?"

Mi morsi le labbra, mentre Julien rideva di me.

"Per prima cosa quand'è che togli di mezzo il controllo parentale 'bambino'? È troppo rigido, non posso fare niente, non posso nemmeno andare su Google!"

Come ogni genitore responsabile non sottovalutavo i rischi corsi dai minori quando navigavano su Internet: spam, odio razziale, cybercriminalità, tutte trappole in forte crescita in cui gli internauti, specialmente i giovani, potevano incappare ogni volta che cliccavano con il mouse. Proprio in un momento in cui non meno del 6% dei file scambiati gratuitamente aveva per oggetto immagini pedofile, non potevo certo abbassare la guardia.

"È per il tuo bene, Julien, se non voglio che tu navighi liberamente sul web, vi si possono fare dei bruttissimi incontri..."

"Te ne intendi davvero, tu, d'informatica, eh? Toglilo di mezzo, basta controllo parentale, se proprio ci tieni sostituisci il controllo parentale "adolescente" al controllo parentale "bambino", con quella fessissima home page per lattanti..."

"NON è per lattanti," piagnucolò Manon.

"Già, così Manon potrà accedere a siti che non sono adatti ai bambini della sua età..."

"Ma sono anch'io un'adolescente, papà."

"Tu sei una preadolescente, è diverso."

"Be', allora bisogna comprare un altro computer! Perché non comprate un portatile, così lo possono usare tutti in qualsiasi posto?"

"Julien, non hai ancora l'età per esprimere il tuo parere sulla gestione del budget familiare."

Se non avessi avuto timore di gettare olio sul fuoco, gli avrei ricordato che nulla gli impediva di attingere al copioso gruzzolo che maturava sul suo conto in banca, impinguato ogni mese dai nonni.

"Detto tra noi, a cosa serve avere la Livebox se si ha un solo computer?"

"Serve a non pagare né la televisione né il telefono! Ad ogni modo non ho nessuna voglia di stendere cavi dappertutto."

"Accidenti, e il wi-fi per chi è?"

"Molti colleghi hanno problemi con il loro wi-fi, quella roba lì non funziona mai."

"Be', Heddie ha il wi-fi e da lui funziona benissimo."

Heddie era uno degli amici di Julien, un tunisino biondo con gli occhi azzurri, dalla fisionomia davvero sorprendente.

"E anche Geoffrey!"

"Perfetto, farai loro i complimenti da parte mia, ora lascia il posto a tua sorella, per favore."

Questa volta mi fermai in tempo prima di aggiungere "d'accordo".

"Ma sì, si accomodi!"

Fuori di sé, chiuse la sessione schiacciando con violenza i tasti Windows+L e finalmente filò via. Io riscaldai una vaschetta di lasagne surgelate, poi vuotai nell'insalatiera un sacchetto di scarola preconfezionata, che condii con vinaigrette in bottiglia. L'indomani sarebbe stato giovedì, 11 novembre[5]. Niente metropolitana, né ventisei minuti di camminata. Alle 19.55 diedi un'occhiata in sala da pranzo, poi mi diressi verso la camera di Julien, che stava leggendo un manga ascoltando Skyrock a tutto volume. Per una volta, una sola volta nella vita, Julien avrebbe mai apparecchiato la tavola senza che glielo chiedessimo?

"Julien, la tavola!"

Si rabbuiò in volto.

"ArriVOOO..."

Cenammo tutti e tre in silenzio davanti a David Pujadas. Non lontano da noi, Yasser Arafat stava consumando le sue ultime ore di vita. Non l'avrei mai più sentito massacrare l'inglese. Al liceo, Christophe Jeanson imitava a meraviglia il carismatico leader dell'OLP.

"*Palestinian pipeul vants to be frrree and to live in zeir hone countrrry.*"

Durante le serate in comune, non prima di aver scolato una quantità sufficiente di vodka orange, Christophe Jeanson infilava la kefiah che aveva acquistato per meglio immedesimarsi con il personaggio.

"*Palestinian pipeul vants to be frrree and to live in zeir hone countrrry.*"

[5] L'11 novembre in Francia è festa nazionale: si celebra l'Armistizio (11 novembre 1918). (*N.d.T.*)

Padroneggiava a meraviglia anche l'accento ebraico, e quando alternava l'imitazione di Yasser Arafat con quella di Shimon Peres, si vedevano tipi tostissimi come Philippe Bertrand o Pierre Sopardi portarsi le mani allo stomaco come se vi si fosse appena conficcata una pallottola. Vacillavano per un po', poi crollavano sul divano supplicando:

"Aaah, basta Christophe, aaah! Ho male agli addominali!".

Che ne era stato di Christophe Jeanson, bravo vogatore che tornava ogni lunedì con le mani coperte di vesciche, dopo una domenica trascorsa al club di canottaggio? Negli ultimi tempi la voglia di iscrivermi al sito copains-davant.com per cercare compagni di scuola persi di vista mi stuzzicava alquanto.

Stavamo mangiando il dessert quando arrivò Cécile.

"Pffuuu..." sbuffò, crollando sulla sedia. "Stasera Miguel ci ha fatte a pezzi."

"Ah?"

"Sì, ho le cosce in poltiglia."

"È troppo bella questa pubblicità!" esclamò Manon alzando il volume.

"Insomma, faccio progressi. Credo che per il saggio di fine anno saremo davvero a posto. Verrai?"

"Naturalmente!"

"Non è poi detto che sia così naturale!"

Cécile si riferiva al deplorevole incidente verificatosi l'anno precedente, quando avevo corso il rischio di perdere lo spettacolo di fine anno che Miguel aveva sconsideratamente programmato la sera della finale di Champions League. Davanti alla levata di scudi prodotta da quella scelta, aveva rimandato l'evento di una settimana, con gran sollievo dei parenti.

"Be', se scegli solo esempi grotteschi, allora preferisco smettere di discutere..."

"Mmmh, di che marca è questo vinaigrette?" mi interruppe Cécile, irritata.

"Amora, è buono, no?"

"Vorrai dire ripugnante! Disgustosamente chimico."

Cécile afferrò la bottiglia, sistemata sulla credenza, e consultò l'elenco dei componenti.

"Destrosio, E 1422, E 415, E 330, proteine lattee, luteina, estratto di paprika..."

"Ah sì? A me piace molto il pizzico di scalogno..."

"Uffa, c'è il meteo."

Sullo schermo comparve l'immagine del satellite. Laurent Romejko mise in evidenza cumuli e masse d'aria. Domani passaggi nuvolosi con pioggia si alterneranno ad ampie schiarite, ma le temperature non supereranno gli 8° centigradi.

Cécile sonnecchiava quando entrai in camera dopo la fine del telefilm, verso le 23. Mi infilai sotto le coperte con circospezione.

"Avevi l'aria preoccupata stasera," mormorò socchiudendo appena le palpebre. "Julien è stato insopportabile?"

"Non più del solito, salvo che ha ricominciato con la storia del portatile."

Cécile mosse il capo come per dire che capiva la mia allusione.

"No, è questa fusione, sai. Mentalmente è una cosa dolorosa."

"Certo che è una cosa dolorosa."

"Non è che voglio schierarmi con i no global, eh... Una fusione è un processo logico in un'economia globalizzata, consente alle imprese di estendersi per affrontare la concorrenza. Ciò non toglie che questa sensazione di essere spremuto come un limone solo per aumentare i dividendi dei grandi azionisti sia logorante."

"Logorante, sì, è la parola giusta."

"Ieri Glazer, in seduta plenaria, ci ha propinato il solito bla bla bla, le sue solite stronzate: 'Ci sarà posto per tutti in questo raggruppamento; nella nostra ricerca di sinergie non ricorreremo, per risparmiare, a licenziamenti'. Vedi che genere di discorsi."

Un brusco crampo alla schiena mi costrinse ad alzarmi per camminare un po'. Ero rimasto troppo a lungo seduto sulla poltrona del salotto.

"Aspetta! Che altro ha detto? È una cosa che mi ha colpito, tanto l'ho trovata ipocrita."

Dopo un lungo sforzo di concentrazione, ripescai dal nulla la frase che mi aveva impressionato.

"Ah, ecco: 'Contiamo inoltre di migliorare le competenze, perché 1 + 1 faccia 3.' Perché uno più uno faccia tre, te lo giuro... Quando 1 + 1 non potrà fare che 1! Lo sanno tutti. Se no, perché farebbero la fusione..."

"Come avviene concretamente una fusione?"

"Piccola lezione di realismo economico visto dal lato top management e azionisti: da una parte una società A che produce 1000 con 1000 dipendenti, dall'altra una società B che produce 1000 con 1000 dipendenti. Lo scopo della fusione è produrre 2000 con 1500 dipendenti, da cui un guadagno di produttività di 500."

Cercavo di non scaldarmi troppo, poiché il minimo decibel di troppo indisponeva Cécile quando rientrava stanca morta dalla lezione di salsa.

"Naturalmente è il dipendente a sopportare il grosso della pressione. Perdita dell'impiego per gli uni, stress per quelli che rimangono. Dal lato top management, il rischio è l'espulsione del gruppo dirigente sconfitto, accompagnata però, in genere, da *golden parachute* di cui i media rivelano regolarmente il modesto ammontare, calcolabile in milioni di euro. Mi segui?"

Fece cenno di sì.

"A seguire, due soluzioni: o la fusione si svolge con qualche sofferenza e comporta per esempio una produzione di solo 1700 con 1500 dipendenti, da cui un guadagno, comunque, di 200 e la possibilità di giocare d'anticipo sulla variabile di adeguamento 'dipendenti' dato che si produce di meno. Sicché l'operazione, tutto sommato, resta in attivo."

"E l'altra soluzione?"

"O la fusione riesce, si produce 2400 con 1500 dipendenti, con jackpot finale. Ecco in cosa consiste l''uno più uno fa tre' di Glazer."

"Da voi chi è in prima linea?"

"Hélène mi sembra in una botte di ferro, conosce l'azienda come le sue tasche, inoltre è lì da troppo tempo, si rovinerebbero a pagarle la buonuscita. Come con me, del resto. Con Luc e Lionel è diverso, loro non hanno neanche quattro anni di anzianità. Da un certo punto di vista è un vantaggio: sangue nuovo, dinamismo ecc. Ma per principio l'ultimo arrivato smamma per primo. Dunque è Lionel a stare sul sedile a espulsione. Io, se non faccio cazzate, sono al sicuro."

"Perché allora ti preoccupi come non ti sei mai preoccupato finora?"

"La pressione. Nelle prossime settimane da noi ci sarà guerra aperta. Lionel è il più pericoloso di tutti, può contare sulla sua parlantina, è giovane, energico, senza scrupoli né vincoli affettivi."

"Ad ogni modo stai un po' esagerando, quel tipo non è mica un Superman."

Lo aveva conosciuto in occasione del vernissage della mostra "Gauguin a Tahiti" organizzata l'anno prima al Grand Palais dalla Société Générale.

"Personalmente, se fossi il suo boss, non mi fiderei di un tipo così. Pretenzioso, narcisista, arrivista, nessun senso dei valori. Tu sei solido, il tuo *status* di marito e padre di famiglia ti dà un vantaggio rassicurante. In realtà voi due non siete della stessa pasta, tu vali mille volte più di lui."

Mi piacevano quelle discussioni con Cécile, la quale, grazie al suo acume psicologico, sbrogliava con sagacia i fili ingarbugliati delle mie ruminazioni solitarie. Quanto a lei, gli incerti del mondo del lavoro l'avevano smontata in fretta. In qualunque società avesse messo piede era stata elogiata dai superiori per le sue competenze, ma aveva preferito "farsi da parte per lasciar passare le automobili", come diceva, optando per un part time in un'azienda a misura d'uomo: non sacrificare l'essenziale, ossia la vita di famiglia, al superfluo, ossia la carriera. Un programma che, a sentir lei, le dava piena soddisfazione, anche se alcune sue amiche le rimproveravano di avere interiorizzato inconsciamente gli schemi del dominio maschile.

La strinsi tra le braccia.

"Se tutto va per il meglio, forse riscuoterò anche un discreto *bonus*. E a quel punto ci compriamo la casa!"

Cécile abbozzò un vago sorriso, sempre con gli occhi chiusi.

David Borel, un agente immobiliare di nostra conoscenza, ci aveva trovato la dimora dei nostri sogni a Le Vésinet, a due passi dalla fermata della metropolitana. Addio ai tredici minuti di camminata mattina e sera, addio alle continue liti con i vicini, accompagnate da porte "delicatamente" sbattute, malgrado le nostre ripetute lamentele. Fin dalle prime giornate di bel tempo, i ragazzi avrebbero giocato in giardino e noi avremmo goduto del piacere di stare in veranda. Senza contare che sui biglietti da visita di fine Ottocento il nome del comune era stampato con grande evidenza. Baciai mia moglie sulle labbra.

"Buonanotte, tesoro!"

Stava già dormendo.

V

Nell'aspra battaglia che mi attendeva al *desk*, una forma fisica perfetta avrebbe rappresentato un vantaggio determinante. L'indomani mattina, dopo aver depositato Manon al centro ippico dove stava preparando il suo galop 4, approfittai del raggio di sole previsto da Laurent Romejko per concedermi un po' di moto e rilassare i muscoli, seguendo il percorso-salute.

Appena sceso dall'automobile, mi riempii i polmoni dei profumi del bosco di Saint-Germain-en-Laye. Quella notte era piovuto, l'humus saturo di acqua liberava mille aromi che mi riportavano indietro di trent'anni, al tempo delle vacanze nel Vexin, quando mio nonno mi portava con sé a raccogliere enormi lumache comparse dopo il primo rovescio di pioggia.

Allacciai le scarpe con un doppio nodo, procedetti ad alcuni esercizi di riscaldamento e infine mi misi in movimento al piccolo trotto, allegro.

La sera prima Cécile aveva visto giusto; giusto al 200%. E mi aveva mandato su di giri.

Era evidente che io avevo dentro di me una forza più che sufficiente per avere la meglio su Ruszczyk l'arrogante. Sarei passato sopra quel miserabile, avrei spiaccicato, né più né meno, lui e il suo grosso grugno, come avrei fatto con un onisco che mi attraversasse la cucina.

Dopo alcune falcate, vidi sulla mia sinistra un cartello che non avevo mai notato prima. Era ricoperto da una quantità di scritte tracciate con lo spray. Mi avvicinai, curioso.

SICUREZZA:
CONTROLLO CARDIACO

Misurazione del polso

Prima: durante il riscaldamento, che dev'essere scrupolosamente osservato, portare la frequenza cardiaca tra 100 e 120 pulsazioni al minuto.

Durante: controllare al primo terzo, al secondo terzo e all'arrivo del circuito la vostra frequenza cardiaca, la quale, in genere, non deve mai superare il numero di 220 pulsazioni al minuto meno il numero dei vostri anni.

Per precauzione, tenersi tra il 70 e l'80% di questa frequenza massima.

Michel Berger.
Fulminato nel pieno vigore dell'età, nel bel mezzo di una partita a tennis...

Dopo: al momento del ritorno allo stato di quiete, recupero approssimativo della vostra frequenza cardiaca iniziale.

Esempio: Avete 20 anni: polso prima dello sforzo, 80; polso dopo il riscaldamento, tra 100 e 120. Durante lo sforzo, non superare 160. Polso dopo il recupero: tra 80 e 100.

Quanti sportivi dilettanti si suicidavano ogni anno, quando elementari precauzioni come il calcolo delle pulsazioni prima, durante e dopo lo sforzo sarebbero state sufficienti a salvare centinaia di vite umane? Quante famiglie spezzate, quanti destini rivoltati, a causa di una semplice ignoranza del pericolo? Non valeva neanche la pena di ricordare, in mezzo a tale orribile scempio, i morti per congestione durante i bagni estivi, tra l'altro difficilmente assimilabili a un'attività fisica. Che follia tuffarsi senza tante cerimonie nell'oceano appena dopo un pranzo a base di spiedini di manzo e vino rosé! No, invece. Inumidire sempre braccia e nuca prima di immergersi. E soprattutto, alla fine del pasto, una siesta digestiva. Quale fato è più crudele del morire in estate, l'epoca dei flirt, del barbecue e delle creme doposole?

Premetti il pollice sulla carotide.

Provai a immaginare la scena, se le autorità non si fossero preoccupate di installare quel cartello. Arrugginito dopo mesi di inattività, avrei galoppato come un puledro impetuoso, inebriato dal vento che mi scompigliava i capelli, presumendo troppo dalle mie forze. Nel giro di un quarto d'ora avrei esaurito ogni mia risorsa, ma, incurante dei segnali di allarme che mi arrivavano dal cuore, avrei forzato ancora, allo scopo di eliminare le tossine e l'energia negativa accumulata nei muscoli da tante settimane. Sì, avrei cercato di liberarmi dello stress trascinando il mio corpo fin dentro le sue ultime difese, fino al momento in cui il primo sfarfallio mi sarebbe lampeggiato davanti agli occhi, presagio dell'incidente. Avrei corso, barcollando, ancora per alcune decine di metri, prima di crollare pesantemente in mezzo alla corsia in granulato naturale, rivestimento studiato apposta per evitare la formazione di pozze d'acqua e per migliorare il confort della corsa, soprattutto in quei periodi di pioggia. Non tutti sanno necessariamente valutare i tremila metri *steeple*.

Alcuni maratoneti, in possesso dei rudimenti di pronto soccorso, mi avrebbero prodigato un bocca-a-bocca, non prima di aver chiamato i pompieri con il loro telefono cellulare, dal quale non si separano mai. Il massaggio cardiaco degli uomini in blu tanto apprezzati dai loro compatrioti non sarebbe stato sufficiente a rianimarmi. Non avrebbero potuto fare altro che constatare il decesso, la cui incredibile stupidità mi sarebbe valsa un trafiletto sulle pagine "Yvelines" di *Le Parisien*. Al *desk*, Lionel avrebbe riso alle mie spalle: "Almeno sarà morto in buona salute, il mio Pakal!" Mi sarei lasciato dietro una vedova e due orfani. Stivali ai piedi, berretto da fantino in testa, inzaccherata, beata, Manon mi avrebbe atteso al centro ippico, ma suo padre non sarebbe andato a prenderla, non sarebbe arrivato mai più. Cécile avrebbe dovuto sciropparsi da sola le crisi di nostro figlio.

I sessanta secondi erano scaduti: avevo contato 80 pulsazioni, vale a dire il numero esatto indicato dal cartello per un uomo di vent'anni!

Azzerai il mio contapassi, feci ripartire il cronometro e, rassicurato, ripresi a correre.

I quaranta minuti di corsa letteralmente mi annientarono.

L'indomani, paralizzato da un'infinità di dolori muscolari, in preda a una lombaggine, mi alzai dal letto come un vecchio immobilizzato e mi trascinai in direzione del bagno, dove scoprii, aprendo l'armadietto dei medicinali, che Cécile aveva vuotato la confezione di Myolastan e riportato gli antinfiammatori scaduti al laboratorio di Rue de Paris. La giornata in ufficio sarebbe diventata un martirio, in attesa che la sera il dottor Truche mi prescrivesse degli antidolorifici. Zoppicai fino alla metropolitana, dove non riuscii neppure a sedermi, proprio l'unica volta che erano rimasti alcuni posti liberi.

Uno strano venerdì, quel 12 dicembre, incastrato tra un

giorno festivo e il weekend. L'*open space* era immerso in un'atmosfera crepuscolare. Non pochi quadri avevano chiesto una giornata di ferie, altri si erano presentati in abbigliamento casual, con la ferma intenzione di staccare alle 15.30 per raggiungere la famiglia in Normandia. Quanto a me, mi trascinavo come uno zombie, con le borse sotto gli occhi, le reni spappolate e l'occhio continuamente fisso sull'orologio. Verso le 13, dopo aver acquistato cento milioni di euro di una sottoscrizione obbligazionaria della Barclays Bank, stavo per scendere a mensa quando scorsi Lionel che tamburellava con tutte le dieci dita sulla tastiera. E pensare che io utilizzavo solo indici e pollici.

"Non vieni a mangiare, Lionel?" lo sollecitai macchinalmente.

"Arrivo, caro Pakal, finisco questa roba e arrivo."

Nella caffetteria Hélène Pellin attingeva già dalla sua Tupperware un'insalata ipocalorica di cui, per perdere chili, aveva pesato a casa, la sera prima, i diversi ingredienti. L'aveva raggiunta Alice Heberhardt. Il portamento un po' altezzoso della giovane donna dissimulava a stento una sensibilità a fior di pelle. Le barriere della sua freddezza non potevano essersi alzate se non in seguito a numerose amare delusioni sentimentali. Quanti dongiovanni l'avevano presa in giro? Quante volte, dopo aver comunicato il suo numero a uno sconosciuto incontrato a una festa, quante volte la sera infilando la chiave nella serratura della porta, blindata come il suo cuore, quante volte si era detta speranzosa: "Sarà la volta buona? Che sia lui, finalmente, l'uomo della mia vita?" E quante volte, dopo tre o quattro copulazioni frettolose, aveva vanamente atteso davanti al telefono, con le palpebre gonfie di lacrime, una chiamata o quantomeno un SMS?

I pochi passi che feci per raggiungere la mensa ammorbidirono un poco i miei muscoli doloranti. In ogni caso, per le prossime settimane, era fuori discussione qualsiasi programma di attività sportiva. Raggiunsi Luc, che curava non più di me la forma fisica, scambiando con lui appena alcuni brontolii educati. Finché, dieci minuti dopo, si unì a noi Lionel, col sorriso sulle labbra, muovendo una quantità d'aria inimmaginabile. Lo osservavo mentre aspettava il proprio turno al self. Scalpitava letteralmente, incapace di rimanere fermo al suo posto, controllando ogni dieci secondi sul cellulare se qualcuno aveva provato a contattarlo.

"Buon appetito, ragazzi!" strombazzò il Ruy Blas da quattro soldi, sedendosi con noi.

Quel modo di ricondurci alla nostra poco gloriosa condizione di mammiferi, insistendo sulle nostre necessità corporali... Forse un giorno, alzandosi da tavola, ci avrebbe augurato, già che c'era, "Buona digestione"?

Cosa ribattere a una grossolanità così redibitoria? "Anche a te", o "Grazie", come per invitarlo tacitamente a ripeterla in avvenire? Mia nonna avrebbe sicuramente rifiutato di pranzare una seconda volta in compagnia di un cafone simile.

"Grazie, anche a te," ribatté Nicolas Reckel, un consulente di risparmio gestito.

"Allora, avete sentito la buona notizia?"

"Credixis aumenta massicciamente lo stipendio dei suoi quadri?" mormorai. "Non si fa più la fusione?"

Dal modo in cui Lionel mi squadrò, mi pentii immediatamente del mio intervento.

"Si tratterebbe piuttosto di una cattiva notizia, in questo caso. *Io*, per quanto mi riguarda, *spero* che la fusione si faccia. È un'opportunità di sviluppo insperata per Credixis."

"Certamente."

"Allora perché dici così?"

"Volevo solo scherzare."

“Ah, come no, tu parli per scherzare! Che cosa divertente che l’azienda vada a rotoli! È proprio questo atteggiamento riluttante di fronte al cambiamento che non sopporto più in Francia.”

Nicolas Reckel lasciò che aleggiasse nella sala un silenzio pieno di rimprovero.

“No, io ti parlo di una *vera* buona notizia.”

“Be’, dài, ti ascoltiamo.”

“A Parigi il numero delle donne sole è cresciuto ancora.”

Inghiottii un boccone, esasperato.

“Siamo al 35 % rispetto all’insieme dei nuclei familiari... Vuol dire che attualmente nella capitale un appartamento su tre è occupato da una donna single. Con o senza moccioso, divorziata o meno!”

“Per completare la tua inchiesta sociologica,” rincarò Luc, “sappi che nel 77% dei casi è la moglie che è all’origine della separazione.”

“Sul serio?”

“Niente di più serio. *La donna cambia spesso, chi si fida è un fesso.*”

Lionel gongolava.

“Quando ero piccolo, mia madre ripeteva sempre: ‘I bravi mariti finiranno per cascarci, nella condivisione delle faccende domestiche! Altrimenti si ritroveranno soli, e nei guai!’ Be’ no, noi non ci siamo cascati... Non ci siamo cascati in nessun modo! Salvo, ovviamente, i *loser* che hanno accettato di subire l’ablazione dei testicoli senza anestesia.”

Avevo dormito troppo male, ero esausto, avevo bisogno di riposo. Perché diavolo avevo invitato Lionel ad accompagnarmi?

“Amici miei, il periodo più duro è ormai alle nostre spalle. I primi anni Novanta, in particolare, sono stati tremendi. All’epoca le donne hanno iniziato a *tirarsela* troppo, *davvero troppo*. Ho registrato un leggero miglioramento alla svolta del millennio. Non è certo un caso, del resto, se nel 2001 ho battuto il record delle duecento penetrazioni vaginali. E sono felice di informarvi, signori, che in meno di tre anni la cifra è più che raddoppiata. Il mio CAC[6], dopo l'ingresso nel nuovo secolo, è diventato esplosivo!"

Tacque, soddisfatto di aver creato la suspense desiderata e di lasciarla fluttuare nell'aria. Nicolas Reckel tendeva l'orecchio, interessato. Speravo che nessuno rilanciasse la conversazione, ma Luc pose la domanda fatale, con un sorriso obliquo.

"Il tuo CAC?"

"Certo, il mio CAC, il mio 'Chibre Aux Culs', rispose Lionel, tutto contento della battuta. Tassi di crescita a due cifre, meglio della Cina! 12,4% nel 2002, 13,1% nel 2003. Quest'anno ne ho già scopate settantuno, con una progressione del 12,9%. Ho fatto una presentazione in Powerpoint, con foto, misure, origine etnica, nazionalità. Ve la spedirò in allegato, se volete."

"Ce la faremo anche senza, grazie," declinai in modo brusco.

"In questo momento è la donna di colore che sta andando al massimo nel mio CAC. Purtroppo la francese autoctona non ha più un grande fascino: nevrotica, pretenziosa, egocentrica fino al parossismo, con una conversazione atrocemente priva di interesse. Roba da chiamare subito un taxi dopo aver svuotato i coglioni. Su questo tema, come su tutti gli altri, evitiamo pure le generalizzazioni frettolose, ma, insomma, si tratta di quella che si definisce una gran brutta tendenza. La vietnamita sta risalendo

6. Indice di Borsa francese (acronimo di Compagnie des Agents de Change). Nella versione beffarda di Lionel Ruszczyk (Chibre Aux Culs) *chibre* è voce gergale, di gran lunga la più oscena – solitamente impiegata per alludere a rapporti sodomitici o con transessuali – per designare il pene. (*N.d.T.*)

bene le posizioni ma resta una rarità, di difficile accesso, poco espressiva, esageratamente discreta. Spero molto nella seconda generazione di nascita francese, impestata fin dalla più tenera età dai nostri costumi depravati, cresciuta con i film X, i tanga che spuntano dai jeans a vita bassa e i distributori di preservativi nelle scuole. Se questo non è un incentivo ad avere rapporti sessuali a tutto campo... Non è uno choc, per voi che avete dei bambini? No, i miei, detto francamente, li iscriverò a una scuola privata, in quella pubblica c'è troppo lassismo. La scuola non deve trasformarsi in un bordello."

Lionel, per spacciarci i suoi stereotipi reazionari, approfittava del fatto che la tavolata era composta esclusivamente da uomini. Non riuscivo a capire come un individuo così intrinsecamente volgare arrivasse, nella vita mondana, a trasformarsi nel giovane affabile che avvicinava i pezzi grossi con una faccia tosta tanto disarmante quanto seduttiva.

"Conto sulle prossime settimane per battere i miei record. Contrariamente a un luogo comune, non è vero che in autunno e inverno si scopa meno. Per la donna di città che vive sola, questi mesi sono spaventosi. La mancanza di calore umano raggiunge il culmine. I pubblicitari avranno pure buon gioco a chiamarle *nubilanti*, single in carriera e militanti. Il fatto è che non perdono affatto il gusto della consumazione e, dopo le feste, lasciano cadere la maschera. Hanno trascorso il Capodanno a sbornie solitarie e DVD, distese dentro un *futon* troppo grande per loro. A Natale hanno conosciuto il fidanzato della cugina di secondo grado. I bambini della sorella minore sono ulteriormente cresciuti. Ancor prima di avere un figlio hanno scoperto il loro primo capello bianco, una circostanza che non avrebbero creduto possibile... Le più facoltose scappano ai Tropici per farsi trombare da grossi cazzi a buon mercato, ma quelle prive di mezzi rimangono rinchiuse come sorci di laboratorio nella più bella città del mondo. A questo punto la preda è alla nostra mercé, messa in ginocchio dal dubbio, pronta a sorbirsi qualunque contaballe in cambio di un po' di tenerezza. E per me, crac, è il momento giusto per saltar loro addosso, come uno sparviero o un girifalco, eh eh!"

Salò il suo chili.

"La cinquecentesima del mio CAC me la sposo. Così, a caso. Ad ogni modo è proibito sognare: il matrimonio è la necropoli delle illusioni, la Beresina dei piaceri, la fossa comune."

"La necropoli delle illusioni, la Beresina dei piaceri, la fossa comune"...

Malgrado la mia contrarietà, trovavo buffe e spiritose quelle formule. Lionel mi disgustava. Cionononostante capivo come certe donne si lasciassero travolgere dalla sua energia comunicativa.

"Ti capita spesso di plagiare Audiard?" lo redarguì Luc.

"Ti faccio le mie scuse, ho tentato il colpo, ma occorre diffidare di un fenomeno come te. L'altro giorno ho annotato il dialogo di un film con Belmondo. Ahimè, non ricordo più il titolo."

"*Caccia al maschio* di Édouard Molinaro."

"Troppo forte, Luc, troppo forte."

Lionel ruppe virilmente un pezzo di pane.

"Le persone divorziano perché non danno abbastanza credito a Audiard. Se sai che tua moglie non ti ama il giorno in cui le metti l'anello al dito, hai tutte le probabilità che sia lei a tenerti la mano sul letto di morte dopo che sarai stato un buon padre e un buon marito."

"Oltre a essere il migliore stallone di Parigi, sviluppi anche sottili teorie filosofiche," sottolineò Luc.

"Oh sì, certo, puoi pure prendermi per il culo, ma non mi farai perdere di vista la buona novella. 35%! Guarda, ho anche stampato l'articolo..."

Trascinato dal suo entusiasmo libertino, frugò nella tasca

interna per estrarne due foglietti che dispiegò sulla tavola.

"Aspetta, dov'è il passaggio che mi ha più colpito... Ah, ecco: 'In media, le single interrogate hanno avuto 3,6 appuntamenti galanti nel corso degli ultimi dodici mesi. Meglio essere un uomo di meno di trentacinque anni che una donna della stessa età: il 30% dei primi ha fatto registrare dieci incontri amorosi e più, mentre i due terzi delle seconde non ne hanno fatto registrare nessuno'."

Ripose le scartoffie al loro posto.

"Anche voi potete divertirvi! Hanno un gran bisogno di cazzi, le ragazze, c'è penuria. Occorrerà celebrare una serie di processi contro gli uomini sposati. Adulterio obbligatorio! Rimborsato dalla previdenza sociale! Altrimenti, con questo trend, si va dritti filati verso flussi depressivi. Le nostre bene amate non possono mica infilarsi dentro la vagina dei sex toy fino alla menopausa!"

Di colpo, la sua voce si caricò di un tono enfatico.

"Signori, beviamo!"

Secondo il rito, accostò il suo bicchiere ai nostri.

"A noi maschi!"

Poi abbassò gli occhi come se recitasse il *Pater noster*.

"Abbiamo conosciuto momenti bui. Amari rientri in taxi, a mani vuote, dopo una festa. Notti di piaceri solitari. Mattine di disfatta. Ma abbiamo resistito. Con fierezza. Con coraggio. Ci siamo rifiutati di passare l'aspirapolvere e di pulire i bambini. Risultato: ora sono le donne a pulire per due e a investire nel vibratore!"

Aspettai che riprendesse fiato per parlare dello stato di salute di Yasser Arafat, ma il goffo diversivo funzionò solo per pochi secondi. Lionel si murò in un mutismo sdegnoso, finché la conversazione da me avviata si spense come un ceppo di legno umido.

"Il mio punto debole, lo riconosco, sono le donne indiane. Ho un cattivo rapporto con Bollywood. Un blocco che risale ai tempi del liceo. Quando entrai in prima, nella mia classe c'era un'indiana. Era ripetente, si chiamava Tarusha Thomas, i genitori l'avevano adottata quando aveva tre anni. Era una cannonata, Tarusha Thomas, davvero una cannonata... Volto angelico, due obici dentro il reggiseno, 95 centimetri a quindici anni, un superculo stretto in un paio di jeans che le spartivano la vulva tanto erano aderenti. Toglierglieli non doveva essere una cosa tanto facile... Eppure, mi direte, qualcuno ci riuscì, visto che Tarusha Thomas si scoprì incinta a diciassette anni..."

Davvero. Non *potevo* più sopportare quell'immondo personaggio.

"La professoressa di francese aveva preparato una pianta della classe. Io mi ritrovai a fianco di Tarusha Thomas, e cominciò l'inferno. Lei si metteva un profumo di vaniglia che persisteva tutto il giorno. Io passavo interi pomeriggi a masturbarmi. Di tanto in tanto, non riuscendo a resistere, sbirciavo nella sua scollatura. Così il cazzo mi si induriva ancora di più. Una volta credetti di eiaculare nei pantaloni in piena lezione... Da principio mi facevo una sega prima di entrare, ma in capo a pochi giorni, per maggiore sicurezza, presi a masturbarmi ancora prima di partire."

Parlando, guarniva di crema inglese il suo *brownie*.

"Era gentile, Tarusha, ma anche così stupida, così stupida... un'idiota totale!

"Per carità, non si chieda alle ragazze di inventare la polvere da sparo."

"Dimmi un po', Luc, non è che saresti un tantino sessista?" incalzò Lionel con un certo fastidio.

"Non sono io a dirlo," si difese Luc alzando le mani come un libero dopo un duro intervento in area di rigore. "È Brassens!"

Nemmeno mio zio, nemmeno lui, perdeva mai occasione per citare quel mediocre aforisma.

"Non capiva niente Tarusha, mi chiedeva tutto il tempo di aiutarla in grammatica, durante i dettati la lasciavo copiare dal mio foglio, ero il suo cocco, ma solo come compagno di scuola, vedete, a fare sul serio con me non ci pensava neanche alla lontana. Avendo un anno in più, usciva con quelli delle classi superiori. Però mi pento di non averci provato, ora che so che con un minimo di strategia si può conquistare qualsiasi ragazza. Sarebbe impazzita, Tarusha, se l'avessi messa sotto pressione. Quanto tempo avrei guadagnato se mi fossi presentato sulla linea di partenza prima di compiere diciannove anni, ci pensate? A quest'ora sarei arrivato a mille penetrazioni vaginali!"

"*Mille e tre*, magari...," lo prese in giro Luc, ma il volto ignaro di Lionel dimostrò che non aveva colto l'allusione.

"Quella storia mi perseguita ancora oggi... Quando mi avvicino a un'indiana che mi piace, mi ritrovo come a tredici anni davanti a Tarusha, non ho più la coscienza dei miei mezzi, perdo colpi, mi dico: 'Vado in bianco, vado in bianco', non è mortificante?"

Grattò le briciole del suo dessert al cioccolato.

"Luc, c'era un film così, *Celles qu'on n'a pas eues*, con Bernard Menez. Un cult per me, più di *Les bronzés*. La storia di quattro amici, su un treno, che si raccontano le loro sconfitte sessuali. Il regista è Pascal Thomas, me lo ricordo perché ha lo stesso cognome di Tarusha. Lo conosci?"

"No, non mi dice niente."

"Ah be', vedi, ora sono contento! Sono riuscito a fregarti!"

Si versò un bicchiere di Badoit.

"Mi tocca contattare un *coach*! Oppure dedicarmi alla sofrologia. Merda, l'India è in tutto un miliardo di abitanti, non posso permettermi di rinunciare in eterno a un mercato di cinquecento milioni di passere."

Rallegrato dalla scoperta di quel suo tallone d'Achille, mi lasciai andare a un motto di spirito:

"Insomma, non riesci a vincere il 'segno indiano', a interrompere la serie nera."

Lionel fece un fischio di ammirazione.

"Eccellente, caro Pakal, eccellente! Sai che mi piaci quando ti lasci andare in questo modo? Ora ti riconosco. All'inizio pensavo che non saresti mai riuscito a toglierti quel manico di scopa che hai infilato nel culo. A proposito, non vorrei essere scortese, ma, detto tra noi, le Weston demi-chasse, le camicie Figaret e le cravatte regimental sono da ipermercato del XX secolo. Ora siamo nel XXI, amico, devi modernizzare il tuo guardaroba... Prada, Lacroix, Paul Smith, ci sono apposta, sai."

Vuotò di colpo il bicchiere.

"Bene, forza, al lavoro, Credixis ha bisogno di me!"

Si alzò per andare a posare il vassoio sul ripiano della lavastoviglie.

Maledissi la mia sfiga e intanto mi lavai le mani, prima di tornare su quella tavola chiodata in cui si trasformava la mia poltrona, pur adeguata alle ultime innovazioni ergonomiche, quando si risvegliava la mia sciatica. Ancora una volta, i miei dolori lombari si manifestavano nel momento peggiore, quando per conservare il *job* mi sarebbero state necessarie tutte le mie facoltà fisiche e intellettuali.

Pensavo che non saresti mai riuscito a toglierti quel manico di scopa che hai infilato nel culo.

Ero così lontano dall'aspettarmi un'aggressione così brutale che non avevo neppure abbozzato un contrattacco. Con le sue doti intuitive, Lionel aveva previsto, considerata la mia condizione di estremo affaticamento, che se si fosse scagliato contro di me non sarei stato in grado di reagire.

Che testa mi avrebbe fatto Cécile se le avessi detto che Lionel mi aveva impunemente insultato in quel modo... Che stima avrebbe potuto riservare, una moglie, a un marito così pusillanime? No, meglio seppellire quella vergogna nel profondo della mia anima, in qualche sarcofago blindato, come un rifiuto radioattivo che mi auguravo non diffondesse, un giorno, le sue esalazioni tossiche a seguito di qualche sisma psichico.

Guardandomi allo specchio del bagno, potei osservare la mia faccia da funerale. L'umiliazione, aggiungendosi alla prostrazione e al dolore, mi segnava il viso. A partire da quel giorno, avrei dovuto evitare con la maggior cura possibile di pranzare con Lionel Ruszczyk.

VI

Il martedì sera, in occasione della riunione dei condomini, avevo segnato dei punti a mio favore nella battaglia che stavo conducendo.

Non che dalle nostre parti regnasse l'insicurezza – anzi, vivevamo in un quartiere privilegiato, e l'ottimo weekend trascorso mi aveva ancor più rafforzato nelle mie certezze. Sabato pomeriggio la nostra casa aveva vissuto al ritmo dell'ebollizione creativa di Manon, la quale aveva concluso in tutta fretta il pastello che doveva consegnare inderogabilmente entro le 18, per partecipare al concorso di disegno organizzato da un'associazione franco-messicana sul tema della fauna, della flora e dell'ambiente a rischio estinzione in Francia e Messico. Le opere dichiarate vincitrici da una giuria di artisti professionisti sarebbero state esposte in municipio e la Fondation Brigitte-Bardot avrebbe offerto regali ai premiati. Domenica, per ricompensare la nostra Berthe Morisot in erba, avevamo camminato fino alla casa di Alexandre Dumas, finalmente aperta al pubblico a partire dal mese di aprile. Julien non aveva voluto accompagnarci, adducendo a pretesto un tema da finire.

Quell'oasi di quiete attorno a Le Pecq contribuiva del resto, in larga misura, all'impennata dei prezzi degli immobili nel settore, lievitazione che ci avrebbe permesso, al momento della vendita del nostro appartamento, di mettere in conto una considerevole plusvalenza – anche se non avrebbe mai eguagliato la performance realizzata da Lionel.

Cinque anni prima avevamo dotato l'abitazione di un sistema di allarme. Tra il servizio di ceramica di Sévres, la preziosa argenteria ereditata da mia nonna, le due tele di quell'irlandese il cui costo saliva inarrestabilmente e le lampade Starck a forma di fucile con le quali l'iconoclasta designer rivendica la sua opposizione frontale alla guerra, possedevamo troppi oggetti di valore per correre il rischio di lasciarli senza protezione, alla merce del bandito che all'epoca monopolizzava la cronaca. Armato di un coltello, il tipo svaligiava villette borghesi dopo aver legato come salsicce i loro proprietari, arrivando a mimare, a volte, delle scene di stupro... Da Maisons-Laffitte a Le Vésinet, da Versailles a Le Chesnay, il "salsicciaio dei quartieri alti", come lo soprannominavano i giornalisti, aveva, nel giro di due anni, seminato il panico in una decina di ville.

Nel novembre 2000 la tecnologia, ancora una volta, aveva tirato fuori dai guai gli inquirenti: grazie alle onde emesse del telefonino che il bandito aveva commesso l'errore di rubare a una delle vittime, la polizia lo aveva localizzato. In capo ad alcune settimane la corte d'assise di Les Yvelines gli aveva inflitto una pena di quindici anni di prigione.

Il mio progetto aveva preso corpo l'ultimo anno, nel corso di un'interessante visita al terzo "Salon de la Sécurité", all'interno del parco delle esposizioni di Villepinte, al quale un intermediario finanziario mi aveva gentilmente invitato. Uno degli espositori mi aveva conquistato con il suo sistema di videosorveglianza concepito apposta per le residenze di prestigio come la nostra; un dispositivo estremamente sofisticato, certo costoso, per disporre del quale, trattandosi di sicurezza, non sarei stato disposto in nessun caso a fare economie.

Sulla metropolitana B, durante il viaggio di ritorno, l'orrore della periferia che si stendeva a perdita d'occhio aveva finito per convincermi. Nelle bidonville che crescevano lungo i bordi della ferrovia, gruppi di bambini giocavano in mezzo a pozzanghere oleose mentre gli adulti si scaldavano accanto a inceneritori metallici che servivano anche da cucina. Immense impalcature sudice attendevano di essere demolite, in uno scenario a dir poco spettrale. Pensavo con una certa tristezza che i visitatori stranieri provenienti da Roissy-Charles-de-Gaulle avrebbero memorizzato, come percezione iniziale del loro soggiorno nel mio paese, quegli estesi brandelli di Terzo Mondo sparsi sul territorio francese. Che scenari si presentavano a Londra o a Barcellona? Anche se, in gioventù, avevo viaggiato abbastanza, le mie visite alla National Gallery e alla Sagrada Familia non mi avevano detto granché sulle reali condizioni di vita degli inglesi o dei catalani.

Sballottato dalle scosse del treno, prendevo pienamente coscienza di stare per voltare pagina. I dolci anni della mia infanzia, durante gli anni Settanta, quando il pensiero del futuro portava con sé più speranze che pericoli, erano ormai acqua passata. La scia della cometa dei gloriosi trent'anni era svanita senza lasciare traccia, affrettando il nostro ingresso nei tempi bui. Salvo garantirmelo fin d'ora con i propri miei mezzi, non avrei chiaramente goduto dello stesso trattamento pensionistico, agiato e cospicuo, di cui godevano i miei genitori, i quali si erano ritirati a Orange. A giudicare dalla rapida scomparsa, nell'arco di venticinque anni, della vecchia nozione di "rispetto dovuto agli anziani", le giovani generazioni avrebbero accettato con difficoltà l'idea di lesinare sul loro potere d'acquisto o di privarsi delle vacanze per pagare le pensioni dei nonni, i quali apparivano loro, quando andava bene, come spiacevoli incomodi finanziari, e, quando andava male, come nefasti parassiti da confinare in ospizi per malati terminali, pur di non assistere alle loro lunghissime, dispendiose e ripugnanti agonie.

Sì, mentre percorrevo Rue de Rivoli avevo la sensazione di aver trovato le parole giuste per perorare la mia causa quando Jacquier mi aveva accusato di cedere a una "psicosi irrazionale" e di lanciarmi in una "rivalsa securitaria" (cito qui con la massima precisione i termini da lui usati, ammesso che la memoria non mi giochi dei brutti tiri). Oh, quella corvée non mi aveva affatto entusiasmato, ma avevo dovuto assicurarmi velocemente del degrado dei luoghi, nel caso in cui Jacquier e i membri dell'assemblea si fossero dimostrati al tempo stesso ciechi e sordi. Mi ero schiarito la voce ed ero partito all'attacco, senza andare troppo per il sottile:

"Signore, lei sa cos'è la *home jacking*?".

Costretto immediatamente sulla difensiva, Jacquier aveva rinunciato a indovinare.

"Ora capisco perché lei immagina che dei normali sistemi di allarme bastino ancora a scoraggiare i malviventi," avevo mormorato con un sorriso di commiserazione. "La *home jacking* consiste, per i nostri amici delinquenti, nel rubare le automobili addirittura a casa dei loro proprietari, minacciandoli, come se non bastasse, di pestarli e accoltellarli. Attualmente questo tipo di aggressione si sta moltiplicando nei facoltosi comuni di Les Hauts-de-Seine. Il 'salsicciaio' farebbe la figura di un ragazzo del coro a confronto con quei selvaggi. Sono così violenti che i poliziotti non comunicano più i dettagli, per non spaventare la gente."

Perché negarlo?

Affrontavo i miei argomenti a colpi di clava, con una voce chiara e tranquilla che io stesso provavo piacere, un autentico piacere, ad ascoltare. Tra l'altro, grazie all'azione combinata di antidolorifici e antinfiammatori non avvertivo più il mio mal di schiena.

"Venerdì, sugli Champs-Élisées, il buttafuori di una discoteca è stato gravemente ferito con un'arma da fuoco da un cliente al quale aveva rifiutato l'ingresso. Il giorno dopo, a distanza di pochi metri, un giovane di diciotto anni è morto per una pugnalata alla schiena nel corso di uno scontro tra bande. Il delitto ha provocato una nuova escalation di tensione e incendi di cassonetti della spazzatura in un quartiere di Carrière-sous-Poissy, ne ha sentito parlare?"

Certo la lettura quotidiana di *20 minutes* e delle agenzie Bloomberg e Reuters facilitava la mia eloquenza, ma anche le interrogazioni incalzanti a cui ero stato a lungo sottoposto durante il corso di specializzazione[7] mi avevano considerevolmente aiutato a farmi le ossa in vista di eventuali scontri dialettici.

"Sei in gamba a dibattere," mi diceva Pierre Sopardi per prendermi amichevolmente in giro.

"Non passa settimana," avevo ripreso con un'ottava più alta, "senza che uno studente o anche un professore venga attaccato all'arma bianca nei locali della sua scuola. La scorsa settimana, nei quartieri della porte de Vanves, scontri tra bande di neri-bianchi-arabi e rom stanzializzati hanno fatto registrare parecchi feriti. In primavera c'era già stato un morto. Alcune famiglie sono state costrette a fare fagotto in quanto non sopportavano più le minacce... Le piacerebbe, ripeto, le piacerebbe essere cacciato di casa? A me no. Ho una moglie e due figli, e il mio dovere è proteggerli."

7. *Prépa*: corso biennale di livello universitario al quale si accede mediante concorso. Suddiviso in diverse aree disciplinari, ha il compito di preparare la classe dirigente nel settore pubblico o privato. (*N.d.T.*)

Un silenzio di tomba...

Mi dispiaceva che Cécile non mi avesse accompagnato.

"Anche gli sguardi che ci si scambia lungo la strada sono diventati ostili. Io tengo sempre più spesso gli occhi bassi dopo che un giorno, in metropolitana, sono stato affrontato da un giovane che mi rimproverava, con mio grande stupore, di averlo 'guardato male'."

"Ah, questo è vero!" mi aveva appoggiato con veemenza Gourdel, il farmacista del secondo piano. "Anch'io abbasso gli occhi con più frequenza di prima, persino nel mio negozio."

"E vi risparmio le rapine ai dabisti, alle quali, data la mia professione, sono particolarmente sensibilizzato."

Un mormorio aveva percorso l'assemblea, al termine della quale Florence de Clairlieu, la psicoterapeuta che occupa il pianterreno dell'edificio B, mi aveva chiesto:

"Che cos'è un dabista?".

"Dabista, da DAB, Distributore Automatico di Biglietti. Quelli che riempiono i contenitori, l'anello debole nella catena del trasporto di valori. Le aggressioni hanno una cadenza quasi settimanale."

"Non si può nemmeno tenere sotto controllo le persone ventiquattro ore su ventiquattro," aveva farfugliato Jacquier in un grottesco sussulto finale, prima di rendere le armi.

"È proprio perché non desidero piazzare un poliziotto dietro ogni cittadino, tanto più in un momento in cui le finanze pubbliche precipitano drammaticamente verso il segno rosso, che ritengo urgente impiegare le potenzialità di quello strumento di formidabile deterrenza che è la videosorveglianza. Chi sarebbe così idiota da commettere un delitto sapendo di essere identificato nel giro di poche ore? È una soluzione che, nella regione, sta convincendo un numero sempre maggiore di sindaci, e ormai sono tutti concordi nel riconoscere la specifica competenza di questi eletti dal popolo, i quali operano in stretto contatto con i bisogni dei loro amministrati. A Saint-Germain-en-Laye, stanno per essere installate nei punti strategici della città dieci videocamere direttamente collegate con i posti di polizia. E ho scoperto con piacere le immagini virtuali della futura rete tramviaria parigina: le stazioni sono tutte dotate di videocamere. È la dimostrazione che il problema va ben al di là delle divisioni politiche: sia per Denis Baupin sia per Bertrand Delanoë, entrambi non sospettabili di simpatie per la destra, la sicurezza rappresenta una priorità."

Avevo fatto una pausa, giusto il tempo per permettere che quest'ultima asserzione si imprimesse ben bene nella mente dei miei ascoltatori.

"Riflettete, a ogni buon conto, io non intendo sopraffare nessuno. Dopotutto non c'è fretta, anche se non vorrei differire troppo la data di questo investimento che garantirebbe a tutti noi maggiore benessere e maggiore serenità."

Mi ero voltato bruscamente verso Jacquier.

"Per concludere, signore, posso farle una domanda?"

"Certo!" aveva risposto con diffidenza Jacquier.

"Conosce Chambéry?"

"No," aveva bofonchiato.

"Graziosa città, Chambéry. Vi abbiamo trascorso una settimana di vacanza l'aprile scorso. Capoluogo del dipartimento della Savoia, ai piedi delle Alpi. I suoi musei, la sua cattedrale del XV secolo, il suo castello medievale, *le sue videocamere sugli autobus...*"

Gomiti sul tavolo, mani all'altezza del viso, picchiettavo l'una contro l'altra le estremità di ciascuna delle mie dita.

"Tre per veicolo, di cui una sul davanti a raggi infrarossi. Costo: tremila euro per autobus. I passeggeri vengono filmati in permanenza. I conducenti sono unanimi: i tragitti sono più tranquilli dopo l'installazione della videosorveglianza. E le cifre danno loro ragione, innegabilmente: il numero di reati si è ridotto a un quarto."

I condomini si osservavano, scossi. Solo Jacquier faceva ancora mostra di impuntarsi, scuotendo il capo da destra a sinistra.

Sì, quel martedì avevo davvero segnato dei punti a mio favore nella ricerca del consenso.

Per essere esatti, Alice Eberhardt non aveva un bell'aspetto quando uscì dall'ascensore quel primo dicembre. L'aveva bellissimo.

Era uno splendore.

Illuminava l'*open space*.

Quella mattina, oltre a una stretta gonna nera e stivali a punta con tacchi a spillo, indossava una camicetta verde intonata con il colore degli occhi verde smeraldo. Dovevamo la sua visita mattutina a Hélène Pellin, la quale, per farci sapere senza enfasi che era il giorno del suo compleanno, aveva comprato da Pomme de Pain un vassoio di pasticcini da offrirci mentre stazionavamo davanti alla macchina per il caffè.

"Vuoi una *viennoiserie*, Lionel?" chiese Hélène amabilmente.

Alice non degnava di una sola occhiata Ruszczyk, trattandolo con ostentata freddezza. Dopo lo scontro che li aveva messi l'una contro l'altro a mensa, non si era mai più seduta al nostro tavolo. Pagavamo così il conto per l'imbecillità di quel saccente, poiché la contemplazione di Alice, della linea dei suoi fianchi messa in evidenza da toilette all'ultimo grido, della sua pelle sana la cui luminosità veniva esaltata da costosi cosmetici, dei suoi capelli di seta accesi da colpi di sole, mi faceva dimenticare per alcuni minuti il mio mal di schiena, il quale tornava a farsi sentire dopo che avevo ridotto la dose di farmaci.

"Oh, è molto chic *viennoiserie*. Io dico croissant, bignè al cioccolato, 'chiocciola'."

Un bifolco... Un buzzurro incorreggibile! Che sotto la suola delle sue Ferragamo si stesse seccando ancora un po' di merda di vacca?

Alice alzò gli occhi al cielo, costernata da tanta volgarità, rivolgendomi un sorriso discreto, di connivenza.

"Quanti anni compi, Hélène?"

Ecco, spingeva in tutte le direzioni le sue manovre destabilizzanti. Attaccarsi al sesso debole non poneva certo problemi etici a quel tristo figuro. Hélène Pellin lo rimise al suo posto con molto humour:

"Vedo che hai tratto ben poco profitto dall'educazione impartitati da tua mamma, mio povero Lionel".

"Ah be', d'accordo!" ribatté Lionel stendendo le gambe. "Vedo che c'è ancora molta strada da fare per raggiungere la parità dei sessi nella finanza... Il far caso a segreti del genere conferma in pieno la persistenza di atroci stereotipi machisti! Cosa mi costa confessare in pubblico che ho trentaquattro anni? Anche questa è trasparenza in un'azienda: conoscere bene i propri collaboratori. La prima regola, nel lavoro, è non dover mai giudicare una donna dall'età ma dalle sue qualità professionali."

Dopodiché divorò con furia la sua "chiocciola", che ogni essere civilizzato chiama comunemente "dolce all'uvetta".

"Non devi farti dei complessi, Hélène, per aver passato i quarantacinque anni," aggiunse con la bocca piena. "Oltre al fatto che le tue competenze sono sempre più sofisticate, il tuo sex appeal rimane assolutamente intatto, puoi credermi."

Le lanciò un'occhiata.

Alice sbirciò Hélène, come se, malgrado la loro confidenza, l'amica la valutasse a sua insaputa. Disinteressandosi alle due donne, Lionel sprofondò nella lettura di una copia di *Le Figaro* che era rimasta lì per caso.

"Ritva è venuta a consultarvi per i regali?" mi chiese Hélène.

Feci un cenno di assenso: sì, l'assistente di Glazer, la polposa finlandese Ritva Mäkinen, mi aveva chiesto quale regalo desideravo che Credixis offrisse ai miei due bambini.

"È venuta anche da me," rispose Luc. "D'altra parte non mi va molto che la direzione si immischi in questo modo nella mia vita privata."

Trovavo assai temerario formulare in pubblico un'opinione così decisa, soprattutto in quel momento.

"Cominciano col chiederti quali regali piacciono ai tuoi figli e finiscono per proibirti di fumare in casa tua, come negli Stati Uniti."

"Aaah, Luc, non fare il paranoico!"

Appena rivolsi lo sguardo verso il nostro sinistro interlocutore, alla lettura di un titolo di spalla di *Le Figaro* mi prese un colpo.

"Non ti piacerebbe smettere di leggere libri per un giorno o due? Invece che ai libri prova a dare un'occhiata a *24 heures chrono* sprofondato sul sofà con una Adelscott e dei pistacchi sparando una scoreggia di tanto in tanto, vedrai che ti calmerà i nervi. Glazer è un buon diavolo, ha davvero voglia di fare contenti i vostri piccini."

Mi sarei sputtanato davanti a tutti se gli avessi strappato il giornale dalle mani. Sennonché Lionel si preparava a girarlo verso di sé e a leggere l'articolo. Nel qual caso si sarebbe scatenato, tanto più che il discorso sarebbe caduto a proposito.

"Dalla mia società pretendo che mi retribuisca per le competenze che le metto a disposizione, non che vegli sui miei figli."

Nel momento stesso in cui serrò le labbra per esprimere il

suo completo disaccordo, Lionel piegò in due *Le Figaro*, stropicciandone i fogli con un gran fracasso.

"Il vantaggio, quando non si hanno figli, sta nel fatto che non si ha bisogno di spaccare il capello in quattro con questo tipo di cazzate, vero Alice?"

Alice accusò il colpo. Era chiaro che l'aver superato la trentina senza aver conosciuto le gioie della maternità la tormentava. Un soffio di tenerezza gonfiò il mio petto. Quanti seduttori vigliacchi avevano tradito la fiducia di quell'anima straziata, quante crudeli disillusioni aveva sopportato, in una sequenza talmente ripetuta che la sua giovanile e ingenua ricerca del principe azzurro si era trasformata in una lotta estenuante contro la solitudine, con tocchi molto meno divertenti di quelli di *Sex and the City*? Sì, quante cene *tête-à-tête* con se stessa, composte da una minestra di legumi, una ciotola di tofu e uno yogurt magro aromatizzato al mango, quante "diete snelle" per mantenere piatto un ventre che i dissoluti amanti di una notte, alla ricerca di un appagamento animalesco, non avrebbero mai fecondato, grazie al preservativo che si infilavano scrupolosamente prima di ogni rapporto, per proteggersi dalla paternità come dalla peggiore delle malattie sessualmente trasmissibili? Quante volte, insomma, l'ingestione compulsiva di un vasetto di Nutella aveva annullato in una sola serata numerose settimane di privazioni e, fin dall'indomani mattina, fatto schizzare in alto la lancetta del pesapersone elettronico Tanita?

Una voglia irresistibile di raccogliere sotto la mia ala protettrice quell'uccellino ferito, ingiustamente maltrattato dalla vita, mi sommerse, e al tempo stesso mi colse una voglia irresistibile di prendere a schiaffi Lionel Ruszczyk, il quale, manifestamente, non aveva nessuna intenzione di leggere quel giornale a cui io tenevo tanto. Sì, lo scorreva con lo sguardo, lo sfogliava, lo maneggiava, tanto per mettere in fila distrattamente righe e caratteri, ma solo per prender tempo e cercare in quella sudicia faretra che gli fungeva da cervello la prossima freccia avvelenata da scoccare contro uno di noi.

"E tu, Pakal, cosa ne pensi dei regali?"

Stronzo, visto che *Le Figaro* non t'interessa affatto, be' adesso posalo sulla tavola e va' a lavorare, invece di rompere le palle alla gente.

"Non ho ancora riflettuto sull'argomento."

"Ma va'... Sei sempre il solito... Non ti comprometti mai con i temi spinosi, eh? Furbo come una volpe, il Pakal..."

Ecco, aveva ripiegato il giornale, che poi appiattì rumorosamente, dandogli un colpo secco con il dorso della mano. L'articolo non era ancora alla portata del suo naso ma si trattava di una questione di secondi.

"Chi vuole un'altra *viennoiserie*?"

"Be', senti, non mi tiro indietro, in fondo sono schifezze piuttosto buone. Solo che devo stare attento alla linea," aggiunse picchiettandosi gli addominali che si indovinavano duri come l'acciaio, dopo tutte le sedute di tortura che si infliggeva al Club Med Gym.

Quanto tempo passavano, quei fannulloni, a scambiarsi le loro banalità davanti alla macchina per il caffè? Credixis li pagava per rimpinzarsi bevendo arabica? Lionel ripiegò macchinalmente il giornale per poi tirarlo lontano da sé come fosse un frisbee. Al termine di un impeccabile volo planato, *Le Figaro* atterrò giusto sul davanzale della finestra che Lionel aveva preso di mira.

"Troppo forte!" si felicitò con se stesso quel presuntuoso congenito.

I miei muscoli si distesero. Nel giro di pochi minuti il mio mal di schiena scomparve. Lionel batté le mani.

"Bene, non è il caso di riempirsi la pancia, eh, forse è meglio tornare un po' a sgobbare."

Chiunque non avesse seguito la sua raccomandazione si sarebbe sentito in colpa, soprattutto in quel momento. Così tutti quanti lo seguirono passo passo.

"Tu non vieni, caro Pakal?" insistette, in modo che tutti sapessero che mi stavo attardando davanti alla macchina per il caffè.

"Sì sì, mi faccio un altro espresso e arrivo."

Introdussi una monetina nella macchina e finalmente riuscii a mettere le mani su *Le Figaro*, al quale finsi di dare un'occhiata mentre scendeva il caffè. Per non perdere altro tempo vuotai il bicchierino d'un fiato. Il liquido troppo denso mi nauseò. Nessuno prestava attenzione a me quando tornai indietro. Discretamente, feci scivolare *Le Figaro* dentro la mia valigetta.

Fortunatamente, quando rientrai, i ragazzi si stavano tranquillamente occupando delle loro cose. Cécile, al centro culturale, ballava a ritmo di salsa e io, con *Le Figaro* in mano, potei finalmente stendermi sul letto.

> Martedì 30 novembre 2004
> MARSIGLIA: L'ha aggredita in cucina
> **Un adolescente pugnala la madre senza motivo**
>
> Gli inquirenti della Brigade de Répression des Atteintes aux Personnes (BRAP) non sono riusciti a cavare dalla bocca di Bastien, subito dopo il suo raptus di follia, nessun movente, nessuna giustificazione. Domenica scorsa, in un appartamento della Rue Ricard, situata nel quartiere della Belle-de-Mai a Marsiglia (3° arrondissement), verso le 18.20, Bastien, un ragazzo di 13 anni e mezzo, guardava la televisione e intanto giocava sul suo computer a un gioco di strategia, *Age of Empires*, gioco che non è considerato violento. Il ragazzo, all'improvviso, si è alzato per andare in cucina, dove si trovava Ghislaine, la madre.

Si è impadronito di un coltello e l'ha colpita alla schiena. Poi ha afferrato un altro coltello e le ha sferrato quattro colpi al volto. Qualche istante dopo, nell'appartamento sono entrati la sorella di Bastien e il fidanzato e hanno scoperto la madre riversa al suolo con un coltello piantato nella schiena. Bastien era in ginocchio accanto al corpo e si stava scusando con la madre, priva di conoscenza, per averla aggredita. Allarmato dalle grida, il padre di Bastien, che si trovava nell'appartamento vicino, dove risiede il nonno di Bastien, è arrivato di corsa.

L'uomo non ha esitato a chiamare aiuto. I pompieri hanno trasferito d'urgenza la mamma, di 46 anni, in condizioni critiche, all'ospedale della Timone. Ieri mattina, la donna, dichiarata fuori pericolo, ha potuto rispondere alle domande degli inquirenti. Secondo lei, non c'è stata alcuna discussione, alcuna lite con Bastien, né il giorno del tentato omicidio né i giorni o i mesi precedenti. Il figlio non ha pronunciato nemmeno una parola prima di pugnalarla. Si sa però che Bastien soffriva di turbe psichiche e che aveva un ritardo scolastico importante.

Si sa anche, stando alle prime dichiarazioni del padre, che Bastien soffriva di crisi epilettiche a causa delle quali seguiva un trattamento. Nel corso dell'interrogatorio di garanzia, secondo fonti giudiziarie, l'adolescente ha tenuto "un comportamento normale". Non ha manifestato alcun segno di pentimento. Si è limitato a ripetere: "Avevo voglia di farlo." È in corso una perizia psichiatrica. Ieri sera Bastien è stato portato davanti al giudice dei minori che si occuperà dell'inchiesta sul caso. Non si prevede che venga trattenuto in prigione.

Gettai il giornale nella pattumiera dei rifiuti riciclabili, poi aprii il congelatore. Per la sera, arrosto di vitello farcito ai funghi porcini e asparagi verdi alla Picard. Perché Cécile mi rimproverava di non cucinare? Per quanti sforzi avessi fatto, non sarei mai riuscito a preparare piatti così gustosi.

"Avevo voglia di farlo."

Ah, certo.

Solo che anch'io avevo voglia di fare un mucchio di cose.

In particolarc avcvo voglia di partire per una vacanza ai tropici, e anche, non tanto tempo prima, a mensa, avevo avuto voglia di mangiare un altro bignè al cioccolato. E in serata, in metropolitana, avevo avuto voglia di dare una gomitata nello stomaco al cinese che mi stava appiccicato addosso sgranocchiando semi. Nondimeno mi ero trattenuto. Avevo tenuto sotto controllo le mie pulsioni.

"Avevo voglia di farlo!"

Davvero quella giustificazioni mi faceva infuriare.

"Il figlio non ha pronunciato nemmeno una parola prima di pugnalarla."

Ecco.

Allora uno bada tranquillamente agli affari propri e tutt'a un tratto viene ucciso. O ferito gravemente. Insomma, si trattava di una situazione completamente fuori dal normale, accidenti! E nessuno manifestava un allarme particolare!

Tagliavo a pezzettini l'indivia, sconfortato. Quel nuovo dramma sbaragliava la mia teoria del giorno prima. A cosa serviva installare un dispendioso sistema di videosorveglianza se il nemico muoveva il suo attacco dall'interno? Che, in sostanza, Jacquier si avvicinasse più di me alla verità?

"Julien, apparecchia la tavola, per favore."

No, in ogni caso non avrei fatto retromarcia.

Sebbene non proteggesse dalle aggressioni endogene, la videosorveglianza accresceva globalmente la sicurezza di una famiglia in misura non trascurabile.

VII

Il mio morale si guastò nel corso del mese, man mano che le grigie giornate autunnali si andavano accorciando e i minuti di irradiazione solare continuativa andavano diminuendo. Fui tentato più volte di consultare uno specialista di luminoterapia, su consiglio di Hélène Pellin, la quale non smetteva di magnificare quella tecnica, che consiste nel sottoporre il paziente a un'irradiazione solare artificiale allo scopo di diminuire la sua secrezione di melatonina. Sennonché l'idea di sdraiarmi davanti a una lampada come un vegetale, in attesa dei suoi benefici effetti, urtava vagamente il mio buonsenso.

Così sprofondai nel mese di dicembre come dentro un tunnel.

Nei tunnel della metropolitana, Laetitia Casta travestita da Babbo Natale celebrava l'arrivo delle festività di fine anno. Ben presto il sindaco di Parigi fece riaprire alla circolazione domenicale le vie d'accesso ai lungofiume, dove finivano per formarsi interminabili cortei di fari accesi. Così come era giocoforza percorrere le corsie sovraffollate dei grandi magazzini, dall'atmosfera satura di effluvi di sudore mescolati ai profumi di lusso, per acquistare costosi regali la cui distribuzione avrebbe offerto un'ulteriore prova dell'ingratitudine dei figli, ai quali pure sacrifichiamo la nostra stessa vita.

A causa della mia sciatica quasi quasi zoppicavo e nell'alzarmi dal letto gemevo di dolore, tanto che il dottor Truche mi consigliò di fermarmi due o tre giorni: proposta che rifiutai, poiché una defezione durante quel periodo decisivo per la nostra società avrebbe prodotto una pessima impressione.

No, bisognava resistere.

Lunedì 6, verso le 18.30, il basso cielo autunnale finì per caderci sulla testa. Il venerdì precedente, in occasione del primo consiglio di classe dell'anno, Julien incorse in una doppia ammonizione, relativa sia alla condotta sia allo studio, come c'informò il suo insegnante di riferimento quando ci telefonò, allarmato da quel bilancio disastroso. Non che il nostro rampollo disturbasse le lezioni tenendo un comportamento turbolento. Anzi, il professor Merlot si chiedeva se non fosse stata preferibile l'indisciplina a quel rammollimento di Julien, il quale non dimostrava alcun desiderio di studiare e di apprendere. Con mio grande rincrescimento, l'insegnante mi riferì che un pomeriggio, dopo il pranzo, Julien si era addormentato sul banco. Merlot ci invitò a controllare costantemente i suoi compiti e, al termine della conversazione, ci suggerì, con molte circonlocuzioni, di consultare uno psicoterapeuta. A suo avviso, poteva darsi che Julien soffrisse semplicemente di “fobia scolastica”.

Avevo attivato il viva-voce. Cécile, ascoltando le parole terribili del professore, si lasciò prendere dal panico. Fino ad allora ignoravamo tutti e due l'esistenza di quella malattia. Merlot ci rassicurò: non ci vedeva nulla di drammatico, il fenomeno colpiva un numero sempre maggiore di adolescenti, scolari che rifiutavano di frequentare le lezioni perché nutrivano un rancore violento nei confronti degli adulti. Purtroppo senza conoscerne il motivo. Quell'indeterminatezza non facilitava la soluzione del problema. Non curato, il sintomo degenerava a volte in delirio di persecuzione, ma, se trattato in tempo, i rischi diminuivano.

Reagivo con voce strozzata a ciascuna di quelle staffilate. Sicuramente Merlot intuì il mio sgomento perché di colpo sospirò:

"Lei non è certo l'unico padre a doversi preoccupare, signor Ébodoire. Anch'io ho delle difficoltà, soprattutto con il figlio più giovane. I problemi che il maggiore mi poneva a diciassette anni il minore me li pone a tredici...".

"Davvero?" esclamai, consolato da quello sfogo inatteso.

"Eh sì, davvero. Non bisogna farsi illusioni: quello che noto nelle mie classi è la mancata condivisione dei valori... come dire... umanistici, ovvero quelli della mia generazione. Il gusto per lo sforzo, il rispetto dell'altro, la curiosità intellettuale, sono tutti concetti condannati a sparire, a breve o a lungo termine. Oggi, per noi insegnanti, la sfida di fronte ai nostri allievi è riflettere su come interessarli a cose che non siano i giochi sul web, i cantanti alla moda o l'ultimo serial americano. Cioè a tutto quanto non appartenga al campo dell'economia mediatico-pubblicitaria..."

Dopodiché Merlot mi comunicò la sua preoccupazione per lo sciopero previsto per l'indomani. Julien avrebbe perciò lasciato la scuola alle 16.30, e forse anche prima, a seconda del numero degli insegnanti che avrebbero aderito sciopero. Toccava a noi stare attenti a che il gaglioffo non approfittasse dell'occasione propizia per fare tardi fuori.

I professori si stavano mobilitando contro la riforma Fillon, la quale, ci informò Merlot, prevedeva la soppressione di migliaia di cattedre riservate ai giovani insegnanti. Più in generale, egli era contrario alla "logica liberista" del progetto. Non sapevo se era a conoscenza della mia professione, ma quella logica, assicurandomi una vita agiata, a me non dispiaceva *a priori*. Con una serietà che mi raggelò, Merlot ci propose di partecipare alla manifestazione, lche sarebbe partita dalla stazione della metropolitana di Port-Royal verso le 14.30, poi riattaccò.

Alle 20 in punto Julien si sedette a tavola, poiché, malgrado le nostre ripetute reprimende, tendeva sempre più a confondere il bozzolo familiare con un ostello della gioventù. Mi aspettavo che a un certo punto parlasse del suo consiglio di classe, invece divorò minestra, omelette al formaggio, Danette e mezza baguette con la stessa ingordigia di sempre. Cenammo in un silenzio che diventava sempre più pesante, di pari passo con l'annuncio di David Pujadas circa l'inizio della ventesima campagna delle Mense per i poveri, sempre sulla breccia nella loro lotta contro la precarietà e per il recupero dell'esclusione. Verso le 20.35, approfittando dell'intervallo pubblicitario, Cécile esordì a bruciapelo con un secco rimprovero:

"Abbiamo appena avuto il piacere di parlare con il professor Merlot. Ammonizioni per la condotta e lo studio: bravo, tutte le mie felicitazioni, tuo padre e io siamo molto fieri di te".

Parole che accompagnò battendo il palmo sulla tavola.

"Ci hai nascosto tutto! Papà non sapeva cosa rispondere al professore!"

Julien abbassò la testa.

"Che tu non abbia voglia di studiare, che tu faccia delle stupidaggini, be', posso capirlo. Ma questa fuga davanti alle tue responsabilità, questa incapacità di assumertene il peso, non la ammetto!"

Cécile mirava giusto, ogni sua parola andava a segno, Julien si scomponeva a vista d'occhio.

"Speravo che il nostro rapporto fosse fondato sul dialogo, sulla fiducia. Mi sono sbagliata."

Alla lunga, quell'esecuzione sommaria mi metteva a disagio.

"Ad ogni modo," insorse Julien, "c'è un vizio di forma.

Secondo il Bollettino ufficiale n. 8 del 13 luglio 2000, il consiglio di classe non ha il diritto di emettere ammonizioni, me l'ha detto il rappresentante."

Cécile sgranò gli occhi.

"Come?! Rivendica pure dei diritti invece di vergognarsi! Mi pare di sognare! E i tuoi doveri, ci pensi ai tuoi doveri, insolente?!"

"Fila nella tua camera, e in fretta!" gridai io, per riprendere in mano la situazione.

Con il suo consueto tatto, Manon sparecchiò la tavola, si recò in punta di piedi a lavarsi i denti e andò a coricarsi senza sollecitare il tradizionale bacio della buonanotte. Prima di trattare il caso "Julien", Cécile e io ci riservammo una tregua televisiva. Solo la scelta del programma ci trovò, per pochi secondi, in disaccordo: la mattina mi ero rallegrato leggendo su *20 minutes* che Arte avrebbe trasmesso *La vita sognata degli angeli*, film che avevo perso al momento della sua uscita nelle sale.

"Ah no, eh, non ho nessuna voglia di sorbirmi il tuo lugubre film," mi aggredì Cécile quando già stavo premendo il dito sul 5 del telecomando. "Ne ho fin sopra i capelli dei giovani sballati!"

Lei aveva programmato di guardare la fiction francese in onda su France 2 e cambiò canale senza consultarmi.

Due ore dopo, in camera, non ci mettemmo molto a trovarci d'accordo sulle misure che conveniva adottare nei confronti del nostro mascalzone. Cécile era apertamente favorevole alla cosiddetta politica del "pugno di ferro in guanto di velluto": colpire, ma senza che il ragazzo perdesse mai di vista il carattere didattico di un tale rigore.

"Tra l'altro sarebbe bene che domani annunciassi tu stesso le sanzioni," dichiarò Cécile togliendosi i collant.

Arricciai il naso.

"Sai che sono molto poco adatto a queste cose, io, eh..."

"Sì, lo so bene, ma ho riflettuto proprio poco fa, guardando la televisione: credo che per una volta tu debba farti forza."

Mi sentivo colto in flagrante delitto di pigrizia mentale. Cosa ancora più umiliante, facevo esperienza dei miei limiti intellettuali. Chiaramente, Cécile mi precedeva di parecchie lunghezze: aveva ponderato ogni dettaglio del problema al fine di porvi la soluzione adeguata. Mentre io avevo seguito con attenzione il telefilm, che raccontava le disavventure di un medico antillano vittima della diffidenza degli abitanti di un villaggio della Charente, dove aveva preso il posto di un collega. La storia si svolgeva alla fine del XIX secolo, ma il regista prendeva a pretesto quell'ambientazione storica per metterci in guardia, in realtà, su problematiche terribilmente contemporanee, come la paura dello straniero o il rifiuto dell'altro. Una graziosa attrice interpretava il ruolo principale con tanta convinzione che la telefonata del professor Merlot mi era uscita di mente.

"Sul piano simbolico è il padre che decreta la legge e fissa i divieti."

"Credi?"

"Ne sono sicura."

Dove aveva pescato quelle stupidaggini Cécile?

Che ne sapevo io di ordine simbolico?

Come alcuni secondi prima avevo fatto la figura dell'analfabeta, così adesso non osai chiederle quale legge avrei dovuto esattamente decretare, né quali divieti cavar fuori dal mio cappello. Innanzitutto, in base a cosa il mio status di maschio mi destinava ad assumermi quel ruolo al posto suo?

"Coraggio!" rilanciò Cécile spegnendo la lampada sul suo comodino. "Domani tocca a te!"

Mi infilai sotto il piumone, sconcertato dall'accanimento con cui mia moglie perpetuava l'idea di quegli spettacoli arcaici, che si pensavano definitivamente superati.

"Su, buonanotte."

"Sì, buonanotte."

Quando ero bambino, temevo più mia madre di mio padre. Quando le saltavano i nervi, mia madre mi infliggeva batoste micidiali. Mi inseguiva per casa con la ciabatta in mano, io mi nascondevo nello sgabuzzino, lei immancabilmente mi beccava, poi avvicinava il suo volto ripugnante deformato dall'ira a pochi centimetri dal mio e mi urlava: "Vuoi obbedirmi o no, eh?". Mischiato al sentore della mia paura, il suo alito fetido mi dava la nausea. Alla fine mi picchiava, con una rabbia demente. Non ricordavo più se papà intervenisse quando la mamma dava fuori in quel modo.

Con tre decenni di ritardo, scoprivo che, come tanti altri bambini, ero stato anch'io vittima di maltrattamenti, il cui trauma inconscio mi perseguitava sicuramente ancora adesso, in particolare nei miei rapporti con Lionel Ruszczyk. Quella rivelazione mi straziò, e mi riempì di una collera fredda.

Nel corso della nostra prossima visita a Orange, non avrei mancato di fare i conti con mia madre a proposito di quelle pratiche ignobili.

Sedendosi, urtò così bruscamente il vassoio che il mio bicchiere pieno d'acqua traboccò.

"Be', voglio aprire un dibattito!"

Da dove usciva? Non lo avevo visto per tutta la mattina e ora eccolo che capitava in un momento del tutto inopportuno, nel bel mezzo del pranzo.

"Ieri sera andavo a spasso in direzione dell'Odéon con Danielle, una superba ivoriana che ho rimorchiato per strada sabato. È una colorista, Danielle. All'inizio, quando mi ha detto che mestiere fa sono rimasto impressionato, ho creduto che restaurasse i western in technicolor, ma per l'esattezza fa la parrucchiera, tinge i capelli grigi delle vecchiette. Aveva trascorso una giornata schifosa, Danielle, e aveva bisogno di fare una passeggiata per eliminare le sue *bad vibes*, come dice lei. Be', dunque camminiamo, e, a forza di camminare, incontriamo gente, un mucchio di gente. A un certo punto mi accorgo che tutti quelli che incontravamo la spogliavano con gli occhi, Danielle l'ivoriana, sia le donne sia gli uomini. Di colpo, davanti a Le Luco, giro la testa per osservarla, e mi accorgo che in effetti Danielle l'ivoriana è una vera bomba. E sapere che tutti la desideravano ma che solamente io l'avrei scopata quella sera, be', questo mi eccitava ancora di più. Ero costretto a mettere le mani in tasca per nascondere l'erezione, tanto ero arrapato."

Millantava ignominiosamente?

Aveva davvero passeggiato quella notte in compagnia di una bellezza fatale, oggetto di tutte le brame?

"E a un certo punto Danielle l'ivoriana, che ha l'abitudine di suscitare silenzi d'ammirazione ovunque cammini, dice: 'Trovo particolarmente grossolano da parte di un uomo squadrare un'altra donna quando è in compagnia della propria'. Ha una prosodia infernale, Danielle, scandisce le sillabe con ricercatezza, pronuncia tutte le negazioni, è davvero una goduria. E sai cosa aggiunge? Dice: 'Secondo me è il colmo della villania'".

Lionel scoppiò a ridere.

"*Il colmo della villania*. Sul serio, te lo giuro... Solo gli stranieri, oggi, possono usare espressioni simili... E al tempo stesso mi mette paura, visto che io, da una buona mezz'ora, guardavo tutte le ragazze che incontravamo. Per un momento ho anche creduto che la sua osservazione fosse destinata a me."

Dalla tavola dietro la nostra si alzò Carlos Semeido, dopo aver inghiottito la sua banana. Lionel lo seguì sdegnosamente con lo sguardo.

"Siete al corrente?"

"Di che?"

"Di Semeido."

"In che senso?"

"Be', ieri vi ho visto chiacchierare con lui come se niente fosse e allora mi sono detto che forse non eravate al corrente."

"Ma insomma, di che stai parlando?" si irritò Luc.

"Dico che picchia la moglie."

"Come lo sai?"

"Lo sanno tutti. Compreso Glazer."

Con applicazione divertita cosparse di parmigiano il suo piatto fumante.

"Del resto mi stupirebbe se il boss apprezzasse questo tipo di condotta... Glazer ha dei valori, ha bisogno di lavorare con collaboratori che li condividano."

"Basta, accuse del genere sono inverosimili!" esclamai non riuscendo a trattenermi. "Hai delle prove?"

Inarcò le sopracciglia guardandomi con sospetto.

"Ollallà, vorrei vedere! Tra poco finirò per essere io il colpevole. OK, OK, non ho detto nulla, torniamo ad argomenti condivisibili. Finisco il mio racconto di Danielle l'ivoriana. Eccolo..."

Rivoltò con precauzione gli spaghetti per non macchiarsi la cravatta di ragù alla bolognese.

"Non solo sbirciavo tutte le persone che si muovevano lungo la strada. La mia fissa è eccitare con lo sguardo una donna che sta andando a una festa con l'amico. E il massimo per me è quando riesco a sbatterla in bagno mentre l'amico becco si sbronza di sangria."

"Niente di sorprendente quando si è nati in un paese che annovera don Giovanni e Valmont tra i suoi personaggi più celebri..."

"Hai ragione, Luc, forse è proprio questa l'integrazione: diventare depravati quanto voi."

"Sì, si possono vedere le cose anche in questo modo. È un fatto che senza la scuola laica, gratuita e repubblicana alla francese, Lionel Ruszczyk non avrebbe fatto l'Ecole Supérieure de Management et Commerce di Lille."

"Be', ammetto che mi hai dato una calmata, Luc."

Aiutandosi con il cucchiaio, avvolgeva abbondanti quantità di pasta al sugo attorno alla forchetta. Che persona insopportabile, quell'essere! E dire che la sera mi attendeva una severa resa dei conti con Julien...

"Un'altra che mi ha dato una calmata, ieri sera, è stata Danielle l'ivoriana. Arriviamo a casa sua alla Butte-aux-Cailles, le salto addosso, ci liberiamo degli stivaletti, le tolgo il reggiseno, due tette superbe ovviamente, le metto la mano sul culo e lì... e lì lei mi fa: 'Stop'. Così, netto, categorico: 'Stop'. All'inizio ho immaginato che avesse le sue cose. D'accordo, non è colpa sua, ma insomma, in questi casi devi avere tatto, non fai camminare il moroso una mezz'ora per niente."

Così, dunque, si concedeva il lusso della sincerità riferendo anche i suoi insuccessi...

"È proprio vero! Visto che viviamo delle vite da pazzi, finiamo per correre dietro al tempo, e se, per ottimizzare, non ci mettiamo tutti un po' del nostro non arriviamo a nulla..."

Puliva il piatto, meticolosamente...

"Be', intanto finisco il mio Martini, superinnervosito. Poi, sai cosa mi tira fuori Danielle l'ivoriana accarezzandomi i capelli? 'Tu sei un soggetto atipico rispetto alle persone che incontro normalmente. Sei molto meno autocentrico della maggior parte dei miei amici. Non sono sicura di volere qualcosa di immediatamente sessuale con te. Dovrai dimostrarti paziente con me, molto paziente.' Sono rimasto come ful-mi-na-to..."

Scosse il capo, con un'aria di costernazione incredula sul volto.

"*Meno autocentrico*... Via! La ragazza non è assolutamente capace di comprendere che io ho raggiunto un tale grado di vacuità interiore che il mio egoismo passa *naturalmente* per altruismo! E il peggio è che io adoro la mia vita, è assurdo, assurdo, non la cambierei per niente al mondo, anche se a volte mi rendo conto che faccio una vita troppo superficiale. Quando ci rifletto, eh be', mi dico che siete voi sulla strada giusta: una mogliettina, due o tre bambini, un abbonamento al tennis club, un mese d'estate al mare, tranquilli e pacifici."

Piantò il cucchiaino nella crema catalana.

"Solo rientrando a casa, quella sera, ebbi come un lampo: 'Buon Dio,' sussultai, 'Danielle l'ivoriana ha subìto l'infibulazione e non ha osato dirtelo!' È vero, le mammane *black* vanno giù pesanti con il coltello nei bagni, e senza anestesia! Bassa macelleria, con infezioni in sovrappiù e tutto quel che segue... In Francia ci sono cinquantamila casi all'anno! Era inevitabile che un giorno o l'altro il caso si presentasse nel mio CAC.

"Viva il multiculturalismo! Credo ancora di preferire i matrimoni forzati..."

"Ollallà. Luc, evita questo genere di derapate in mia presenza, per favore."

"Derapate? Perché dovrei derapare, non sono mica pilota di rally."

"Già, già, non giocare con le parole, amico, mi hai capito benissimo..."

Luc fissò Lionel, con uno schietto sorriso sulle labbra.

"Pensi di denunciarmi a Glazer?"

Incrociarono le spade ma alla fine fu Lionel a distogliere lo sguardo.

"E allora, come hai reagito dopo il suo rifiuto?" tornai alla carica io, giusto per ricordargli quell'insuccesso che lui passava senza troppa difficoltà in conto perdite e profitti.

Lionel mi guardò come se fossi mentalmente deficiente.

"Be', mi sono rotto, no? Cosa volevi che facessi? Ti dico che io non mi dimostro *mai* paziente, è un principio. Non bisogna venir meno ai propri princìpi, ragazzi, se no tutto si squaglia in un rammollimento di coglioni."

Ancora una volta Ruszczyk vivacizzava la conversazione con uno di quei cliché di seconda mano che, ai tempi del liceo, chiacchierando in cortile, noi non utilizzavamo già più, per non cadere nel ridicolo.

"Qual era il dibattito che ci preannunciavi prima?"

Lionel sospirò.

"Il dibattito era: 'Guardare un'altra donna quando si è in compagnia della propria è un segno di villania?' Sempre un bel po' imbambolato, eh, caro Pakal?"

Si alzò bruscamente, poi si allontanò facendo lo slalom tra i tavoli con rara prestanza. Il sedere grassoccio ondeggiava armoniosamente all'interno dei pantaloni fatti su misura. Se non avessi avuto da pagare gli stage sportivi dei miei figli e l'affitto del mas nel Var dove passavamo una settimana di vacanza ai primi di marzo, avrei indossato anch'io uno di quegli abiti che cadono a pennello e sembrano fatti apposta per dissimulare ingegnosamente i difetti morfologici.

Sempre un bel po' imbambolato, eh, caro Pakal?

Una voglia tremenda di colpirlo alla nuca con il mestolo del cuoco, che in quel momento mi stava sorridendo, mi costrinse a distogliere lo sguardo.

"TANTO PER COMINCIARE, IL TUO MENSILE PER LE PICCOLE SPESE È DIMEZZATO!"

Malgrado la nostra istintiva contrarietà ai metodi repressivi, Cécile e io avevamo deciso di colpire duro.

"IN SECONDO LUOGO, IL TUO CELLULARE È *CON-FI-SCA-TO*. NON TI VERRÀ RESTITUITO FINO A QUANDO NON PRENDERAI UN BEL VOTO!"

"Va bene, capisco, non c'è bisogno di gridare..."

Cécile mi osservava, evidentemente sorpresa.

Lo ammetto, esageravo, intimidito da quell'importante esame orale in autorità paterna che stavo sostenendo davanti a lei.

"Stessa cosa per il Game Boy, soppresso."

"Non è un Game Boy, è una PlayStation."

Inutile combattere con Julien sul terreno delle nuove tecnologie: secondo lui non capivo nulla dei suoi giochi sul web come del *peer to peer* o della *voice over IP*. Così non lo contraddissi.

Che la "scissione generazionale", quella sindrome descritta dal professor Merlot, non stesse colpendo anche me, a mia volta? Sì, nel suo gergo, Merlot parlava proprio di "scissione generazionale" tra Julien e me. In effetti, mi prendeva il panico al pensiero della velocità con la quale i nostri universi si allontanavano irrimediabilmente. Ogni settimana spuntava non so quale star del rap o del rock che suscitava in mio figlio un entusiasmo tale che io mi ripromettevo di ascoltare senza fallo le mirabili produzioni dell'idolo in questione, ma appena ne memorizzavo il nome, ecco che già un altro prendeva il posto del primo. Ormai non tenevo più botta né per il cinema né per qualsiasi altro svago. Per esempio, Julien divorava in poche ore il nuovo *Harry Potter*, i cui volumi aumentavano di spessore man mano che ci si avvicinava all'epilogo. All'inizio avevo provato anch'io a leggerli, ma non mi era mai riuscito di andare oltre il quinto capitolo, mentre, in metropolitana, vedevo degli adulti che rischiavano di saltare la loro stazione d'arrivo, letteralmente ipnotizzati dalle avventure del maghetto di Poudlard. La mia incapacità di tornare indietro verso quella forma di felice innocenza non cessava di tormentarmi, facendomi dubitare delle mie facoltà di adattamento alle mutazioni contemporanee. Dovevo provvedere con urgenza a un *aggiornamento*[8], se non volevo finire come mio nonno materno, che si attirava i sarcasmi dei nipoti poiché considerava gli Stones dei pericolosi degenerati. Per lui la modernità musicale si fermava a Erik Satie. Il "rimbambito", come lo chiamavano i miei cugini, andava matto per il *civet* di cerbiatto e di capriolo, quegli splendidi cervidi che abbatteva a ogni partita di caccia, imprecando contro la riduzione della durata della stagione venatoria imposta dai tecnocrati europei. Si spense nel dicembre 1992, ucciso forse più dalla ratifica del trattato di Maastricht che dalla rottura di un aneurisma. Al momento della divisione dei beni, mi aveva sdegnosamente lasciato in eredità le sue armi, di cui non importava niente a nessuno.

Sì, una volta che mio figlio mi avesse incollato sulla fronte l'etichetta di "inetto", non mi sarebbe stato facile staccarla. Tra l'altro intravedevo, lì con lui, un'eccellente occasione per elaborare quella flessibilità mentale di cui avrei avuto un gran bisogno se volevo rimanere competitivo al *desk*. Lionel non era che un assaggio delle sfide che mi attendevano. Si mormorava che i giovani manager italiani fossero provvisti, al posto dei canini, di zanne affilate che rigavano il pavimento.

"Per finire, la sera divieto di rientrare dopo le 22."

Seduto sul letto, Julien guardava a terra, avvilito. Disorientato dal suo silenzio, gettai un'occhiata attorno a me. A pensarci bene, non aveva di che lamentarsi: disponeva di una grande

8. In italiano nel testo. (*N.d.T.*)

camera tutta per sé, indossava solo abiti di marca, il suo iPod risaliva all'estate, la sua… PlayStation era di vecchio tipo, certo, ma Babbo Natale gliene avrebbe regalato una nuova. Quanto ai giochi di società, non sapeva più dove metterli. E comunque non li tirava mai fuori. No, a parte quel computer portatile che ci chiedeva quindici volte la settimana, non gli mancava nulla. Il nostro giro di vite era finalizzato a fargli prendere coscienza della sua condizione di privilegiato, nel momento in cui il nostro Paese contava non meno di un milione di bambini poveri.

"Capisci perché ti puniamo?"

Non rispose.

"Julien, voglio essere sicuro che tu capisca."

Si limitò ad annuire.

Abbandonammo la sua camera perplessi, senza più sentire il suono della sua voce. Mezz'ora dopo, comunque, apparecchiò la tavola di propria iniziativa. Quella prova di buona volontà mi parve un segnale incoraggiante.

VIII

E finalmente arrivò, quella settimana di vacanza ardentemente sospirata. Tuttavia, guardando rovesciarsi con violenza un improvviso acquazzone dietro i vetri della stazione di Le Peq, presi coscienza che la prospettiva di quegli otto giorni di ozio non mi entusiasmava granché.

Me la stavo prendendo con me stesso perché la mattina ero uscito senza ombrello, mentre la sera prima Laurent Romejko aveva previsto pioggia, ma io smarrivo l'ombrello sul treno con una tale frequenza che, a lungo andare, ero diventato restio a portarmelo dietro.

Dopo avere aspettato dieci minuti, persi la pazienza e feci la strada di corsa fino al mio residence, che raggiunsi incavolato e fradicio. Entrando in casa, il primo impulso fu quello di fare marcia indietro. Ancora una volta Cécile aveva omesso di accendere la cappa aspirante mentre preparava la cena. Nel giro di mezz'ora l'odore di cucina che infestava l'appartamento avrebbe impregnato persino la nostra biancheria intima.

Mi sarebbe piaciuto stendermi per qualche minuto sul divano, con un bicchiere di Bushmills in mano, sennonché i miei genitori erano arrivati da Orange proprio in quel momento, con un carico di bagagli che ingombrava l'ingresso. Sapevano che presentandosi a quell'ora avrebbero provocato il massimo disturbo, ma non si sarebbero mai comportati in altro modo. Anche se l'ampia disponibilità di tempo propria dei pensionati gli avrebbe consentito di presentarsi a un'ora più propizia.

Manon, sovreccitata dalla loro presenza e dall'idea dell'imminente distribuzione dei regali, saltellava per l'appartamento strillando di gioia. Per una volta, apprezzavo la discrezione ectoplasmatica di Julien. Raggiunsi Cécile in cucina.

"Perché hai fatto installare una cappa se poi non la accendi?" imprecai premendo seccamente il pulsante e portando l'aspiratore al massimo.

Cécile stava finendo di affettare il magnifico fegato d'oca offertoci da mia madre. E notai con soddisfazione che Ghislaine vi aveva aggiunto due superbi pani di segale ai fichi.

"Ah che cosa simpatica, questa! Prendo il mio giorno di ferie, ricevo i tuoi genitori, passo il pomeriggio a preparare tutto, e tu cosa trovi da dire per ringraziarmi? Che ho dimenticato di accendere la cappa!"

Fuori di sé, scagliò il coltello nel lavandino.

"Te lo giuro, Pascal, l'anno prossimo non muovo un dito. Sarai tu a occuparti *interamente* del cenone."

Spaventato da questa minaccia da incubo, filai a fare la doccia prima che la madre di Cécile vi si fiondasse a sua volta. Quanto a mia cognata, avrebbe consumato il cenone con la famiglia del marito.

Avevamo i nervi a fior di pelle, Cécile e io, dopo una brutta settimana iniziata il sabato precedente con il famoso "Natale Credixis", che Cécile definiva una "curiosa mescolanza di generi", un mix di vita professionale e vita familiare. Secondo lei, Glazer organizzava quella festicciola solo per obbligare i propri quadri a stringere legami sempre più stretti con la società di appartenenza.

Nondimeno, ci sottomettevamo sempre all'interesse superiore

dei figli, nocciolo del nostro progetto educativo, e nessuna di quelle considerazioni ci autorizzava a privare Manon di una festa che attendeva con impazienza da un mese. Dovevo rassegnarmi: anche se mi scocciava moltissimo tornare da Credixis di sabato, quella corvée era comunque parte integrante del mio mestiere di papà. Con quel suo accento alla Jane Birkin, che coltivava come ridicola civetteria, Glazer, alla fine di uno sproloquio alquanto fastidioso, vantò i benefici della fusione.

Il "Natale Credixis" gli offriva inoltre l'occasione per sviluppare il *team spirit*: così incontrammo le famiglie Pellin e Zacharias, e Semeido ci presentò la moglie Claudia, sulla quale non rilevai alcun segno di maltrattamento.

Luc e Manoela, la sua sposa peruviana, brillavano per la loro assenza. Cattolica fervente, come molti sudamericani, Manoela non intendeva partecipare alla gigantesca quanto disgustosa operazione commerciale in cui si erano trasformate le "feste di fine anno". Del resto si rifiutava di usare quell'eufemismo, il quale, creato a suo avviso unicamente per sostituirsi al "Natale" cristiano, confermava da una parte la nefasta secolarizzazione della società francese, e dall'altra l'avvento di un multiculturalismo detestabile, tendente di fatto al completo sradicamento della Chiesa apostolica romana, autorizzata a sopravvivere nello stretto ambito del folklore, lo stesso che legittimava la visita a Notre-Dame da parte di turisti cinesi in corsa rapidissima attraverso i principali luoghi di cultura della capitale, prima dell'immancabile acquisto della T-shirt "I # Paris" sul Quai Montebello.

La settimana precedente, in occasione della visita promossa da Credixis alla mostra Turner-Whistler-Monet presso le Galeries nationales du Grand Palais, Manoela mi raccontava che a Lima, durante la sua infanzia bisognosa, non si offrivano necessariamente doni per celebrare la nascita di Cristo; se mai succedeva il contrario, giacché i marmocchi turbolenti avrebbero trovato un bastone nelle loro scarpe. Io la ascoltavo, pieno di ammirazione per la sua ascesa sociale mentre, con i bicchieri di champagne in mano, assaporavamo le succulente tartine di Potel & Chabot prima di riempirci di nutrimenti spirituali ammirando i capolavori dei tre maestri della luce.

A quel "Natale d'impresa" solo l'assenza del single senza figli Lionel Ruszczyk trovava piena giustificazione. E io lo immaginavo mentre approfittava del sabato di festa per correre dietro a un bel po' di sottane. Logicamente, nemmeno Alice Eberhardt si era scomodata. Passata una certa età, la semplice vista dei figli dei colleghi ferisce così a fondo certe single-controvoglia, da indurle, a lungo andare, a risparmiarsi quel tipo di emozioni.

Glazer si era eclissato. I bambini furono invitati ad aprire i regali, contrassegnati con i rispettivi nomi, posti ai piedi dell'albero. Manon si mescolò con una marmaglia scatenata in mezzo alla quale non l'avrei creduta in grado di sopravvivere. E dalla quale invece riemerse, flemmatica e miracolosamente indenne, con in mano il suo prezioso pacchetto e, insieme, quello del fratello. Ritva aveva tenuto conto dei miei suggerimenti apparentemente perspicaci dato che, quando Manon strappò la carta e scoprì il titolo del suo DVD, esclamò: "Wow, fantastico!" prima di accodarsi al baccanale a base di soda, pasticcini e *brownie*, gentilmente e copiosamente forniti da Coca Cola, Haribo e Brossard. Tanto che, fin dall'indomani, si armò di gessetti colorati, carta da ricalco e gomma per esprimere la propria gratitudine all'autore di quelle prodigalità. Il suo disegno raffigurava una casa all'interno della quale un'alunna soddisfatta guardava *L'era glaciale*. Nell'angolo sinistro balenava uno spicchio di sole. La formula "Grazie signor Glazer, grazie Credixis" si stagliava sulla parte superiore della composizione.

Due giorni prima Manon aveva appreso, smarrita, che il suo pastello non aveva riscosso le simpatie della giuria.

Julien dimostrò un entusiasmo appena inferiore quando Manon gli tese il Massively Multiplayer Online Game *GT Legends* creato da SimBin, messo in commercio da soli due mesi. Dopodiché, goduta quella prima soddisfazione, tornò a scocciarci con il suo computer portatile, senza il quale, sosteneva, quel regalo perdeva tutto il suo significato.

"Papà, la filosofia del MMOG è che i sedici giocatori giochino sul loro pc, se no sul web non c'è più gioco..."

Mentre ascoltavo quell'asserzione astrusa, mi felicitavo dentro di me con Manon per il suo discernimento: "Grazie signor Glazer, grazie Credixis".

La doccia mi aveva calmato. Dopo essermi vestito passai nella camera di Julien, il quale stava tamburellando sulla sua console, con gli auricolari dell'iPod ficcati nelle orecchie.

"Non pensi a prepararti? Arriveremo tardi per stappare lo champagne."

"Be', sono pronto."

Jeans *battle* troppo larghi, felpa con cappuccio Quiksilver di un sorprendente cattivo gusto, scarpe da ginnastica con i lacci spaiati: non vedevo nulla che avesse a che fare, neppure alla lontana, con un abbigliamento da cenone...

"Conti di presentarti ai nonni vestito così?"

"Perché? Non sto bene?"

"Hai l'aria di un teppista di periferia. E togliti quella roba quando ti parlo!"

Non sopportavo più quel paio di fili che gli penzolavano in eterno sul petto per assicurargli del *good sound*, quella sostanza immateriale indispensabile alla sua sopravvivenza. Ne sconnetteva soltanto uno, giusto per avviare una conversazione telefonica, quando sentiva squillare il cellulare. Irritato, staccò con un colpetto l'auricolare sinistro.

"Tu confondi, papà... Io sono rock, non rap."

A quell'ora della giornata, in quel momento della settimana e ancor più in quel periodo dell'anno, non mi sentivo il coraggio di ascoltare le sue spiegazioni in tema di abbigliamento, tanto più che aveva accuratamente lucidato le sue Reebok.

"Annoda almeno i lacci!" gli intimai per non perdere la faccia.

Salutai mia suocera che, al contrario del nipote, si presentava tutta agghindata. Verso le 20 saltarono i tappi – un Dom-Pérignon rosé regalatomi l'anno prima da un intermediario. Un brindisi fatto alla rispettiva salute di ciascuno di noi diede il colpo di avvio alla festa. Il cenone si svolse senza intoppi tra Cécile e me. Mia moglie ignorava il rancore, era uno dei tratti salienti del suo carattere. Anche se non mi rivolse la parola per tutta la cena, le fui grato della mancata ripresa delle ostilità. Così si consolida e si perpetua una coppia, attraverso piccole tregue, discrete lotte intestine e minuscoli compromessi. Già diciassette anni, pensavo con nostalgica tenerezza, osservando mia moglie a sua insaputa. Tutta la famiglia si radunò ai piedi dell'albero, Cécile dispiegò il foulard Hermès che avevo scelto per lei e, contagiata dall'allegria generale, mi saltò al collo.

Malgrado il nostro reciproco affaticamento, quella notte Cécile e io facemmo l'amore. Mi addormentai rasserenato, con il solo rimpianto di non aver perfettamente dissimulato la momentanea delusione provata aprendo il suo regalo, composto da due camicie Figaret accompagnate da due cravatte regimental assortite.

Mentre eravamo in viaggio verso Sceaux fui assalito dalla tetraggine. Il lunedì avrei ripreso il lavoro con la sensazione di non essermi riposato. Peggio, portavo a termine una settimana di vacanza sentendomi del tutto a pezzi. La fatica di sopportare contemporaneamente genitori e figli, per tutto il santo giorno, nel nostro alloggio di novanta metri quadri, in un periodo dell'anno in cui il buio occupa i due terzi della giornata, aveva rasentato il calvario. Con un unico bagno per sette persone, avevamo eguagliato con estrema facilità il livello di confort offerto dal camping Les Flots Bleus, due stelle sulla Guida Michelin. Le regole dell'ospitalità mi obbligavano a lavarmi per ultimo, così avrei provato a due riprese l'intenso piacere di bagnarmi con l'acqua fredda in pieno inverno, dopo che i miei predecessori avevano inevitabilmente vuotato il boiler.

Anche la condivisione del cesso si rivelava problematica, a maggior ragione in quei giorni di pasti abbondanti, in cui gli eccessi di alcol e di cibo si pagavano cari la mattina dopo, in primo luogo sul piano olfattivo.

Difficile, in tale contesto, non ricordare il dramma feroce che si svolgeva invariabilmente dopo la colazione, quando un manipolo di guardiani, tanto determinati quanto ansiosi, in allerta come il setter irlandese di fronte al germano prima della fucilata del padrone, tramava, senza rinunciare a una falsa disinvoltura, mille diabolici sotterfugi pur di non allontanarsi mai dal prezioso gabinetto di decenza, al cui interno si affrettavano a precedere discretamente il rivale, approfittando del suo primo ma fatale attimo di disattenzione. La perdita consecutiva di più d'uno di quei duelli produceva sul volto dei vinti smorfie tanto più patetiche in quanto la speranza sconsiderata di un'imminente liberazione comportava un pericoloso rilassamento degli sfinteri, per riprendere il controllo dei quali i disgraziati sopportavano poi le pene dell'inferno.

Guai a coloro che finivano per farsi precedere da papà, poiché egli non provava alcun imbarazzo a portarsi dietro il suo *Le Parisien* e a monopolizzare il bagno per non meno di un quarto d'ora.

Almeno da questo punto di vista, il fatto che Julien poltrisse a letto, dal quale non emergeva mai prima delle 11, ci salvava. Anche se quella pigrizia esasperava mia madre, che ci rimproverava il nostro lassismo con bronci ostentati.

Per fortuna, a Sceaux, trovai rapidamente un posto auto, non lontano dal parco. Per il veglione di San Silvestro avevamo accettato l'invito di Agnès Borel, che Cécile aveva conosciuto all'epoca in cui prendeva lezioni di salsa nel 14°. Le due donne erano riuscite a non perdersi di vista in occasione dei nostri rispettivi traslochi, esempio di una fedeltà tra amiche decisamente notevole in una zona come quella di Parigi, in cui i tempi dei trasferimenti modellano le relazioni sociali ben più delle affinità elettive. Mi piaceva molto il marito di Agnès, David, un agente immobiliare sempre pieno di vitalità. Di recente mi aveva parlato di una casa in vendita a Le Vésinet. Il prezzo era proibitivo, ma David lasciava cuocere a fuoco lento il proprietario, in attesa che quel goloso moderasse i propri appetiti. "L'immobiliare è come la finanza," amava ripetere Borel. "L'intero mercato è impostato sulla psicologia."

Che fosse colpa del mio cattivo umore? In ogni caso la serata mi apparve noiosa. Dopo il tacchino, la conversazione deviò su un fatto di cronaca che aveva colpito le coscienze, l'assassinio spaventoso di due infermiere perpetrato la settimana precedente, all'ospedale psichiatrico di Pau. Un tale di nome Perricaud, tutt'altro che avaro di dettagli morbosi, ci informò malignamente che l'assassino aveva decapitato una delle sue vittime prima di deporne la testa sul televisore, come un trofeo. La moglie, dopo quella dichiarazione, lo fulminò.

La cena si prolungò all'infinito con sterili e sconclusionate discussioni sullo tsunami. La stanchezza e l'abuso di vino incoraggiavano un accumulo insopportabile di luoghi comuni. Io mi limitai a richiamare l'attenzione sull'insegnamento più importante prodotto dal cataclisma: un sistema di allarme installato in fondo all'Oceano Indiano avrebbe salvato migliaia di vite.

Quando David si alzò per andare a preparare il caffè in cucina, colsi l'occasione per sottrarmi a quell'atmosfera deprimente.

"Be', guarda, noi, non abbiamo nessun problema," rispose quando gli chiesi notizie. "No, se mai è mio fratello che mi preoccupa. Hai notato che faccia ha fatto per tutta la cena?"

Certo, suo fratello Jean aveva il dono di suscitare disagio con la sua sola presenza. Sembrava abitare altrove, assorbito da una perpetua inquietudine.

"È infernale. Agnès ha insistito perché lo invitassimo ma l'anno prossimo metterò il veto. Non so più come fare con lui!"

"Vive sempre solo?"

"Ma sì, ma sì, più che mai! Ed è peggiorato ulteriormente dopo che ha passato la quarantina. Ho l'impressione che non ci creda più, che sia rassegnato a fare la fine dello scapolone."

Portai i caffè in sala da pranzo, mentre David ne preparava altri due.

"A volte temo che combini qualche stupidaggine. Una grossa stupidaggine, se capisci quello che intendo dire. Mi dirai, ha superato il periodo critico... I suicidi sono più frequenti tra i 25 e i 34 anni..."

"Davvero?"

"Sì, sono anche la prima causa di mortalità in Francia. Il che prova come il modo migliore per rimanere vivi sia ancora quello di non porre fine ai propri giorni, come avrebbe detto La Palice."

"Ho letto in un articolo che lo stato dimostra una colpevole negligenza in questo campo. Una vera politica di prevenzione indirizzata agli adolescenti ridurrebbe considerevolmente la consumazione dell'insano gesto."

David si morse le labbra.

"Non ne so niente. So solo che gli uomini, in ogni caso, si suicidano molto più delle donne. Il rapporto è di 75 contro 25."

Batté contro il bordo del lavandino il manico del portafiltro per staccarne il sottile cilindro contenente il fondo di caffè umido.

"Quando ti dico che le donne ci faranno la pelle a tutti quanti, non vuoi mai credermi! Ad ogni modo, se un giorno Jean deciderà di andarsene sarà meglio per tutti, a cominciare da lui. È strano, non saprei come spiegarti... È come se si portasse la morte dentro da sempre."

Quel sinistro ragionamento mi raggelò, tanto più che tradiva una fede nella predestinazione che mi sorprendeva in un ateo notorio come David. A meno che non occorresse leggervi piuttosto una deriva scientista, o eugenetica. Quale pietra dunque, nel petto di David, occupava il posto del cuore, perché lui considerasse il suicidio dello stesso fratello come lo sbocco ineluttabile della sua malinconia?

Mi porse una delle due tazze piene e si tenne la seconda.

"Tanto più in questo momento non sentiamo proprio il bisogno di grane supplementari. Sai che mia cognata ha traslocato nella Charente con il marito e i bambini? Non so perché sono andati a seppellirsi laggiù. Dopotutto è una loro scelta. Una sera suona il telefono, va a rispondere Agnès e la vedo impallidire, mentre ripete di continuo: 'Non è vero, non è possibile'. Io ero stanco morto, ero reduce da una giornata di merda in ufficio, temevo una catastrofe, be', non è che sia stato smentito..."

David asciugava macchinalmente la macchina da caffè che gocciolava.

"Ne succedono davvero delle belle nel loro paesino! Una sera, rientrando da scuola, una bambina finisce faccia a faccia con il padre che la aspettava armato di fucile, glielo punta addosso e bam! le pianta una pallottola in mezzo alla testa. Così, mentre sembrava una famiglia senza problemi né niente. Poi l'uomo tenta di strangolare la moglie e, come se non bastasse, avanza ancora delle pretese. Ah, pestarlo a sangue, pestarlo a sangue..."

David bevve un sorso.

"La bambina ha tirato le cuoia tre giorni dopo all'ospedale. Solo che era nella stessa classe della nipote di Agnès. Pensa, 'la nipote di Agnès', come suona strano[9], non ci avevo mai fatto caso..."

Con la fronte aggrottata, soffiò sul suo caffè il cui calore eccessivo lo irritava.

"T'immagini? Le mocciose completamente sconvolte, mia cognata con la temperatura sotto i trentasei, soglia psicologica per il trattamento urgente degli stati di choc, a detta di tutti, o quanto meno di Boxon[10]."

"Si sa perché il tizio ha fatto quello che ha fatto?"

"Ollallà, Pascal, in questi casi non occorre cercare il movente, è quello che mi sforzo di spiegare ad Agnès. Le violenze domestiche esistono da che mondo è mondo ed esisteranno sempre. Se cominci a prenderti la testa fra le mani a causa di uno squilibrato, non troverai più il modo di uscirne. Quello che soprattutto penso io è che il fatto mette in luce l'influenza nociva dei media. Prima non sentivamo nemmeno parlare di queste cose. Adesso ne fanno un baccano d'inferno. Semplice, Agnès non ha dormito per tre giorni."

"La capisco..."

"Il colmo è che la settimana dopo, accendendo la televisione, siamo capitati sulla notizia del processo a carico di una madre

9. In francese, il suono delle due coppie di parole (*la nièce d'Agnès*) è molto simile. (*N.d.T.*)

10. Portale elettronico, con forum esclusivamente femminile. (*N.d.T.*)

che ha ammazzato la figlia di quattro anni a colpi di pistola. La corte d'assise le ha dato dodici anni..."

Guardava nel vuoto, pensoso.

"Era chiaro che erano stati tirati in ballo i soliti 'mancano i punti di riferimento', 'nel mondo in cui viviamo', ne ho proprio le palle piene di queste ipocrisie, LE-PALLE-PIENE! Come se fosse stato più divertente marcire nelle trincee del '17 o avere le due gambe amputate durante le campagne della Grande Armée! Ti giuro, non capisco questa mania autolesionistica dei francesi. Siamo un paese carico di storia, abbiamo risorse incredibili in moltissimi campi, formiamo élite che il mondo intero ci invidia, abbiamo dati di natalità superiori alla media, una società diversificata grazie all'immigrazione, la quale, come se non bastasse, ci fa vincere la Coppa del Mondo, e noi invece di approfittarne per essere i leader europei ci grattiamo le croste, votiamo Le Pen, ci ripieghiamo alla cazzo di cane su vecchi valori, scendiamo in strada appena sentiamo la parola 'riforma', insomma, è intollerabile..."

Mi guardò negli occhi, per dare maggiore solennità alla sua dichiarazione.

"Vedi, Pascal, è quella che io chiamo la Francia 'striminzita'."

Agnès entrò in cucina come un colpo di vento.

"Be', cosa state tramando, lì, tutti e due?"

"Discorriamo delle gioie della famiglia, mia cara."

Agnès sorrise.

"Venite a discorrerne con noi, le altre vi reclamano!"

Cécile non vedeva l'ora di intrattenersi sui nuovi passi che Miguel le aveva insegnato nelle ultime settimane. Dato che nessun'altra ballava la salsa a parte Agnès, loro due, in pieno accordo, eseguirono una serie di ancheggiamenti a dir poco ridicoli. Malgrado le mie implorazioni, mia moglie non accettò di liberare il campo prima delle 2.30.

Jean Borel mi strinse calorosamente la mano. Quando gli rivolgevo la parola mi sentivo lievemente in imbarazzo. Avevo l'impressione di prenderlo in giro, ora che conoscevo i sentimenti di David nei suoi confronti.

"Perché ti sei trattenuto così a lungo in cucina?" chiese Cécile una volta seduti in automobile.

Le riassunsi quanto ricordavo dei due infanticidi, mentre lei si massaggiava la nuca, con le palpebre abbassate. "È inqualificabile", furono le sole parole che pronunciò fino a Le Peq. Credevo si fosse addormentata, ma appena arrivammo davanti al garage sotterraneo, lei si impadronì del telecomando per aprire la porta automatica.

"Non arrivo a capire quello che può passare nella testa di una madre per indurla a uccidere i propri bambini."

"Nemmeno io..." sospirai, mentre chiudevo porte e portiera posteriore della 807 con una pressione del pollice sulla chiave di contatto.

Diedi un'occhiata al mio orologio: le 3.00.

Non sapevo se Julien fosse a letto o no. I miei genitori erano ripartiti il giorno prima, la madre di Cécile se ne sarebbe andata domenica. Lunedì sarei tornato al *desk*. Dove avrei ritrovato il brutto muso di Lionel Ruszczyk. Da lì a poche settimane avrei forse dovuto preoccuparmi della mia condizione di disoccupato. La settimana precedente, a Pontault-Combault, un dabista della Brink's era stato aggredito da tre uomini incappucciati e armati, per un bottino di cinquantamila euro. Un inatteso accesso di panico compresse dolorosamente la mia gabbia toracica.

IX

Con tutta evidenza, non ero il solo a odiare la notte di San Silvestro, visto che quella notte nella sola regione dell'Île-de-France erano stati bruciati più di duecento veicoli, stando all'edizione di *20 minutes* datata 3 gennaio che tenevo in mano. In un quartiere di Seine-Saint-Denis, due poliziotti erano stati feriti da un gruppo di giovani che li avevano attirati in un'imboscata per inondarli di proiettili dai tetti. L'automobile di uno dei funzionari era anche stata colpita da un mattone. Le autorità erano in allarme sia per quella fiammata di violenza mai vista sia per la giovane età dei perturbatori dell'ordine: uno dei teppisti chiamati in causa aveva appena dodici anni.

Non avevo trovato posto libero salendo sulla metropolitana. Il caratteristico scoppiettio metallico attirò la mia attenzione. Guardandomi attorno, individuai il punto da dove proveniva lo sgradevole rumore: seduto vicino al finestrino, un adolescente ascoltava a tutto spiano, in cuffia, con gli occhi chiusi, la sua musica preferita. Il giorno in cui avevo osato chiedere a un liceale di abbassare il volume del suo iPod avevo ricevuto per tutta risposta un insulto, perciò esitavo a ripetere quel tipo di intervento, più per sfinitezza che per mancanza di coraggio. Soprattutto durante i viaggi di ritorno, alcuni melomani, mossi dalla lodevole intenzione di condividere con il maggior numero di persone la loro passione per il rap, tenevano l'iPod a volume altissimo, con una tale espressione di sfida da sconsigliare ogni forma di rimostranza a eventuali temerari esasperati dal baccano. Mi chiedevo se, a lungo andare, non avrei finito per riprendere l'automobile per andare al lavoro. Era vero che grazie ai mezzi pubblici guadagnavo un quarto d'ora, ma, a livello nervoso, pagavo quel risparmio a un prezzo proibitivo. Quantomeno, con la *Quinta* di Mahler in sottofondo, comodamente sistemato sul sedile in cuoio dell'abitacolo climatizzato, mi sarei sentito quasi come a casa mia, dentro la mia bolla, protetto dalle aggressioni esterne.

Un accordo di R'n'B squillò sulla mia sinistra, prontamente interrotto dal proprietario del cellulare, che aveva installato quella suoneria. Vasto, vasto mercato quello delle suonerie dei cellulari, una fortuna per l'industria del disco in piena crisi a causa dei download illegali.

"Hai dormito bene, piccolo mio?"

Nondimeno, col tempo, tendevo a idealizzare i trasferimenti in automobile. Avevamo rivenduto la Golf per tenere solo la 807 proprio perché non sopportavo più gli imbottigliamenti. Nelle sere di gran traffico guidavo per un'ora e un quarto paraurti contro paraurti. La moltiplicazione dei semafori scatenava in me un'aggressività morbosa, specie quando un tiratardi in fila davanti a me passava col giallo e mi lasciava indietro bloccato dal rosso. Del resto, la politica decisionista dell'attuale sindaco di Parigi non incoraggiava a investire sull'automobile. I lavori della linea tramviaria, sebbene circoscritti ai Boulevards des Maréchaux, finivano per congestionare tutta la parte sud della capitale. Zacharias, qualche giorno prima, aveva impiegato venti minuti per andare dalla Rue Duranton alla Place Balard. Novecentodieci metri esatti, aveva verificato su Mappy, arrabbiatissimo. Anche l'*Herald Tribune* citava l'affermazione di Yves Contassot, funzionario aggiunto ai trasporti.

"*It is only by making them live in hell that we'll get drivers to renounce their cars.*"

"Ti ho dato un bacetto prima di partire ma non ti ho nemmeno svegliato!"

A Nanterre, come previsto, il treno si riempì. Un pakistano si appiccicò involontariamente a me, schiacciato egli stesso da qualche nuovo afflusso nel vagone. Innervosito, risposi al sorriso che mi indirizzò per farmi silenziosamente le sue scuse. Sudava, come me. La nostra promiscuità nascondeva qualcosa di osceno. Con gli occhi chiusi, mi sforzai di visualizzare immagini rilassanti, come la spiaggia delle Maldive dove Cécile e io avevamo trascorso la nostra luna di miele. Il mio vicino esalava un odore di fritto così pungente che non riuscivo ad astrarmene, perciò dovetti ritornare al posto che occupavo *hic et nunc*, in fondo al vagone, in quel serpente metallico che si muoveva con un fracasso assordante di ferraglia martirizzata. Una brusca frenata ci squilibrò, spingendoci l'uno contro l'altro. Il treno si fermò.

"Accidenti, piccolo mio, non so cosa succede ma stamattina la metropolitana..."

Come poteva succedermi di identificare gli individui in questo modo, a seconda della loro origine? Inoltre, ricordando l'odore corporale di una persona, le carenze igieniche che tradivano nella maggioranza dei casi un handicap sociale, violavo un tabù formale, decretato da mio padre. Più che all'Oceano Indiano, pensavo ora, per tenermi calmo, alla fortuna di non essere tra coloro che utilizzavano la terribile linea 13, soprannominata da Semeido, che la percorreva ogni giorno da Asnières, "il carro bestiame". Prima delle vacanze mi aveva confidato che non avrebbe tenuto botta ancora a lungo. Sebbene approvasse nel suo complesso il progetto di società proposto da Nicolas Sarkozy, Semeido si lanciava a volte in attacchi contraddittori contro il ministro dell'Interno, al quale rimproverava di abbandonare a se stessi i poveri per preoccuparsi solo dei ricchi, programma confermato dalla probabile messa in cantiere della RN 13, a Neully. In realtà Semeido sognava semplicemente di traslocare verso un comune facoltoso del sud-ovest dell'Île-de-France che lo liberasse non solo dal suo quotidiano supplizio ma gli assicurasse, sul piano sociale, un diverso tenore di vita. Supplicava la moglie ma, in ordine agli ancestrali vincoli di solidarietà familiare ereditati da una cultura a forte tradizione religiosa, lei rifiutava di allontanarsi dalla madre malata, la quale non avrebbe lasciato per nulla al mondo la città dove aveva trascorso la maggior parte dell'esistenza dopo il suo arrivo in Francia, all'inizio degli anni Cinquanta. Che Ruszczyk dicesse il vero? Cercavo di immaginare Semeido, con i nervi a pezzi dopo tre quarti d'ora di "carro bestiame", sfogarsi picchiando la moglie in cucina. D'altronde, i machi del sud Europa sono considerati dei tipi maneschi. Anche se i paesi scandinavi, dove le donne sono protette da un arsenale giudiziario pletorico, nelle statistiche di Bruxelles sono ai primi posti per i "femminicidi". L'editorialista Igniacio Ramonet, in tempi recenti, aveva manifestato la propria sorpresa per quel paradosso. "Femminicidio", il termine da lui usato mi aveva intrigato. Ne comprendevo il senso ma non avevo trovato quel sostantivo su *Le Robert*.

"È vero? Promesso? Ti amo anch'io, piccolo mio."

Semeido diceva che avrebbe raggiunto Credixis in bicicletta, pur sapendo benissimo che l'eccessiva distanza da percorrere gli avrebbe impedito di prendere seriamente in considerazione quella possibilità. Una simile perdita di contatto con la realtà tradiva non tanto uno stato di esasperazione quanto di disperazione.

A volte il conduttore avvertiva che ci dovevamo "fermare per regolazione del traffico". Quella mattina non ci fece sapere nulla. Dovevamo solo aspettare, ma per quanto tempo?

In effetti, nell'avventura dei trasporti, solo Lionel Ruszczyk aveva trovato il compromesso adatto: alloggiava abbastanza vicino al *desk* per recarvisi in scooter, ricorrendo ai mezzi pubblici solo nei giorni di maltempo. Quella formula combinata era per lui di piena soddisfazione.

"Sono tutte conseguenze del matrimonio, eh?"

Il caldo aumentava. Alla mia sinistra una donna stava perdendo la calma. Il suo profumo volgare mi indisponeva, riattivava enigmatiche e deprimenti reminiscenze d'ospedale e di malattia che risalivano alla mia gioventù. Dai suoi parlottii dedussi che temeva di perdere l'aereo. Avrei gradito che tacesse. Se ognuno si fosse messo a esporre nei dettagli le proprie lagnanze, quel vagone si sarebbe ben presto riempito delle mille vibrazioni armoniche di un pollaio. Il treno non si muoveva. Sarei arrivato in ritardo, proprio il primo giorno di lavoro del 2005. Mi attraversò la mente l'idea assurda di passare in serata al Go Sport della Madeleine per acquistare un punching ball. Dove installarlo, però? Ci sarebbero davvero serviti dei metri quadri supplementari.

"Come ho fatto bene la cacca stamattina, piccolo mio, mi ha messo proprio a posto, sai..."

Impossibile, in fondo, accusare Yves Contassot o Nicolas Sarkozy di imperizia, o pretendere dai pubblici poteri che aumentassero la frequenza dei treni: ne circolavano già troppi simultaneamente, ed era quella del resto una delle ragioni per cui si fermavano tanto spesso. Nelle ore di punta, le corse si succedevano ogni due minuti. Gli ottimi dati demografici segnalati l'ultimo venerdì da David Borel non lasciavano prevedere, da questo punto di vista, alcun miglioramento delle condizioni di spostamento a breve o medio termine. Solo il varo di lavori faraonici poteva rimediare alla congestione della rete ferroviaria dell'Île-de-France. Da quel momento in poi la RATP avrebbe dovuto forse reclutare, come in Giappone, dei lottatori di sumo incaricandoli di stipare i passeggeri dentro il treno? Andando avanti così, un numero sempre maggiore di anonimi cittadini si sarebbero ammassati in megalopoli tentacolari. Secondo le previsioni degli esperti, intorno al 3000 la metà dell'umanità avrebbe abitato in enormi agglomerati urbani.

"Sì sì, bacetti, piccolo mio, a presto!"

In quella simbolica ripresa del lavoro, Glazer avrebbe necessariamente interpretato la mia mancanza di puntualità come il segno di un deplorevole menefreghismo. Difficile offrire un'impressione più disastrosa a poche settimane dalla riduzione del personale. Quale ignominia avrebbe preparato Ruszczyk per demonizzare il mio passo falso e trasformare un bruscolo in una trave? O in una corda da saltare? Un quarto d'ora di salto della corda vi svuota come un'ora di corsa a piedi, lo confermano i pugili. No, non potevo infliggere ai miei vicini del piano di sotto quindici minuti al giorno di scalpiccii, ma non mi vedevo nemmeno scendere ogni sera in tuta nel giardino del residence a roteare una fune attorno al mio corpo, sotto l'occhio beffardo di Jacquier che aveva appena scritto alla Commission Nationale de l'Informatique e des Libertés con la speranza che si sarebbe opposta all'installazione delle videocamere di sorveglianza. Del resto, la mia lombalgia risolveva la questione. Mi trattenni, per non dare un calcio alla porta.

Ecco.

Un solo viaggio in metropolitana aveva annullato il debole beneficio che avevo ricavato dalle mie vacanze.

Assurdamente, fui lì lì per sciogliermi in lacrime.

Scuro in volto, mi beccò all'uscita dall'ascensore. Avevo strisciato il badge alle 9.16 e aspettavo il suo attacco, esacerbato.

"Anche tu hai avuto problemi con la metropolitana?"

"Eh sì, proprio così."

Mi posò affettuosamente la mano sulla spalla.

"Ti rodi per niente, caro Pakal: non è capitato solo a te. E poi, sai, con quello che sta per succedere al *desk*, non saranno dieci minuti in più o in meno a cambiare le cose, eh..."

Con mia grande sorpresa, mi strinse virilmente la destra.

"Buon anno."

Dopodiché aggiunse, compassato:

"E, soprattutto, buona salute".

Mi mise sotto gli occhi una cassetta che lì per lì non avevo notato, dove aveva scritto a mano con un scrittura agile:

Per le vittime dello tsunami

"Ah sì sì, certo, aspetta."

Mi avvicinai alla scrivania per posarvi le mie cose.

Tutti mi salutarono con aria grave. Il mio ritardo era passato inosservato. Estrassi due banconote dal portafoglio e infilai quaranta euro nella fessura. Lionel mi ringraziò prima di proseguire la questua.

Sudavo, avrei avuto bisogno di un fazzoletto di carta per tamponarmi la fronte madida. Avevo camminato a passo di corsa per limitare il ritardo, corsa imprudente che aveva aggravato i miei dolori impropriamente denominati dorsali, dato che in quel frangente si diramavano fino all'estremità dell'alluce del piede sinistro. Il giovedì prima, la seduta di trattamento dall'osteopata mi era costata ottanta euro, senza che ne fosse seguito alcun sollievo. Anzi, il dolore era peggiorato, mi sembrava. Non avrei più arricchito quell'imbroglione.

Mi lasciai cadere sulla poltroncina. Come sarei riuscito a lavorare nel corso delle prossime otto ore?

La fodera dei miei pantaloni di lana era incollata alle cosce. Nel momento in cui, per respirare un po' meglio, mi sbottonai la giacca, mi accorsi che due vistosi aloni mi macchiavano la camicia. Mi ricomposi in fretta, confuso. Avrei voluto detergermi il viso con un po' d'acqua fresca ma non potevo assentarmi, appena arrivato, soprattutto con un quarto d'ora di ritardo.

"Avresti un fazzoletto di carta, Luc?"

"Ah no, io sono come Antoine Doinel: non mi soffio mai nella carta!"[11]

Ne chiesi uno a Zacharias, che non aveva fazzoletti, al pari di Reckel.

Con un sorriso, mi salvò Hélène Pellin.

11. Personaggio cinematografico creato da François Truffaut e interpretato da Jean-Pierre Léaud. La battuta riferita da Luc, con testuale precisione, è presente nell'ultima scena di *Baci rubati* (1968), il terzo dei cinque film del ciclo-Doinel. (*N.d.T.*)

X

"State per prendere il vostro tè o il vostro caffè, forse con una tartina spalmata di marmellata o di cioccolata."

Se la giornalista di France Inter mi avesse spiato grazie a qualche webcam dissimulata in un angolo della cucina, non avrebbe iniziato in modo diverso il suo notiziario delle 7: come ogni mattina mi ero alzato di soppiatto con un quarto d'ora di anticipo e sedevo a tavola davanti al mio Lapsang Souchong, burriera a destra, vasetto di marmellata a sinistra.

"La colazione è essenziale, continuiamo a ripetercelo così come continuiamo a insistere sui danni causati dai grassi in eccesso. Ebbene, essi non sono i soli responsabili dei decessi, lo zucchero non provoca semplicemente carie o chili di troppo. No, più di tre milioni di persone muoiono ogni anno nel mondo e il diabete non è l'unica causa, come spiega la nutrizionista Sylvie Bordat."

Mi sentivo in colpa spalmando sul mio panino di segala imburrato una spessa coltre della deliziosa marmellata cotogna-limone, aromatizzata alla cannella, che mia madre confezionava da quando si era trasferita nel Sud.

"Gli zuccheri a effetto rapido, vale a dire quelli che assimiliamo sotto forma di caramella, marmellata, miele, dolci, costituiscono un fattore di ateroma, cioè di alterazione e immissione di grassi nei vasi sanguigni, il che crea lesioni alle membrane dei vasi stessi e concorre al loro riempimento, aumentando il rischio ostruzione. I globuli bianchi si aggregano, il che aumenta il rischio di trombosi – in altri termini il rischio di embolia –, ovvero il formarsi di un coagulo di sangue che sale al cervello, con ictus vascolare cerebrale, o che ostruisce un'arteria coronarica, provocando un infarto seguito da morte improvvisa. Lo zucchero, dunque, provoca tutto questo. Gli zuccheri in eccesso, con il passare del tempo, sono dei killer silenziosi."

Ateroma, trombosi...

Fino a due secondi prima ignoravo quei termini... Che fragile apparecchiatura è mai il nostro involucro di carne, costantemente minacciato da patologie tanto atroci quanto innominabili! Ma siccome la golosità continuava ad avere la meglio, affondavo ugualmente i denti nella mia tartina.

"L'idea che un'eccessiva quantità di zucchero possa comportare il rischio di decessi non è così comunemente diffusa come quella che riguarda i grassi. Per i grassi non è difficile immaginare le arterie otturate fino a bloccare la circolazione del sangue, con conseguente infarto o ictus cerebrale. Ma per lo zucchero, qual è la dinamica? Be', è quasi la stessa. Troppo zucchero comporta un'alterazione, un'immissione di grassi nei vasi, rischi di trombosi, disturbi del ritmo cardiaco. Il diabete grasso, chiamato diabete di tipo 2, provoca per esempio un accumulo di grasso attorno all'addome che è fattore di rischio di morte improvvisa. Quando parliamo di zucchero, dovremmo dire GLI zuccheri, poiché ve ne sono alcuni più pericolosi di altri: gli zuccheri a effetto rapido che si trovano nei dolciumi o lo zucchero da tavola sono molto più nocivi di quelli complessi, quelli della pasta o del riso. Una soluzione per chi non possa farne a meno: l'attività fisica, che incanala gli zuccheri in eccesso verso i muscoli. Questo studio dimostra anche come siano coinvolte tutte le popolazioni. Contrariamente a un luogo comune, l'eccessivo consumo di zucchero e le sue conseguenze non risparmiano i Paesi a basso reddito."

Non potevo non riconoscermi in quell'"accumulo di grasso attorno all'addome" descritto dalla nutrizionista. Da alcuni mesi la mia cintura addominale si allentava nella misura in cui mi si gonfiavano le maniglie dell'amore. Sull'attività fisica non potevo più contare, a causa dei dolori lombari. Ancora poche settimane di negligenza e non avrei più avuto bisogno di una cartomante per conoscere il mio futuro. Una mattina all'alba, all'ora di colazione, mi sarei sentito soffocare all'improvviso, vedendo vacillare attorno a me i muri della cucina con le loro piastrelle rosse in terracotta anticata vendute da Palatino. Sarei giunto prematuramente al termine della mia vita, con il sangue che non circolava più nei vasi ostruiti da vent'anni di regime alimentare sregolato. Oh, certo avrei tentato di alzarmi per avvisare Cécile. Solo che mi sarebbero tremate le gambe e sarei crollato, stroncato da un'embolia. Mia moglie mi avrebbe trovato venti minuti dopo, con la faccia dentro la tazza della colazione. Avrei pagato anni di risvegli ipocritamente precoci. Cécile avrebbe chiamato il pronto intervento ma i medici accorsi non sarebbero riusciti a rianimarmi. Meglio così, in un certo senso, poiché il mio volto, bruciato da ustioni di terzo grado per effetto del Lapsang Souchong, in qualche modo scottato come dall'acqua bollente, avrebbe richiesto numerosi e dolorosi innesti di pelle, prelevati dalle natiche o dal ventre. Nel migliore dei casi, sarei uscito sfigurato dopo una degenza di parecchi mesi in ospedale, infermo, inetto a proferire alcunché salvo atroci balbettii. Sgobbando per conseguire il mio baccalaureato in francese, avevo imparato che Charles Baudelaire aveva finito i suoi giorni in quel modo, afasico, inchiodato su una sedia a rotelle. Stando a quanto ricordavo, era ben lontano dall'aver rispettato una disciplina di vita esemplare. Probabilmente, *a posteriori*, aveva molto esagerato con la frequentazione assidua dei paradisi artificiali, un modo per meglio evitare le grandi domande senza risposta: il famoso albatro non aveva semplicemente accumulato il doppio handicap di un'esistenza drammaticamente sedentaria e di un'alimentazione basata su un eccesso sia di grassi sia di zuccheri?

L'avvertimento di France Inter giungeva a proposito: la settimana precedente, un'ultima *galette des Rois* farcita alla crema di mandorla aveva coronato tre settimane di estenuanti bisbocce. A quel punto, mettevo la correzione delle mie abitudini alimentari in cima ai buoni propositi per il 2005. Solo una vigilanza draconiana avrebbe potuto contrastare l'oscuro complotto molecolare ordito dai killer silenziosi che, acquattati nel sottosuolo delle mie vene, minacciavano incessantemente di lanciare, senza che me l'aspettassi, la loro devastante blitzkrieg.

Innanzitutto soppressione dello zucchero, nel tè come nel caffè, a mensa non più di un dolce la settimana, cancellazione pura e semplice della cioccolata, bando alle bevande gassate. Un punto a mio favore: non mangiavo pasticcini.

Avrei anche raccomandato a Cécile una stretta osservanza del regime cretese e, il mercoledì sera, avrei fatto uso solodi surgelati dietetici.

Per cominciare, si rendeva necessario un esame del sangue.

La macchina si era imballata a causa di una relazione criptata, edita il giorno prima dal centro studi Edwards D. Lebovitch, il quale affermava che Credixis avrebbe potuto lanciare un'O-

PA sugli italiani a ventisette o ventotto euro a titolo, ossia un premio dal 20 al 25%. I mercati non avrebbero tardato a reagire. Anche se si dicevano scettici circa la fondatezza della voce, i trader stessi facevano notare che era bastata a muovere le quotazioni. Come aveva dichiarato Andreas Schultz all'agenzia Reuters: "Non è la prima volta che se ne parla, ma questa volta l'affare va avanti". Dato che nessuna delle due società aveva emesso comunicati, continuavamo a navigare nell'incertezza più totale, e la mensa era in fermento, attraversata da mille congetture.

"Viste le possibili sinergie tra i due gruppi," sosteneva Luc senza rinunciare alla sua flemma, "la loro alleanza ha una giustificazione."

E puntualizzò l'analisi con uno starnuto incontrollato.

"Scusate."

Lionel entrò nel refettorio con la faccia imbronciata. Dopo la ripresa di gennaio ero riuscito a non pranzare neppure una volta con lui. Dal canto suo mi dava una grossa mano, poiché non scendeva quasi più a mensa, accontentandosi di sgranocchiare in fretta e furia dei sandwich americani che ordinava al West Side Café, il cui dinamico padrone faceva parte delle sue conoscenze.

"Si libererebbero settecento milioni di risparmi," riprese Luc riponendo il fazzoletto. "Ovvero l'8,5% dei nostri costi base nel 2003."

Ruszczyk sembrava così assorto in pensieri lugubri che sperai non avrebbe fatto caso a noi. Invece puntò dritto verso la nostra tavola. Il mio respiro rallentò via via che muoveva verso di noi il suo corpo massiccio. Borbottò un saluto inudibile sedendosi al mio fianco. Luc starnutì di nuovo, vittima questa volta di un eccesso di tosse.

"Decisamente... Sono desolato."

"Sei raffreddato?"

"Non direi, è strano."

"Sei forse allergico?"

"Non so, in ogni caso è insopportabile!"

"C'è un modo molto semplice per saperlo, prendere appuntamento con un allergologo. Si comincia soffiandosi il naso di continuo, poi subentra la crisi e non si sa dove si va a finire."

Apparentemente Luc prendeva sottogamba i miei consigli.

"Le allergie uccidono da cento a duecento persone l'anno. Ho visto un servizio in proposito alla televisione."

Luc mi fissò in modo brusco.

"Pascal, gradirei che si parlasse d'altro."

"Cara Sardina, uccideresti tua moglie con le tue mani se ti preparasse le lumache troppo bollite?" esordì all'improvviso Ruszczyk.

Cara Sardina...

Sì, chiamava così Semeido dopo che aveva avuto sentore dei tour de force metropolitani del mio contabile.

"Continui a cazzeggiare?" fece Semeido sorridendo.

Ma non mantenne a lungo quell'aria bonacciona. Lionel fissò su di lui lo sguardo vagamente allucinato cui si affidava per intimidire il malcapitato che aveva di fronte. Scoprii con orrore di sentirmi sollevato dal fatto che si accanisse su un altro anziché su di me.

"Io non cazzeggio *affatto.*"

Il viso di Ruszczyk assunse un'espressione amabile, istantaneamente, come il corpo di quei camaleonti il cui aspetto varia con la massima rapidità a seconda della superficie su cui si muovono, tanto che si fa fatica a credere, seguendoli con lo sguardo, di osservare lo stesso rettile.

"Domenica sera, a Romainville, un tizio ha picchiato a morte la moglie perché le sue lumache erano troppo cotte."

Fissava Semcido masticando con calma le sue carote grattugiate.

"Certo è grave far bollire troppo le lumache. Ma secondo me il reato non merita la morte."

Usurante.

Quel tipo era usurante.

Non la smetteva mai, ancor meno dopo la brusca impennata febbrile di quelle ultime ore.

"Io, quando sarò sposato, non ucciderò mia moglie se mi farà bollire troppo le lumache, ma una cosa è certa, le farò mancare il pisellino per almeno, diciamo, due settimane."

Macchinalmente, calcolai da quanto io e Cécile non facevamo l'amore. Giusto due settimane, più o meno. In ogni caso, dalla fine delle vacanze.

Che anche noi, come tanti altri, fossimo attaccati da una sorta di necrosi, a causa dell'abitudine? Diciassette anni ad accarezzare lo stesso corpo prima di addormentarsi, dopo giornate terribilmente massacranti a livello nervoso...

Con una smorfia, Ruszczyk si toccò vistosamente le parti basse.

"Qualcosa non va, Lionel?" si informò Luc, la cui manovra non riuscivo francamente ad afferrare.

"Sì sì, va tutto bene, proprio stanotte ho fatto il pieno con Alice. Negli ultimi tempi in effetti avevo un po' esagerato con lei. L'ho invitata da Chastel giusto per farmi perdonare. Dopodiché abbiamo passato la notte da lei. Me l'ha ciucciato a sangue. Sei libero di non credermi, ma stamattina avevo il glande tutto arrossato. A un certo punto il pompino si è fatto così frenetico che mi sono chiesto se Alice fosse veramente normale come donna."

Luc mi guardò con aria allegra.

"Per contro, non avevo mai visto seni così splendidi. Sodi, pesanti, come piacciono a me, con capezzoli prominenti che si induriscono appena li sfiori. Comunque vada a finire, la prestazione segnerà uno dei valori più elevati del mio CAC. Ieri sotto il vestito portava un Chantal Thomass rosa e nero. Quando ho fatto saltare il nastro del tanga per scoprire il tesoro nascosto tra le sue cosce, be', ho semplicemente creduto che mi si accecassero gli occhi tanto era grazioso! Un vello pubico, ma un vello pubico... un capolavoro! Detto tra noi, Courbet può andare a nascondersi[12]. Accuratamente depilata, con appena un ciuffo rasato a fare da corona, capisci quello che voglio dire? Una linguetta di peli, proprio lì, che ti guida con tenerezza verso la vulva adorabile dove non puoi fare altro che leccarti i baffi..."

Per suffragare le sue parole, congiunse il pollice all'indice, mentre al tempo stesso muoveva la mano alzata, come un Karajan che orchestrasse l'abiezione.

"PU-RA-FE-LI-CI-TÀ!"

Rimase un momento come trasognato, con lo sguardo perso nel vuoto.

"Mi spiace che non ne approfittiate anche voi, ragazzi. Promesso, la prossima volta, le fotografo la passera e ve la spedisco in segreto per MMS."

Staccò un gamberetto grigliato dal suo spiedino.

"Alice parlava mentre la penetravo, e mi diceva gemendo: 'Oh sì, che bello Lionel! Sfondami la fica, spingimelo dentro fino in fondo, ti prego', insomma quella che, per l'esattezza, si definisce una troia."

"Bene, per ora basta, ne ho fin sopra i capelli dei tuoi discorsi sessisti!"

Lionel sgranò gli occhi.

"Be', cazzeggi o che, caro Pakal? Guarda che non ho ancora finito di fare i complimenti ad Alice!"

"Se chiami complimenti quei dettagli scabrosi, allora non parliamo la stessa lingua!"

12. Allusione al quadro *L'origine del mondo* (cfr. *infra*, cap. XX). (*N.d.T.*)

"Ah, è vero, tu sei multilingue ... Spiacente, ma io sono cunnilingus."

Semeido scoppiò a ridere senza volerlo, sputando un ributtante schizzo di saliva sulla parte esterna del mio bicchiere.

"Molto divertente. In ogni caso, d'ora in avanti sei pregato in mia presenza di non parlare più delle donne come se si trattasse di animali."

A tavola l'unico rumore che si potesse percepire era quello delle nostre rispettive masticazioni. La goccia di sudore che colava sotto la mia ascella sinistra mi procurava un solletico sgradevole.

"Guarda che sbagli a maltrattarmi, caro Pakal," mi rimbrottò Lionel in tono mielato.

Piantò i suoi occhi azzurri nei miei.

"Mi si possono rinfacciare molti vizi, ma non quello della zoofilia."

Piegò leggermente il capo di lato per rivolgermi un sorriso di un'impudenza intollerabile.

"Te lo giuro: tra Alice e una capra sceglierò sempre Alice."

"Sei solo un porco. E innanzitutto io non sono il tuo caro Pakal, smettila di chiamarmi così."

"Ah be', d'accordo, anche gli insulti, adesso! Insultare i colleghi non mi sembra proprio il massimo per il nostro ambiente... Se non altro, bisogna mantenere i nervi saldi."

Sarei riuscito, un giorno, a soffocare quel viscido serpente che mi scivolava tra le dita con sconcertante agilità?

"Se credi che le tue porcherie interessino tutti, ti sbagli di grosso."

"Va bene, va bene, a giudicare da come vi brillavano gli occhi, però, mi sembrava che il mio racconto vi eccitasse parecchio! Per quanto mi riguarda, visto che siete sempre pronti a parlare in franco-americano, vi segnalo una cosa: in qualunque *stage management* vi diranno che bisogna staccare la spina durante la pausa pranzo, anche se dura solo mezz'ora. Se cominciamo già a dare i numeri prima della ristrutturazione, e in più cominciamo a parlar male l'uno dell'altro quando mangiamo, finiamo tutti in analisi! Io mi sacrifico, cerco di tener su l'ambiente e, risultato, il mio sforzo si ritorce contro di me."

La sua voce si incrinò, come se stesse per piangere.

"Francamente lo trovo ingiusto. D'ora in poi, se la prendete su questo tono, non aprirò più bocca."

Fece il gesto di cucirsi meticolosamente le labbra con ago e filo.

"Acqua in bocca e anche bocca cucita!"

Non pronunciò più una parola fino alla fine del pranzo, che ingollò più in fretta di noi.

Manon uscì all'improvviso dalla sua camera dopo aver sentito sbattere la porta.

"Papà! Giochi a *Forza 4* con me?"

"Dipende, hai fatto i compiti?"

"Sì sì, ho preso un 17 in matematica!"

"17? Oh oh, ma com'è brava mia figlia! Mi mostri il foglio?"

Passai nella nostra camera mentre Manon correva nella sua.

"Salve, tutto bene?"

Cécile alzò gli occhi dal suo *Psychologies Magazine*.

In copertina, Daniel Auteuil si chiedeva: "A cosa serve invecchiare se non ci si sente meglio?"

"Sì, e tu?"

"Bene, bene..."

Esitavo a raccontarle la scena atroce del pranzo, e poi Manon stava già precipitandosi verso di noi.

"Papà, posso ripeterti la lezione sui greci?"

"Certo! Andiamo in salotto per lasciare la mamma tranquilla."

Scorrendo l'interrogazione scritta, mi rimproveravo lo scatto di poco prima. Avrei dovuto chiudere il becco, come Luc e Carlos; trattare con disprezzo le assurdità di Lionel. Rivelandogli che ferivano il mio senso del pudore avevo commesso un errore strategico degno di un principiante. Contrariamente alla sua promessa, Ruszczyk avrebbe indubbiamente fatto di tutto per ripeterle ogni volta che se ne presentasse l'occasione.

"Perché non hai usato il compasso per la domanda 2?"

"Non ci ho pensato."

"Ecco, hai letto male le istruzioni, un classico. Vuol dire che la prossima volta, concentrandoti al massimo, puoi prendere un 20/20."

Le battei sul petto con l'indice.

"Puoi, anzi, devi."

"Sì, bene," tagliò corto Manon, indispettita dal mio appunto. "Ora ti ripeto la lezione."

Si sdraiò comodamente sul divano.

"Nel V secolo a. C., Atene è una democrazia."

"Cosa significa C.?"

Mi guardò atterrita.

"Be'... Cristo!"

"Continua."

"Tutto il potere appartiene ai cittadini, che possono partecipare alla vita politica votando leggi o scegliendo i capi della città."

Mentre lei ripeteva, io seguivo il testo sul suo quaderno, affascinato dalle sue facoltà mnemoniche. Conosceva la lezione per filo e per segno, persino le virgole.

"La democrazia ateniese era tuttavia incompleta, poiché molti abitanti non avevano il diritto di voto né quello di partecipare al governo: era il caso degli stranieri, tra parentesi i metechi, degli schiavi e delle mogli dei cittadini maschi."

E Alice, allora? Come aveva potuto ricadere nelle sue peggiori devianze e subire l'ammaliamento di quel vile manipolatore, il quale, dopo aver approfittato della fragilità della preda, andava poi a raccontare il successo della sua caccia con ignobile sufficienza?

"Sei triste, papà?" si interruppe Manon nel bel mezzo di una frase.

"Ma no, che idea!"

"Sembri triste."

"Stavo pensando un attimo al mio lavoro, tutto qua."

Lei si capovolse per finire di ripetere, la testa in basso affondata nei cuscini e le gambe in aria, talloni appoggiati al muro, come se quella posizione acrobatica stimolasse la sua concentrazione.

"Sai, papà, quando sei con me dovresti approfittarne, così non pensi più al tuo lavoro. Io, quando non mi sento a posto, mi guardo attorno per vedere se posso aiutare qualcuno, così dopo va meglio."

La sua dichiarazione mi lasciò interdetto. Mia figlia era in possesso di un sapere istintivo e incommensurabile che, da parte mia, avevo irrimediabilmente perduto.

Il suo altruismo mi aveva colpito molte volte, in effetti. Mi piaceva il modo in cui stava costruendo la propria personalità, nella quale una spontaneità non ancora inficiata dall'humour si aggiungeva a una bontà disarmante. Solo in una cosa non si mostrava disponibile: non le garbava condividere la propria merenda.

"Bene allora, vado a prendere il gioco."

Manon si aggiudicò i gettoni rossi, il suo colore feticcio. Vinsi senza difficoltà le prime due partite di *Forza 4*, che consisteva nel disporre quattro dei propri gettoni sulla stessa linea, orizzontalmente, verticalmente o diagonalmente. Avevamo deciso di giocare al meglio di cinque partite.

"Vuoi cominciare tu, papà?"

"Ma no, comincia tu, è chi ha perso che deve cominciare."

Credixis era messa meglio degli italiani. Sulle condizioni di rifinanziamento si poteva ottenere ogni anno un guadagno di cinquecentotrenta milioni. Alla fine, il coefficiente di gestione di Credixis sarebbe aumentato di quattro punti, raggiungendo il 57,5%, altrettanti elementi che deponevano indiscutibilmente a favore dell'OPA. Era perfettamente logico che Lionel avesse scelto quel momento per farmi fuori. Invece di lasciarmi stupidamente sviare dall'emotività, dovevo manovrare per colpirlo a mia volta sul piano psicologico. Bastava mantenere la mente fredda e contrattaccare al momento opportuno.

"Forza 4!" esclamò Manon trionfante, facendo scivolare il suo quarto gettone in linea con gli altri.

"Brava!"

Manon azionò un tasto e i gettoni si raccolsero fragorosamente in fondo alla scatola. Quelle congratulazioni, con cui Glazer si era rivolto a Ruszczyk in occasione della cerimonia degli auguri, il 5 gennaio scorso, davanti allo staff al gran completo...

"Gestione eccezionale!"

"Risultati che destano l'ammirazione di tutti!"

E, a seguire, le ovazioni del pubblico. In onore e lode di Lionel Ruszczyk, probabilmente il peggior tumore che quel mondo avesse mai prodotto... Con lui che fingeva modestia, piegava il collo con le mani giunte davanti al viso, seguendo non so quale usanza asiatica... Dove aveva pescato, ancora una volta, quella fantasia? Se le ammiratrici che se lo coccolavano con gli occhi avessero saputo fino a che punto le disprezzava, nell'intimo, in che termini ne parlava a mensa, e quale perfidia nascondeva quel sorriso seduttivo... Che carogna!

E che ingiustizia rivoltante! Dal momento che, in tutta imparzialità, Ruszczyk non aveva nessun merito, nessuno, salvo quello di assecondare tranquillamente la crescita dei Paesi emergenti.... Anche l'ultimo dei cretini sarebbe riuscito a guadagnare denaro su un mercato così facile, investito da tsunami di liquidità quando una società della Cina orientale o del sud della Romania presentava un vago progetto di sviluppo...

"YESSSS!" gridò Manon, saltellando su se stessa, con il pugno chiuso.

Accidenti, non avevo fatto caso ai suoi tre gettoni rossi allineati in diagonale.

L'ispirazione mi venne nello stesso istante in cui cominciavamo la bella. General Motors! Il celeberrimo logo azzurrino della ditta yankee mi balenò davanti agli occhi, al pari delle mille insegne che illuminano Detroit, dove è ubicata la sede sociale del gigante!

General Motors, primo costruttore mondiale di automobili, certamente in difficoltà, ma forte della sua tecnologia e dell'appoggio del più grosso mercato di consumatori del mondo! All'operazione che avevo in mente di tentare su GM non aveva mai pensato nessuno prima di me. Solo un asso di alto, altissimo livello poteva riuscirvi, un principe della finanza! Insomma, la vittoria della mia perspicacia e del mio talento riconosciuti da tutti! All'inizio del 2006, nella sala riunioni di Credixis, le salve di applausi sarebbero state per me, per Pascal Ébodoire! Il grugno di Ruszczyk, quando sarebbe stato costretto a battere a sua volta le mani per celebrare il mio trionfo... Basta con *caro Pakal*, finalmente! Al pezzo di merda sarebbero rimaste da raccogliere solo le briciole!

"Ho vinto, figlia mia..." annunciai disponendo delicatamente il mio gettone giallo nella casella giusta.

Un presagio felice quella vittoria, per la verità non così insignificante... Manon si alterò quando l'orribile evidenza le saltò agli occhi, dopo quella mezz'ora di scontro.

"Bravo, papà," si complimentò con un groppo alla gola, mettendo in ordine la scatola.

La battaglia che stava ingaggiando contro la sua vocazione di cattiva perdente mi inteneriva. Chiuse il coperchio e, con il volto rabbuiato ma con grande dignità, riguadagnò la sua camera.

Afferrai il telecomando e saltellai sul tappeto della sala, secondo una coreografia indiavolata di mia ideazione, prima di piombare sul divano in pelle Roche Bobois. Ah ah! General Motors, certo! Avrei venduto dei Credit Default Swap su General Motors.Immaginavo già l'ammirazione di Glazer quando avrebbe letto i miei dati!

Fischiettando, accesi il televisore. Il progetto di legge quadro sulla scuola del ministro dell'Educazione François Fillon continuava a suscitare il malcontento sia dei sindacati degli insegnanti sia delle associazioni dei genitori degli alunni.

XI

“A volte, comunque, mi capita di chiedermi se io non sia un essere sfortunato. Sapete, gente, come si comporta lo sfortunato quando gli succedono solo disgrazie.”

Oh, anche quello…

Bisognava sentire il tono mellifluo con cui il porcone pronunciava quella menzogna spudorata, laddove la condotta da conquistatore, ogni sua singola espressione mimica e il timbro assertivo della voce profonda provavano invece in quale misura fosse permeato dalla certezza del successo che avrebbe coronato ciascuno dei suoi innumerevoli atti di sfacciataggine.

Davvero ero impaziente di vederlo sparire alla volta di Toubab Diallo, il suo luogo di villeggiatura invernale, di cui ci riempiva le orecchie da un mese. Ancora due settimane abbondanti di pazienza.

“Bene. Tanto per cominciare, venerdì il mio scooter finisce in panne. Costretto a cuccarmi la metropolitana mattina e sera, cosa per niente *cool*. Ma il colmo è stato ieri sera! Ero a Belleville, verso le 8. Uscivo dalla casa di una ragazza e mi dico: be’, vado a farmi l’Expo Hélion in notturna al Beaubourg, con la 11 ci arrivo diretto. Scendo, arrivato ai tornelli un tizio del tipo Tornatene-A-Casa-A-Piedi mi blocca: ‘no, no, non si passa, il traffico è interrotto, accidenti a Rambuteau, un pazzo ha spinto un viaggiatore sotto il treno...'."

Avevo letto la cronaca di quel delitto gratuito sulle colonne di *Le Parisien*, la mattina.

"Sembra che gli incidenti ai passeggeri in metropolitana siano gli interventi che i pompieri detestano di più, perché rimangono brandelli di carne ovunque. Come detestano gli interventi sui vecchi che crepano a casa loro, soprattutto quando l'animale di compagnia ha cominciato ad abbuffarsi del cadavere."

"Oh, grazie per i dettagli! Prima del sedano tagliato a fiammifero con salsa rémoulade fanno proprio venire appetito..."

"Oooh, be', caro Pakal, non fare lo svenevole! Durante la canicola del 2003 abbiano fatto il pieno di casi del genere. Cosa credevi? Che la vita non fosse altro che fiori azzurri e uccellini in volo? Ci tocca morire tutti, ragazzo, non dimenticarlo."

"Lionel, le tue facoltà divinatorie mi impressionano, sul serio..."

"Almeno tu, Luc, non approfittare del fatto che sono psicologicamente vulnerabile dopo la grana di ieri per darmi addosso, sarebbe poco chic. Mi ha rotto le balle, quella storia. Figurati, aspetti tutto tranquillo pensando alle solite cazzate, la bolletta della luce, le prossime vacanze o che, quando arriva la metropolitana approfitti del frastuono per mollare la scoreggia che ti gonfia la pancia da venti minuti, avanzi senza riflettere per sollevare la maniglia e, pan, di punto in bianco sei morto! Per me è una cosa troppo orribile!"

Stavo vivendo un istante particolare, senza sapere bene se dovevo contrassegnarlo con una pietra bianca o una nera: per la prima e sicuramente unica volta nella mia vita condividevo il pensiero di Lionel Ruszczyk. Anch'io avevo così paura di morire in quelle circostanze atroci che, quando il tintinnio metallico delle rotaie annunciava l'arrivo del treno in stazione, da un po' di tempo mi tenevo istintivamente lontano dal bordo del marciapiede. E le rare volte in cui mi spostavo in metropolitana con i bambini non perdevo mai occasione per raccomandare loro di fare altrettanto.

"Una volta concluso il tempo che ti è concesso sulla terra, è l'ora di ritornare al nulla!"

"O di entrare nel regno di Cristo, che non è di questo mondo."

L'alternatia evocata da Luc lasciò Lionel non meno scettico di me.

"Cazzo, quant'ero depresso mentre risalivo i gradini per cercare un taxi! All'improvviso ho ripensato a Ilina, un'ebrea di Porto Alegre, militante no global, a cui facevo la corte quando stava terminando la sua tesi alla Sorbona. Ah, Ilina... La misteriosa, la chiamavo! Sempre sulle sue, misurata nell'abbraccio, orgasmo discreto e un po' studiato, tipo saudade, no?"

Mi lanciò un'occhiata impaurita, coprendosi la bocca con la mano.

"Ops, scusa!"

Avevo avuto torto, l'altro giorno, a dubitare dell'efficacia delle mie energiche proteste, constatai con soddisfazione. Da quel momento, la carogna ci avrebbe pensato due volte di prima lasciarsi andare a una derapata verbale.

"Una droga per il cervello, Ilina. Una volta mi aveva portato a vedere un film un po' troppo destroy per me, troppo tosto, si chiamava *Requiem for a Dream*[13]. Una storia di drogati fuori di testa ospitati da altri fuori di testa, ma mi aveva fatto piacere quando, senza preavviso, mi aveva passato un libro dello sceneggiatore, dicendomi. 'Prendi, leggi questo capolavoro, non ti farà male riflettere un poco.' Avevo letto l'inizio d'un fiato, il tipo passa il proprio tempo a scopare tutto quello che si muove, ma

13. Film di Darren Aronofsky (2000). Tit. it. del romanzo di Hubert Selby Jr.: *Requiem per un sogno.* (*N.d.T*)

dopo parte per la tangente, con teorie troppo elaborate e piene di delitti senza senso. Il che mi ha annoiato a morte, non l'ho nemmeno finito, è per questo che Ilina mi ha piantato, uno come me con un cece al posto del cervello inibiva la sua libido."

Si asciugò un filo di salsa al burro bianco che gli colava all'angolo della bocca.

"Però ha dato prova di spirito settario, poiché è un segno di libertà non finire un libro, l'altro giorno alla televisione uno scrittore spiegava proprio questo concetto, è uno dei diritti imprescrittibili del lettore, diceva. Non ricordo più il suo nome ma ha una faccia ultraconosciuta."

"Non apprezzo molto Daniel Pennac," commentò Luc con distacco.

"Mentre non riesco a ricordare il titolo del libro di Ilina."

"*The Demon*, di Hubert Selby Jr."

Forse non se ne rendeva conto, ma Luc mi creava dei complessi a forza di esibire i suoi riferimenti letterari.

"Roba da non crederci, Luc... È proprio *Le Démon*, hai pescato il jolly. Eh, be' te lo ricordi, no? A un certo punto, nel libro, l'eroe spinge un tizio sotto la metropolitana, così, senza alcun motivo, esattamente come ieri!"

"È vero, è uno dei passaggi più notevoli del romanzo, il primo assassinio commesso da Harry White."

"Ma quello che mi è suonato ancora più strano è quando ho letto *Le Parisien* stamattina. Raccontavano come l'assassino avesse problemi di possessione malefica, da alcuni mesi si lamentava di essere abitato dal demonio. Uno della Guadalupa, superangosciato, che minacciava di far fuori anche la povera madre! Il tipo era così fulminato da raccogliere fondi per andare nel Mali a farsi esorcizzare da uno stregone!"

Lionel spalmò il suo Boursin su un pezzo di pane.

"Non è una disgrazia che oggi ci sia ancora gente così intossicata dalla religione da credere al diavolo?"

“Anche se il libro riporta in epigrafe una citazione dal Nuovo Testamento e un’altra dai Salmi, molti commentatori eludono ostinatamente la dimensione cristiana dell’opera,” spiegò Luc, tutto polarizzato sul suo sinistro romanzo. “Il titolo, tuttavia, non lascia spazio a equivoci. Sotto la dedica, c’è anche questa breve enigmatica frase che mi torna spesso alla memoria: ‘Un uomo maniaco è un uomo posseduto dal demonio’.”

“Basta, ho paura! Vade retro, Satana!”

“Dovresti rifletterci, Lionel, tu che pensi al sesso tutto il santo giorno.”

Lo zotico posò la mano sull’avambraccio di Luc, come per rassicurarlo.

“Eh no, Luc, sei fuori strada, non hai capito! Io sono l’esatto contrario di un maniaco. Col cazzo! Ci penso solo quando scopo. Concentro tutta la mia capacità scopatoria nell’istante preciso del coito, che poi è il motivo per cui i miei vicini protestano, perché gli impedisco di dormire quando faccio urlare troppo forte una donna.”

“Sono quelli che ne parlano di più a farlo di meno.”

Quell’adagio, ripetuto molte volte da mia madre, mi affiorò alla mente insieme all’immagine di un’Alice Eberhardt a quattro zampe sul punto di urlare mentre il caprone in un bagno di sudore la cavalcava da dietro, spingendo con grandi colpi di reni.

“Non vedo perché ci rompono le palle con queste stronzate del demonio, mentre dire pulsioni criminali basta ampiamente a spiegare tutto. La religione non è altro che un mucchio di favole inventate da persone angosciate dalla paura di morire. E perché sono spaventati dalla morte? Perché non hanno approfittato a sufficienza della vita. Ha ragione Souchon quando canta: ‘Il buon Dio, con le sue campane da culto, è il Babbo Natale dell’uomo adulto’. Non è forse ben calibrato, detto in questo modo?”

“Sì,” ammise Luc. “Anche se è una cosa diversa dai sermoni di Bossuet.”

"Va bene, va bene, Luc, non tirartela troppo con la tua scienza, anzi, voglio proprio dirti una cosa: ho conosciuto un mucchio di persone formidabili che non avevano bisogno di fare riferimento a Dio per prodigare amore e bene attorno a sé."

Mi accorsi, sconfortato, di condividere di nuovo l'opinione di quella merda.

"E tu, caro Pakal, cosa ne pensi?"

"Cosa ne penso?"

"Be' sì, cosa ne pensi?"

"Mi pongo una semplice domanda: come può un bastardo ultrarecidivo, che ha già dovuto rispondere alla giustizia per trentatré reati, ritrovarsi in libertà su un marciapiede della metropolitana?"

Per fortuna, intorno a noi non volava nessuna mosca, altrimenti non avrebbe potuto non infilarsi nella bocca spalancata di Lionel Ruszczyk.

"Finché non si sarà trovata una soluzione per mettere quei mostri in condizione di non nuocere, continueremo a vivere questo genere di drammi. È inammissibile rimettere in libertà un soggetto pericoloso per il solo fatto che ha terminato di scontare la pena, quando si sa che è pericoloso. È come per i pedofili. Quando sussiste una forte possibilità di recidività, io sono del tutto favorevole alla castrazione chimica. È nostra responsabilità proteggere i bambini."

"Sai, Pascal, potresti imprigionare il mondo intero e riempire di medicine tutti i pervertiti, ma non eliminerai mai il Male."

"Scusami se non navigo ad altezze stratosferiche come le tue, Luc, ma in questo momento penso semplicemente all'orrore vissuto dalle famiglie delle vittime."

"È vero...," concesse Luc dopo un momento di silenzio, "è abominevole."

"La RATP sostiene che drammi del genere sono rarissimi perché si riferisce solo agli incidenti mortali, non agli scampati ai quali hanno dovuto amputare un arto o che finiscono su una sedia a rotelle... Alla fine del 2003 è capitato a una donna di ottantadue anni, finita sui binari a Saint-Lazare. Se poi aggiungiamo quelli che si gettano volontariamente sotto i treni, le statistiche dicono che sulla rete dell'Île-de-France si verifica un incidente grave ogni quattro giorni... Ecco perché personalmente vedo molto di buon occhio la soluzione allo studio della RATP, volta a installare delle paratie lungo i marciapiedi, con porte scorrevoli che si aprono solo quando il treno è fermo. Stanno per testare il sistema sulla linea 13 e progettano di installarlo in tutte le stazioni."

"Vuoi dire che proteggeranno tutte e tredici le linee?!"

"Quantomeno lo spero."

"Ma è una follia, costerà un occhio della testa!"

"Ah sì? E che prezzo fissa un cattolico come te per valutare una vita umana?"

Luc non si aspettava quella domanda, che lo disorientò.

"La 14 è interamente automatizzata e messa in sicurezza, e non si è mai verificato nessun incidente. È la prova che se elimini la possibilità del dramma, eviti il dramma stesso."

"È vero che Météor è fantastica... Vado in estasi con quei treni che viaggiano da soli... Quando prendo la linea 14 mi metto sempre nella carrozza davanti, per ammirare la bellezza del tunnel."

"Ad ogni modo, la tendenza ovunque dominante è quella di mettere la tecnologia al servizio della sicurezza, anche in lavori come il nostro: si automatizza il maggior numero possibile di servizi per ridurre i rischi di errori o di dolo."

I miei argomenti, con tutta evidenza, non entusiasmavano Luc, ma io stavo aumentando il mio vantaggio, stimolato dalla precedente vittoria.

"Ricordati che fino a poco tempo fa occorrevano ancora tre giorni per portare a termine un'operazione. Nessuno, oggi, accetterebbe più una cosa simile. Da qui a non molto un'operazione dovrà essere regolata e contabilizzata a J+1. In una transazione che coinvolge al tempo stesso il *front*, il *middle* e il *back office* così come il *broker* e il concessionario esterno, si guadagna tempo automatizzando tutti i livelli. Guadagnando tempo si riducono i rischi, automatizzando si guadagna tempo, quindi si riducono i rischi, come stanno facendo alla RATP. Come dovevasi dimostrare!"

Una volta tanto, Luc sembrava a corto di argomenti. Ruszczyk, dal canto suo, dondolava il capo osservandomi, come se l'intensa attività neuronale che si produceva nel suo cervello lo privasse provvisoriamente della parola.

"Be', in questo caso, Pascal me l'hai messo in quel posto," ammise. "Ne hai di sale in zucca, tu, eh?"

Il Ruszczyk, incrocio approssimativo tra l'orangutan e lo scimpanzé, dispone di un apparato cerebrale rudimentale, perciò Lionel non riuscì a formulare altro che quel rozzo assunto, all'enunciazione del quale non potei trattenere un sorriso:

"In linea di massima, l'essere umano è capace soltanto di combinare casini ovunque si muova."

Mi accorsi, sistemandomi alla mia scrivania, che quella discussione mi aveva rinfrancato. In fondo, quando ci risparmiava le sue rodomontate misogine, Lionel non era una cattiva bestia. La sua disavventura aveva innescato un istruttivo scambio di opinioni. Ora che avevo messo l'altolà alle sue oscenità, speravo che ci avrebbe divisi solo una sana e tranquilla emulazione in cui sarebbero state prese in considerazione unicamente le nostre rispettive competenze, e non maldicenze o vili manovre.

Per cominciare, non avrei più accettato che mi chiamasse "caro Pakal".

XII

Preparavo il mio intervento, chiuso nella sala videoconferenze, quando sentii dei passi avvicinarsi.

"No, io la faccenda con Lio la chiamo cameratismo sessuale. Ne parlavo l'altra volta con Sabrina, e, be', questa espressione mi è venuta naturalmente alle labbra: cameratismo sessuale. Lei diceva amicizia sessuale per una sua storia con Cédric, ma per me, con Lio, non è lo stesso, abbiamo troppe relazioni allargate per poter parlare di amicizia. Non prendiamo la cosa troppo sul serio, ci vediamo quando abbiamo voglia di vederci, tutto qua."

Nella stanza comunicante sentii aprire lo sportello del microonde, poi lo sentii richiudersi, dopo che qualcuno vi aveva introdotto senza troppa circospezione una vaschetta di cibo confezionato. Il motore del forno prese a ronzare.

"Certo, non è il tizio di una sera, ma, tutto sommato, non sono innamorata di lui, è chiaro. Ora, per esempio, è in Senegal, be', non mi manca per nulla. C'è un sistema infallibile per saperlo, ed è il fatto che non sento mai il... il vuoto allo stomaco, capisci, il cuore che batte a mille all'ora quando ami un tizio e non vedi l'ora di incontrarlo di nuovo."

Riducevo al minimo i movimenti, trattenendo persino il respiro, perché le due donne non scoprissero la mia presenza. Alice si era già troppo intimamente scoperta per non odiare, d'istinto, chiunque avesse divulgato, anche senza volerlo, le sue confidenze.

"In ogni caso, a letto, dà le massime garanzie, questo è fuori discussione... In questo momento è nella top list di tutti i miei partner sessuali. Il giorno dopo però riparte, ciao ciao[14], a volte non ci sentiamo per un paio di settimane."

Il tempo passava, crepavo di fame anch'io. Speravo che le due non si sistemassero lì per mandar giù il loro frugale pasto.

"Non mi illudo eh, lo sai... Mi rendo perfettamente conto che questo genere di relazioni rivela la mia paura di impegnarmi. Certo, se un giorno volessi un bambino, be'... dovrò superare questo blocco."

"Ovvio. E di sicuro la vita di famiglia non è un'eterna felicità..."

"Soprattutto quando vediamo cosa diventa! L'altro giorno sul TGV, tornando da Nantes, c'era una bimba che continuava a rompere i coglioni... Parlava forte, urlava, si rotolava per terra, correva di qua e di là... Avevo acceso il mio pc e non riuscivo a concentrarmi, tanto mi dava sui nervi; per un momento ho creduto che l'avrei fatta a pezzetti. E il peggio è che quello stronzo di suo padre non si rendeva conto che la figlia stava scocciando tutti, e si limitava a ripetere 'fa' attenzione, se no la signora ti sgrida', guardandomi come un ipocrita."

"Di' un po', se non sopporti i figli degli altri per la durata di un viaggio in treno, cosa succederà quando si tratterà dei tuoi... I bambini non sono come un abbonamento a Free, eh, sono un contratto a vita non rescindibile..."

"No, aspetta, dicevo solo che è una rottura un marmocchio che tiranneggia un'intera carrozza per due ore! E nessuno diceva niente! Non uno sbuffo, non una rimostranza, niente... A volte ho l'impressione di essere un'extraterrestre, forse sono io che sono intollerante a tutto, non so..."

14. In italiano nel testo. (*N.d.T.*)

Uno dei gorgoglii gastrici cavernosi e prolungati che divertivano tanto Cécile all'inizio della nostra unione risuonò nella sala deserta. Contrassi gli addominali per trattenerlo, inutilmente. Le due donne tacquero per una trentina di secondi. Il sangue mi pulsava contro le tempie.

"Così, allora, scopa bene Ruszczyk? È strano, ho sempre avuto difficoltà a credere che i cretini scopino come si deve... Per me una sessualità inventiva richiede una buona dose di intelligenza."

I suoni si susseguirono identici a prima: apertura e poi chiusura dello sportello, nuova regolazione dell'orologio, ripartenza del motore, cigolio della piattaforma girevole.

"Ah be', in ogni caso sì, posso dirti che scopa bene, sì sì. Innanzitutto è seriamente dotato, ma più che altro, cosa *incredibile*, può eiaculare tre o quattro volte in una sola sera."

Al liceo, Christophe Jeanson mi assicurava che le donne, quando parlavano di sesso tra loro, si mostravano sboccate quanto gli uomini, ma non avrei mai sospettato fino a che punto avesse ragione.

"A volte, dopo la prima botta, non perde nemmeno l'erezione!"

"Davvero?"

"Sicuro che è vero!"

Scoppiarono a ridere.

"All'inizio la cosa ha impressionato anche me. Ma non è neanche quella la cosa più bizzarra in lui."

"Ah sì? E qual è?"

"Quando eiacula, ne scarica litri!" assicurò Alice abbassando la voce.

Scoppiarono a ridere all'improvviso, incapaci di mantenere il controllo della loro laringe.

"Ogni volta è una fontana, viene da pensare che non si fermerà mai!"

Seguì un trambusto, come se qualcuno spostasse delle sedie.

Udii il rumore sordo di un corpo che cadeva a terra, sentii dei tacchi a spillo martellare convulsamente la moquette.

"Deve avere uno scompenso ormonale, lo porterò dal mio ginecologo..."

"Smettila, soffoco!"

Le due donne emettevano rantoli di dolore, lunghe apnee silenziose inframmezzate da gemiti acuti promettevano un'illusoria bonaccia, poi si scatenava di nuovo la tempesta.

"Buuh, uhuh, cazzo," sospirò Alice dopo due o tre minuti. "Poco c'è mancato che mi pisciassi addosso..."

"Oh buon Dio, fa proprio bene scherzare un po'!"

"Ti giuro che vale la pena vederlo all'opera. Vieni con noi una volta, ti fai scopare da Lio, mi ha detto che gli va benissimo fare sesso in tre con te."

Risuonò il tono acuto dell'orologio del microonde.

"Uffa! Scotta, cazzo..."

"Credo che non ci riuscirei," si giustificò Hélène per declinare lo stupefacente invito della collega. "Sai, con Armand non ha mai funzionato molto bene, non ricordo neanche più perché l'ho sposato. Ciò non toglie che proverei imbarazzo a tradirlo..."

"Alt... Tu metti troppe barriere tra te e il piacere. Noi donne dobbiamo rompere i tabù che quella porcheria del senso di colpa giudaico-cristiano ci ha cacciato in testa."

Le due donne si allontanarono, il volume sonoro diminuì.

"Ma io faccio paura agli uomini, e sai perché, perché assumo il mio..."

Non distinsi la fine della frase. Mantenni la mia immobilità di statua ancora per due minuti, poi lasciai la sala a passi felpati e scesi a mensa.

Cécile, contro ogni logica, stava strapazzando Julien perché recuperasse immediatamente le Adidas da cento euro che la sera prima si era tolto senza nemmeno slacciarle: le aveva buttate a caso in giro per la stanza, invece di riporle con cura dentro l'armadio. La faccenda si ripeteva ogni mattina, quando l'ora della partenza era ormai abbondantemente passata: Julien riportò alla luce la scarpa sinistra da dietro il letto, poi, dopo cinque minuti di esplorazione, estrasse l'altra da una massa di vestiti. "Guarda, era lì!" osservò Julien, apatico malgrado le urla materne.

Esitavo a intervenire, mentre mi annodavo la cravatta, per paura di esacerbare la situazione e di salire sul treno con i nervi già a fior di pelle. Tanto più che quella mattina Julien aveva intenzione di tirare la corda al massimo, per vendicarsi della nostra inflessibilità. La domenica ci aveva assillato per quattro ore senza riuscire a farci deflettere. No, non avrebbe aderito allo sciopero, no, non avrebbe sfilato quel pomeriggio contro il progetto di legge Fillon.

Entrai in bagno nel momento esatto in cui mia moglie scagliava un asciugamano di spugna contro la vasca Presq'île di Jacob Delafon.

"Insomma, Cécile... Datti una calmata per favore!"

Lei, di norma così tranquilla, reiterava ogni mattina quelle crisi isteriche, in un modo così identico da farmi sospettare che, su quel tema specifico, si battesse contro qualche fantasma invisibile in libera uscita dalla sua infanzia, più che contro l'indolenza di Julien.

"Scegli, o me la prendo con la vasca o me la prendo con lui!"

Fervente ammiratrice del modello scandinavo, Cécile non ignorava che un figlio maltrattato ha tutte le probabilità di diventare a sua volta un maltrattatore. E non sarebbe stata insoddisfatta se la legislazione europea si fosse adeguata a quella della Svezia e avesse finalmente aggiunto alla Convenzione internazionale sui diritti del bambino quello di sporgere denuncia contro un genitore violento.

Versai nel cavo della mia mano alcune gocce di Fahrenheit, il mio primo dopobarba, al quale ero rimasto affezionato fin dagli anni della specializzazione. La lozione mi fece bruciare la pelle, mentre me la picchiettavo sulle guance.

"Perché invece non fai finta di niente?" suggerii facendo smorfie di dolore. "Lo responsabilizzerebbe. Mentre vederti in questo stato lo diverte..."

"Ma mi prendi per scema o che?! Come se non avessi già provato... È facile per te, tu te ne vai via sempre prima di noi!"

Controllai l'ora.

"Diamine! Hai ragione, vado se no perdo il treno!"

Mi salvai, non senza aver abbracciato Manon che trangugiava la sua tazza di Smacks leggendo *Opaki*, per nulla scossa dal baccano circostante.

Appena uscii dal portone, mi sentii gelare da una bufera di freddo. Da alcuni giorni le temperature erano prossime allo zero. Il giorno prima erano morti due senzatetto. Mi strinsi la sciarpa attorno al collo. "Fuori è tutto grigio, come al solito, ho freddo, rialzo il colletto, come al solito." canticchiai, sorpreso da quel fenomeno insolito: le parole del successo planetario del nostro Cloclo nazionale giacevano intatte nella mia memoria e, fino a quella mattina, io non lo sapevo.

Il giorno prima, a proposito della morte di Alfred Sirven[15] avvenuta sabato 12 febbraio a Deauville, Luc ci aveva ancora una volta gratificato di un brillante numero di erudizione, paragonando lo scandalo delle fregate – che invece di "far saltare venti volte la Repubblica" aveva partorito un topolino – all'affare dei Veleni, sotto Luigi XIV.

15. Alfred Sirven (1927-2005). Noto faccendiere della V Repubblica, al centro di due celebri casi giudiziari, l'Affare Elf e, appunto, l'Affare della fregate di Taiwan (1991). In occasione del suo arresto, nel 2001, si dichiarò custode di segreti che avrebbero potuto "far saltare venti volte la Repubblica". (*N.d.T.*)

"Il più gigantesco intrigo criminale dell'intera storia di Francia: trecento sospetti, duecento arresti, una quarantina di esecuzioni capitali!" si animò Luc.

Le avvelenatrici del Grand Siècle impregnavano di arsenico le vesti delle loro vittime per dare una piccola spinta alla fatalità, quando tardava a portare al cimitero un ricco marito ingombrante.

"Uno stile ben diverso da quello di chi, oggi, intasca una tangente per comprarsi un paio di scarpe Berluti... La Repubblica si mostra meschina anche nei reati che commette!"

L'impercettibile assorbimento del veleno attraverso l'epidermide aveva il vantaggio, contrariamente all'assimilazione orale, di non destare alcun sospetto, anche se provocava agonie atroci e interminabili.

Diedi inizio ai miei tredici minuti di camminata. Capivo comunque l'esasperazione di Cécile: difficile mantenere la calma di fronte a un individuo per il quale il tempo scorre seguendo un ritmo così particolare. Laddove, per il comune mortale, la lancetta dei secondi procede in base a quella regolarità implacabile che terrorizza gli uomini da quando sono stati inventati gli strumenti di misurazione del tempo, per Julien ogni nozione di durata era abolita, i secondi si allungavano, elastici come l'altea selvatica, i minuti si stiravano pigramente come gatti al sole, finché un'occhiata all'orologio digitale gli strappava quell'esclamazione stupefatta: "Cavolo, sono in ritardo!" Il suo principale referente scolastico ci avvertiva in tempo reale per SMS, ma noi avevamo esaurito la gamma delle ritorsioni senza riuscire ad arginare il fenomeno. A parte quello di trascinarlo tirandolo per i capelli fino all'aula, non vedevo ormai altro modo per costringerlo alla puntualità. Anche quando decollava in orario da casa, convinto di disporre a quel punto di un margine immenso, si gingillava fino alla fermata del bus o nei corridoi del liceo. Se mio figlio non fosse stato afflitto da quell'handicap sociale, l'articolo di *Le Monde* che presentava la campagna di prevenzione lanciata da Philippe Douste-Blazy contro l'uso della cannabis non mi avrebbe messo la pulce nell'orecchio la settimana prima. Intelligentemente il ministro aveva impostato il suo rapporto sulla "dimensione sanitaria" di quel flagello.

Il treno stipato di gente entrò nella stazione di Le Pecq. "Si addormentano. Spesso si prende la disaffezione per pigrizia" si lamentavano, scoraggiati, certi professori. "Alunni apatici, indifferenti", "Assoluta mancanza di stimoli lavorativi". "Quando cerchiamo di parlargli, tutto gli scivola addosso," aggiungeva la madre di uno studente, alla quale il figlio aveva rubato la tessera azzurra per rifornirsi di droga. Ero corso a visionare gli spot sul sito del Ministero della Salute. Lo slogan che indicava le manifestazioni di giovani tossicomani pentiti enumerava esattamente i sintomi che affliggevano mio figlio: "Isolamento, ripiegamento su se stessi, perdita di motivazione. La cannabis è una realtà."

Di quella realtà avrei dovuto sicuramente farmi carico al più presto, poiché Julien era evidentemente uno degli ottocentocinquantamila consumatori regolari della sostanza. La prospettiva di aprire quel nuovo fronte nella mia vita privata mi deprimeva.

A Nanterre-Université l'afflusso dei passeggeri toccò la soglia critica. L'autista provò tre volte prima di riuscire a chiudere le porte. La RATP fissava il limite di densità a quattro persone per metro quadro, mi aveva informato Semeido. "È già molto... Ebbene, sulla linea 13 arriviamo a sei per metro quadro, una vergogna! La settimana scorsa una donna si è sentita male."

"Cara Sardina" aveva riacquistato baldanza da quando era entrato in un'associazione di pendolari in lotta, ma, una volta davanti al *desk*, quel soprannome gli rimaneva incollato alla pelle. La sua impotenza di fronte a Ruszczyk, abbastanza simile alla mia, bastava a farmi sentire tranquillo. E l'assenza del bastardo, a causa dell'abbronzatura africana, ci lasciava una settimana di tregua.

Sbilanciato da una virata violenta del convoglio, mi aggrappai alla barra di sostegno centrale, appiccicosa per via delle migliaia di dita umidicce che la impugnavano ogni giorno. Disgustato, mi ripromisi di insaponarmi ben bene le mani nei bagni di Credixis. Era forse un errore che la società francese si irrigidisse in quel modo, quando invece la generazione precedente alla nostra aveva combattuto per anni a favore della depenalizzazione della cannabis? Gli scienziati erano comunque d'accordo su un punto: un suo consumo finalizzato al rilassamento nervoso e al divertimento si rivelava meno pericoloso dell'alcol o del tabacco, mali tipicamente francesi ma tollerati meglio perché sedimentati da gran tempo nella mentalità collettiva, specialmente in campagna.

Negli ultimi tempi solo la partecipazione al movimento dei liceali distraeva un poco Julien. Il fatto che Clémence Berger, responsabile del coordinamento studentesco nella zona di Les Yvelines, fosse al tempo stesso sua compagna di scuola e sosia di Claire Danes in *Romeo + Giulietta* non era forse estraneo alle recenti convinzioni di mio figlio, il quale, fino a quel momento, non aveva mai riservato un interesse particolare per la politica.

In qualche modo il suo impegno nella vita civile mi rassicurava. Un paio di sere prima, durante un dibattito televisivo dedicato al movimento studentesco in atto, un sociologo si era dimostrato categorico: con la progressiva scomparsa dell'attività religiosa e con la fine del servizio militare obbligatorio – e, in una certa misura, del nonnismo –, scioperi e manifestazioni fungevano ormai da riti di passaggio all'età adulta, pericolosamente negletti da parte dalla nostra modernità. Nel caso specifico, noi sottovalutiamo imprudentemente l'eredità del mondo antico, il quale invece rispettava quei riti con il massimo scrupolo. Nelle città cretesi, per esempio, un aristocratico adulto portava via il ragazzo pubere sul suo cocchio per condurlo a casa propria, dove sarebbero vissuti insieme per parecchi mesi, durante i quali il cucciolo d'uomo imparava a comportarsi da persona adulta. Una volta "virilizzato" da una serie di iniziazioni, tra le quali il ricercatore menzionava la sodomia passiva, il maggiore d'età copriva il minore di regali e poi gli restituiva la libertà. L'accademico, nondimeno, condannava le pratiche degli spartani, che giudicava di una "incredibile efferatezza": si abbandonava il bambino nudo in mezzo ai campi, armato di un pugnale. E il bambino avrebbe avuto accesso allo *status* di adulto solo dopo aver ucciso a mani nude il primo ilota che avesse incontrato.

La mobilitazione più simbolica rimaneva evidentemente quella dei formidabili raduni seguiti all'eliminazione di Lionel Jospin da parte del candidato di estrema destra, nella primavera del 2002. Io stesso avevo perso una buona occasione nell'autunno del 1986 non unendomi ai giganteschi cortei contro la legge del ministro Devaquet, guidati dall'affascinante David Assouline, eletto poi senatore. All'epoca non appoggiavo quella riforma, della quale non capivo un'acca, e poi "scendere in strada" non apparteneva alla cultura della nostra famiglia. In materia di riti, mi ero solo piegato banalmente, alcuni anni dopo, a quello di un sobrio matrimonio civile.

In fin dei conti, François Fillon non piaceva neppure a me; con quelle sopracciglia folte, quei capelli corvini e quella fronte perennemente aggrottata mi ricordava Monsieur Roth, il mio collerico maestro di terza elementare. Perché teneva in piedi la sua legge, visto che scontentava tutti? Il contenzioso, credo, verteva essenzialmente sulla riforma del baccalaureato.

Il sociologo aveva aggiunto una formula di cui, malgrado i

miei sforzi, non riuscivo ad afferrare il senso: "I giovani, per essere se stessi, devono sentirsi uguali agli altri".

Come si fa a essere contemporaneamente se stessi e uguali agli altri?

Che si trattasse di un "ossimoro", la figura stilistica tanto cara a Cécile? Me ne aveva spiegato il significato alcuni mesi prima, quando aveva finito di leggere *Il dolore meraviglioso*, l'entusiasmante libro di Boris Cyrulnik grazie al quale aveva trovato la strada della resilienza dopo le angherie inflittele dal padre.

Perché, quella mattina, mi sentivo così disteso, nonostante due dabisti fossero stati ancora una volta presi in ostaggio, la domenica, a Courbevoie, nel momento pericolosissimo in cui stavano lasciando i locali della società di portavalori Securitas? La decima aggressione dall'inizio dell'anno... I malviventi si erano impadroniti di cinquecentomila euro, secondo le stime della Brigade de répression du banditisme. Il venerdì, nel 20° arrondissement, un'operazione simile aveva rischiato di finire in tragedia. Per la prima volta in quel tipo di delinquenza, i rapinatori avevano fatto uso delle armi da fuoco, ferendo leggermente uno degli agenti di scorta.

Il vento mi raggelò quando emersi dalla galleria sotterranea, a Palais-Royal.

"Fuori è tutto grigio, come al solito, ho freddo, rialzo il colletto, come al solito..."

Quando avevo appreso la notizia della morte del povero Cloclo, causata da un'elettrocuzione, sabato 11 marzo 1978, stavo salendo in macchina.

Papà mi stava portando alla partita di basket.

XIII

Ruszczyk, quel martedì, quando posò il suo vassoio di fronte al mio, sfoggiava un aspetto splendente. Luc, che si stava giusto versando dell'acqua, lo consultò alzando le sopracciglia prima di riempirgli il bicchiere.

"Grazie, molto gentile, ma bevo solo Badoit."

"Allora, il tuo CAC è cresciuto?" si informò Luc posando la caraffa.

Perché, dal momento che Ruszczyk ci lasciava in pace a proposito del suo argomento preferito, perché Luc lo stuzzicava? Quella domanda mi torturava.

"La mia cacca cruda?[16] Be', ascolta, sì, io la mollo, la mia cacca cruda... Non la faccio cuocere al vapore o rosolare ben bene, prima di catapultarla nella tazza del gabinetto, mi dispiace! Perché tu sì?"

Luc scoppiò a ridere. E anch'io, devo ammetterlo, risi, e risi di cuore. Se Cécile mi avesse sentito, sicuro che avrebbe alzato gli occhi al cielo, perché niente la infastidiva più delle battute a sfondo scatologico. Quella regressione infantile, quella perversione

16. Nell'originale *mon caca cru*. Lionel risponde parodiando in chiave scatologica la domanda di Luc, *ton Cac est crû*, e giocando sull'omofonia delle battute. (*N.d.T.*)

tipicamente maschile, la disturbavano a un livello inimmaginabile.

“Aaah, hai capito benissimo... Volevo solo sapere se avevi fatto razzia in Senegal!”

“Nient’affatto, disgraziato! Toubab Diallo, per me, prevede le tre S, come a La Samaritaine: Sole, Sonno, Solitudine. E anche parecchia lettura, ho mandato giù cinquecento pagine di Tocqueville, spirito forte: ‘Lo scontro costante che regna tra gli istinti, scontro che fa nascere l’uguaglianza e i mezzi che essa fornisce per soddisfarli, tormenta e affatica le anime’.”

Difficile non lasciarsi vincere dalla simpatia spontanea che il volto abbronzato di un collega di ritorno dai Tropici ispirava, così raggiante, in pieno inverno, tra le maschere livide dei parigini stressati.

“Purtroppo ieri sono ripiombato nel solito clima, fino in fondo... Apro *Le Parisien* e su cosa mi cade l’occhio? ‘Nella notte tra venerdì e sabato un adolescente di quindici anni ha ucciso il padre con diciannove coltellate.’ Ah è un piacere, te lo giuro... *Welcome back with the degenerate*!”

Quell’episodio aveva riempito d’orrore anche Cécile e me.

“L’altra volta Alice mi ha fatto una testa così quando dicevo che i ragazzi non hanno più freni, eppure a

vevo ragione io! Un tempo credevo che i parricidi si limitassero alla Normandia, una sorta di microclima propizio alla devianza, come lascerebbero pensare le novelle di Maupassant... E invece no, e invece no, l’anomia sta dilagando in tutto il territorio! ‘Era appena rintoccata la mezzanotte in quel sobborgo di Grenoble, quando, allarmati dal trambusto, i vicini si sono precipitati verso l’appartamento da dove provenivano grida di aiuto. La madre stava cercando invano di trattenere il braccio del ragazzo che si accaniva sul padre, cinquantaquattrenne. Nessuno dei genitori lavorava. Il padre, alcolizzato, dopo aver bevuto violentava la moglie. Il figlio, descritto dai vicini come equilibrato, intelligente e gentile, aveva scelto una soluzione radicale per liberare la madre da quell'inferno. Dopo, d'altronde, non aveva cercato di nascondere il fatto ai gendarmi: sì, si sentiva «sollevato».'"

"Questo delitto non ha molto a che vedere con l'altro, stavolta l'adolescente ha un movente."

"Ah, perché adesso un movente basta per ammazzare il proprio padre? Ah be', grazie per avermi avvertito! Bene, siete stati gentili con i vostri mocciosi negli ultimi tempi? Niente botte, i regali giusti a Natale e tutto quanto?"

"Perché alteri sistematicamente i miei argomenti? Cosa ho detto? Ho detto che i due delitti non hanno niente di paragonabile, tutto qui."

"Oh, be', per me due parricidi sono paragonabili, invece!"

Si mise a parlare con se stesso, pensoso:

"Diciannove coltellate sono pur qualcosa... Il ragazzo si preparava forse a conseguire un diploma professionale da macellaio-salumiere? I vostri non hanno scelto, spero, la filiera ristorazione? Gente, se fossi al vostro posto, smetterei di leggere le news, altrimenti rischiate di cadere in piena depressione. Le vostre performance ne risentiranno e alla fine finirete per farvi cacciar fuori. E mi raccomando, stasera, rientrando, nascondete coltelli e forbici in cassetti che si possano chiudere a chiave, eh? E a tavola mangiate con le mani, come fanno gli arabi!"

Scuoteva le gambe con una velocità inverosimile.

"Ah, vi giuro, ci sarebbe da spararsi una pallottola in testa, a volte, tanto il mondo va di traverso... A Toubab Diallo, guardare i piccoli negretti tutti magri con le loro piaghe non curate che suppuravano mi ha spezzato il cuore, non c'è altro termine... Per fortuna ieri sera avevo una megabattaglia a colpi di cuscino a Notre-Dame, così ho staccato la spina di brutto..."

"Quale altra cazzata hai inventato?"

"Ah, caro Luc, mi sarebbe piaciuto ma non sono io che l'ho inventata, è *mobile-clubbing*. Vai sul sito, ti propongono il tema della festa, l'indirizzo dell'appuntamento e, pan, si parte per il grande balzo. C'erano piume dappertutto, dopo!"

"Ci sei andato saltellando, spero, per accompagnare degnamente il tuo ritorno all'infanzia?"

"Oooh, come sei inclemente con me, Luc!"

Inclemente...

Dalla morte di mia nonna, nessuno aveva più pronunziato quella parola davanti a me. Come faceva a combinare quel vocabolo antiquato con i neologismi del *verlan*[17]?

"Alla donna che ho portato da me gliene erano rimaste persino nelle mutandine! Non siamo nemmeno riusciti a chiavare, tanto ridevamo!"

"È normale, per i bambini ci si ferma alla toccatina ai genitali. Avevano previsto, dopo, una distribuzione di Chamallow?"

"Ooooh, com'è inclemente! Comunque posso assicurarti che di solito non vado in bianco. È una cosa che lascio ai mezzi froci con i sandali che portano a passeggio il loro bebè in una tasca appesa al ventre come i canguri."

"Potevate anche andare da un'altra parte invece che a Notre-Dame per abbandonarvi alle vostre buffonate."

Come molti cattolici praticanti, Luc perdeva ogni senso dell'humour quando attaccavano la sua religione.

"Non era una buffonata, era un battaglia di cuscini, ascolti quello che ti dico o no?!"

Sentendo Luc vicino a offendersi, Ruszczyk gli diede una gomitata amichevole.

17. "Codice gergale con cui si creano nuove parole invertendo le sillabe di parole esistenti (p. es. lo stesso sostantivo *verlan* = *à l'envers*, al contrario)."

"Va bene, evangelista, calmati! Eravamo lì giusto per divertirci, non per farci beffe di Gesù bambino! Anche il divertimento è politico, caro ragazzo, è stato Ben Cummings, il fondatore del primo *Pillow Fight Club* di Parigi, a spiegarcelo ieri."

Intrecciò le dita e tese le braccia davanti a sé, facendo scricchiolare le articolazioni.

"Non basta, non immagini come ti ristabilisce una settimana senza fottere! Ti ricarichi, ti rigeneri, immagazzini sperma in fondo ai coglioni."

Surrettiziamente, Ruszczyk scivolava di nuovo verso l'indecenza. Se non lo fermavo, l'ingranaggio si rimetteva in moto.

"Lionel, i tuoi voli lirici ci sono mancati durante la tua vacanza africana."

"Oh, caro Pakal, non credo proprio che tu abbia sofferto per la mia lontananza. Ho ben visto la tua faccia rubiconda stamane, quando sono arrivato. Eravamo lontani, molto lontani, dalla gioia di ritrovarci. A volte mi chiedo davvero di quali malefatte mi ritieni responsabile per tormentarmi in questo modo."

A meno di passare per un musone incapace di adattarsi alla cultura di impresa, non potevo ascoltare quelle insinuazioni senza reagire. Mi strappai le viscere per articolare:

"Ma io non ho niente contro di te, Lionel, cosa vai a immaginare? Semplicemente ti ho già detto che..."

"Oh, va bene, va bene, non fare quel tono ipocrita, ne ho preso atto, basta così. Tuttavia io ti apprezzo, caro Pakal, sono contento di sgobbare con un personaggio come te."

"Ma anch'io sono contento di lavorare con te, Lionel."

A lungo andare avrei finito per vomitare sulla tavola.

"Davvero? Be', vedi, mi tranquillizzi, la cosa mi ha un po' guastato la vacanza a Toubab Diallo. Mentre ero sulla spiaggia continuava a ronzarmi per la testa, non facevo altro che chiedermi:

'Perché mi detesti così, caro Pakal?' Allora è vero. Mi apprezzi? Io, sai, vengo dal Nord. Per noi i contatti umani sono importanti, si dà un enorme valore alla componente affettiva *chez les Ch'tis*[18]."

Mi tese la mano.

"*Allez man, give mi five!*"

Impossibile sottrarsi a quella pantomima, di una volgarità disumana, che il fetente mi proponeva. Ci schiaffeggiammo i palmi l'uno con l'altro, come due giocatori di basket che si congratulano tra loro dopo un canestro da tre punti.

"Tutti per Credixis, Credixis per tutti!"

Il suo sguardo azzurro mi trapassò da parte a parte, mentre mi stava stritolando la destra. Non avrei mai sospettato in Ruszczyk una tale potenza fisica. Tentai di stringere forte come lui ma, approfittando dell'effetto sorpresa, Lionel aveva impugnato al meglio la mia mano. Ancora un momento e avrei temuto che quel trattamento mi frantumasse un osso.

"È *cool*, caro Pakal, è *cool*."

Con uno spasmo di disgusto, lasciò andare la mia mano come se fosse un pezzo di carne avariata.

18. Cfr. il titolo del film di Dany Boon *Bienvenue chez les Ch'tis* (2008, tit. it. *Giù al Nord*), ambientato in un villaggio della regione di Calais. *Ch'tis* sta, qui come in seguito (cfr. *infra*, cap. XIV), per francesi del nord. (*N.d.T.*)

XIV

Spesso si sbaglia a disperare.

Ne ricevetti la conferma indubitabile quell'inizio di marzo, durante la settimana di vacanza che ci concedemmo *in* Arles. Una volta in Provenza, mi accorsi tra l'altro che nessuno usava quell'espressione ricercata. A forza di sentire gli autoctoni pronunciare "a Arles" senza particolare difficoltà, mi chiedevo se la mia caparbietà nell'evitare lo iato non denotasse uno snobismo parigino.

Eravamo partiti da Le Pecq all'alba per pranzare a Orange con i miei genitori. Gli scrosci d'acqua che ci avevano accompagnato da un capo all'altro del viaggio mi avevano costretto a regolare il navigatore di bordo su 110 km/h, così all'arrivo avevamo accumulato un'ora di ritardo. Furioso, mio padre se la prendeva con il mio zelo nel rispettare il codice stradale.

"Ascolta, papà," reagii facendo riferimento ai suoi studi prediletti, "per tua norma sappi che il bilancio negativo della sicurezza stradale nel 2004 si è ulteriormente aggravato, con 5530 tra morti e feriti. Saresti contento se fossimo parte di quella cifra?"

Mia madre, intanto, teneva il muso, poiché nella mia decisione di affittare un meublé a pochi chilometri dalla loro grande casa, concepita in primo luogo per darci ospitalità, vedeva un *casus belli*. Non si rendeva sempre conto che Pascal Ébodoire, malgrado i suoi trentanove anni, non era più solo suo figlio ma anche un marito e un padre che amava godere delle beate solitudini campestri in compagnia di moglie e figli. Recuperammo Manon, che aveva trascorso dai nonni già la prima settimana di vacanza. Era raggiante. Le bambine, a quell'età, si trasformano così in fretta che otto giorni le erano stati sufficienti per progredire nella sua crescita.

Avevamo affittato un appartamentino in un *mas*[19] poco lontano da Arles.

L'ansia che precedette la scoperta del luogo da cui dipendeva il successo di una settimana di vacanza così fondamentale si placò quando si spalancarono davanti alla 807 i battenti rosa pallido del cancello elettronico. Il proprietario non mi aveva preso per il naso: il grado di confort corrispondeva alle anticipazioni fatte per telefono. Avevo preteso finestre a doppi vetri e qualità di materassi irreprensibile, al fine di ottimizzare quei pochi giorni di riposo, indispensabili non solo per smaltire lo stress degli ultimi mesi ma anche per affrontare quelli a venire.

Mentre Cécile disfaceva le valigie, mi sdraiai per alcuni minuti per assaporare, con gli occhi chiusi, la stabilità del letto con rete a doghe e lo straordinario silenzio che regnava all'intorno.

"Tutto bene, tesoro?" chiese Cécile sedendo sulla sponda del letto.

Mi passò la mano tra i capelli.

"Sì."

"Siamo sistemati bene, no?"

"Benissimo."

"I tuoi genitori sembravano in forma."

"E anche un po' arrabbiati! Abbiamo sfiorato l'incidente diplomatico..."

Mentre conversava, Cécile mi massaggiava sapientemente il cuoio capelluto. Le palpebre mi si chiusero.

19. Fattoria tipica della Provenza. (*N.d.T.*)

"Vuoi fare una siesta prima di andare a scoprire la città?"

"No, no, grazie, stasera andremo a letto presto."

"Spero di trovare dei negozi aperti domani, perché adesso non ho la forza di andare a fare la spesa. Per cena basterà quello che ha preparato tua madre."

Malgrado le previsioni, mi addormentai in pochi secondi.

Mi occorreva una certa fase di adattamento per entrare davvero nello spirito della vacanza, il cui piacere seguì lo stesso crescendo del mercurio del termometro. La domenica continuò ancora a piovere, ma dal lunedì il sole scacciò via le nubi per imporre la propria presenza fino alla fine della settimana. Ascoltando i bollettini meteorologici che prevedevano in Provenza dodici gradi più che a Parigi, fummo felici di poter aggiungere al nostro viaggio reale un viaggio nel tempo che avrebbe precorso di un buon mese il nostro appuntamento con la primavera.

La mattina mi alzavo come a Le Pecq, prima di Cécile e dei ragazzi, attenuando così i miei rimorsi, e andavo a comprare pane ai cereali e croissant. Prima di uscire, mettevo il tè in infusione, in modo che il profumo del Lapsang Souchong impregnasse deliziosamente la cucina al mio ritorno dalla panetteria. Poi preparavo il succo d'arancia, secondo un'abitudine che avevo preso dopo un soggiorno a Marrakech, dove tutti noi giovani sposi degustavamo all'alba in cambio di pochi *dirham* il nettare degli agrumi aciduli della valle dell'Ourika, spremuti in nostra presenza dai volubili bottegai di place Djema el Fnaa.

Poi si alzava Cécile. Dopo la sua tradizionale doccia con l'acqua fredda, mi raggiungeva in cucina, dove, senza una parola, stava incollata un minuto o due contro di me per suggellare tacitamente ancora una volta il nostro patto firmato davanti al sindaco. *Gli sposi si devono reciproca fedeltà, solidarietà, assistenza.*

A parte la domenica, giornata in cui ci consentì di poltrire per tutta la mattina e di *farniente*[20] per tutto il pomeriggio, Cécile aveva stabilito un programma serrato. Verso le 10 prendevamo il largo per un giro di un'ora e mezza.

Julien ci accompagnò solo il primo giorno, poi, dal lunedì, si sistemò sul divano per compulsare sullo schermo al plasma del soggiorno lo *stock* di DVD che aveva accumulato negli ultimi mesi, a causa di un sovraccarico del tempo riservato agli impegni scolastici. Fu perciò felice di scoprire finalmente *Non aprite quella porta*, che aveva esumato tra i vecchi VHS dimenticati in cantina. Dato che non possedevamo più il videoregistratore e non ancora il masterizzatore, Heddie, pieno di compassione per quell'amico oppresso da perfidi Thénardier[21] che lo privavano di un computer personale, gli aveva gentilmente fornito il disco del film di Tobe Hooper.

Il mercoledì, dopo una passeggiata a Les Alpilles, tornammo a casa nel preciso momento in cui l'assassino spaccava un cranio a metà. Dopo aver intimato a Manon di filare in camera, mi sedetti su un bracciolo per verificare se il film mantenesse la medesima capacità di impatto dell'inizio degli anni Ottanta, l'epoca della proiezione clandestina organizzata per alcuni compagni selezionati da Patrice Ollivier a casa del padre dentista, sempre aggiornato in materia di tecnologie avanzate. Quel giorno, Pierre Sopardi e Christophe Jeanson avevano bevuto alcolici.

No, le urla della vittima non risvegliarono in me nessun brivido che non fosse di nostalgia. Oltretutto non capivo la magia che Julien attribuiva a quei trucchi artigianali, mentre i suoi videogiochi imitavano il reale alla perfezione.

20. Così nel testo (italianismo presente già in Stendhal). (*N.d.T.*)

21. Antagonisti di Jean Valjean ne *I miserabili* di Victor Hugo. Da allora prototipo di perfidia. (*N.d.T.*)

"Strano che ti piaccia," notai, "non è per niente terribile come film!"

"Scherzi? Tobe Hooper è un cult, sono gli inizi del gore!"

"Non è vero neanche questo, il gore comincia dieci anni prima, con i film di Lewis e *La notte dei morti viventi* di George Romero."

La sua reazione mi raggelò: premette il tasto "stop" del telecomando.

"In ogni caso non vale la pena discutere con te, quando dico una cosa pensi soltanto a contraddirmi."

Poi si alzò per preparare il suo stage di tennis. Manon invece trascorreva i suoi pomeriggi al pony club. Li portavo entrambi in macchina dopo pranzo, poi tornavo a sdraiarmi con Cécile sul divano letto, dove il nostro intorpidimento digestivo degenerava in una siesta lasciva. Giorno dopo giorno i nostri corpi si rilassavano. Cécile si lasciava andare a dissolutezze sempre più chiassose. A volte mi graffiava così forte da lasciarmi sul corpo ferite di guerra di cui andavo in qualche modo fiero, la sera, quando le scoprivo guardandomi allo specchio del bagno.

Dopo cena sperimentavamo ogni volta un nuovo gelataio, presso il quale i ragazzi si regalavano coppe di gelato gargantuesche. Durante una ricognizione notturna a Saint-Rémy-de-Provence, che i loro genitori avrebbero visitato l'indomani, Julien aveva scommesso con la sorella che sarebbe riuscito a mangiare una banana split dopo la pera Belle-Hélène. Più tollerante che a Le Pecq, accettai di lasciargli tentare, con successo, questa impresa puerile. Alla sua età, viste le tossine che eliminava sul campo da tennis, i killer silenziosi rimanevano per il momento inoffensivi, e probabilmente lo sarebbero rimasti ancora per parecchi anni.

Cécile e io approfittavamo della libera uscita dalle 15 alle 18 per dedicarci senza ritegno al turismo culturale, piccola debolezza di mia moglie, sempre avida di esumare qualche capolavoro dimenticato della pittura barocca sepolto sotto la polvere in fondo a un Musée des Beaux Arts di qualche luogo della provincia francese.

Nella città romana di Arles, dove avevamo trasferito i nostri penati, le curiosità non mancavano. A distanza di venticinque anni mi chiedevo a volte se i corsi di latino non fossero stati, in tutta la mia carriera scolastica, quelli che mi avevano segnato più durevolmente.

Dopo le due ore e mezza dedicate il lunedì al Musée de l'Arles Antique, inanellammo in sequenza le visite all'anfiteatro, ai criptoportici, alla chiesa primaziale e al chiostro di Saint-Trophime. Il seguito del programma prevedeva una discesa al Musée Réattu, dove ci attendevano alcune sculture di Zadkine, Boudelle e César e, incontro culminante per quel martedì, un Picasso.

"Sai, tesoro, non vorrei tornare al lavoro stanco come sono partito, per oggi mi sa che dichiarerò forfait."

Per non ferire Cécile, avevo scelto con estrema cura ciascuna delle mie parole.

"Davvero? Ti ho imposto un ritmo troppo serrato?"

"Oh no no, nient'affatto, ho solo bisogno di sedermi un po'..."

"Per colpa mia non vedrai il Picasso!"

"Posso vederne a decine a Parigi e non ci vado mai, quindi..."

Cécile sfogliò la sua guida.

"Va bene, mettono solo una stellina, non perderai niente di essenziale."

Appena scomparve dal mio campo visivo, comprai *L'Équipe* e *La Tribune* e mi sedetti in un bar.

Volontariamente, dal sabato, non avevo seguito nulla dell'attualità. Con Cécile avevamo convenuto di non accendere mai la televisione nel periodo di vacanza. Quando lessi i titoli a tutta pagina di quel martedì, la soddisfazione si mescolò al sollievo. Riunito in congresso a Versailles, il Parlamento aveva aggiunto alla Costituzione della nostra Repubblica la "Charte de l'environnement", nella quale compariva a chiare lettere il principio di precauzione. Con mia grande sorpresa, il testo non aveva raccolto l'unanimità dei consensi: solo 531 parlamentari su 907 si erano pronunciati a favore. Non mi andava che quei 376 ricercatori di cavilli potessero muovere critiche a un testo che stabiliva per ogni individuo, come nuovo diritto dell'uomo e del cittadino, quello di "vivere in un ambiente equilibrato e rispettoso della salute". Il fatto che un'evidenza così urgente potesse anche solo essere oggetto di discussione mi lasciava perplesso.

Sicuramente non bisognava farne una questione di Stato... I rognosi sarebbero esistiti sempre e ovunque. E a quella categoria apparteneva senza dubbio il 27% di francesi che, secondo un sondaggio, si preparava a votare "No" al referendum del maggio successivo. Per l'occasione, mi ero rituffato di recente nel testo della Costituzione, di cui conservavo, dagli anni della specializzazione, un ricordo sbiadito. Quella lettura mi aveva procurato un piacere intenso. Vivevamo comunque in un paese fortunato. Provavo quasi una stretta al cuore all'idea che quel testo dal valore fondativo sarebbe ben presto apparso superato. Eppure, in quel caso come in altri, a che scopo lottare contro l'ineluttabile? In quanto nazione, la Francia era evidentemente destinata a scomparire, per fondersi con il resto dell'Europa; ecco perché giudicavo ormai le elezioni legislative o presidenziali alla stregua di scrutini locali di portata limitata.

Tranquillizzato, ripiegai *La Tribune* e scorsi le pagine di *L'Équipe*, ma non mi catturarono né i campionati di *freeride* né la Coppa di calcio nazionale né l'egemonia dello svizzero Roger Federer nel tennis mondiale. Così posai il giornale e assaporai semplicemente quegli istanti di tregua, osservando l'andirivieni delle persone attraverso la languida città di Arles.

Verso le 17 mi misi al volante per raggiungere Cécile al Musée Réattu. Mentre percorrevo il lungofiume del Rodano, la intravidi in una libreria. Mi accostai a lei arrivandole alle spalle, a passi furtivi. Quando il mio corpo la toccò, ebbe un sussulto.

"Mi hai fatto paura, scemo!"

"Eh eh eh..."

"Come hai fatto a trovarmi?"

"Ma tesoro, ti ritroverei in capo al mondo!"

"Bugiardo!" finse di protestare, in realtà lusingata.

"Allora, era uno schianto quel Picasso?"

"Era chiuso, ne ho approfittato per passeggiare un po'. Trovo questa città davvero adorabile."

Mi sfiorò la guancia con il palmo della mano.

"Ti sta bene la barba. Ti dà un'aria da vecchio combattente, in un certo senso..."

Dall'inizio della vacanza stavo portando avanti uno sciopero del Mach 3. Grazie al sensazionale letto con rete a doghe, i miei dolori lombari erano scomparsi.

"Hai l'aria distesa, come hai passato il tempo?"

"Niente, ho bevuto un caffè... Andiamo?"

La lasciai al *mas*, poi ripartii per andare a recuperare i ragazzi. L'aria iodata della Camargue e la pratica quotidiana delle quattro ore di tennis sotto la guida di un maestro con patentino statale avevano manifestamente rimesso a nuovo Julien. Colpiva di destro con un tono muscolare di cui non l'avrei creduto capace. Sì, quel ragazzo veloce che sferrava in corsa dei *passing shot* corti incrociati e millimetrici era mio figlio. Non mi stancavo di ripetermelo. L'istruttore invitò gli allievi a raccogliere le palle per deporle in un cesto a rotelle che si portava appresso. Rispettoso dell'invito dell'insegnante, Julien obbedì senza difficoltà e poi passò l'apposito telo per ripianare la terra battuta, come vediamo fare agli addetti alla manutenzione durante il torneo del Roland Garros, al termine di ogni manche. Infine si sedette sulla panchina vicino alla sedia dell'arbitro, scolò un sorso copioso di acqua minerale, si deterse il viso con l'asciugamano e si sfilò la maglia per indossarne una asciutta. Con la pubertà, il pudore di Julien era così aumentato che da tempo non lo vedevo a torso nudo. Malgrado la condotta molle e larvale di quegli ultimi mesi, scoprii con sorpresa che sfoggiava un torso muscoloso e degli addominali ben disegnati. Così, oltre a non essere l'ultimo dei cretini, mio figlio apparteneva alla categoria dei "bei ragazzi", per riprendere un'espressione che ascoltavo correntemente sulle labbra degli studenti della linea A. Un senso di immensa fierezza gonfiò la mia cassa toracica. Per quanti insuccessi e delusioni potessi avere nel prosieguo della mia esistenza, mi sarebbero comunque rimasti, come motivo di consolazione, i miei due meravigliosi figli. Finché fossero stati con me, non sarei mai affondato completamente. Anche se si sarebbe rivelato un impegno pesante sia proteggerli sia attrezzarli contro il mondo pieno di ingiustizie, di violenze e di disordini verso il quale avanzava l'umanità, al cui potenziale degrado, verosimilmente, gli autori della "Charte de l'environnement" si erano sforzati di porre un argine.

Julien non mi aveva visto. Quando, all'improvviso, si accorse della mia presenza, mi rivolse un sorriso luminoso e per me emozionante, al quale risposi facendogli segno con la mano, mentre un nodo mi stringeva la gola.

Passeggiavamo per Les Alyscamps, antica necropoli che acquistò rinomanza all'inizio del IV secolo con l'inumazione di san Genesio, cancelliere arlesiano suppliziato, sotto il regno dell'imperatore Diocleziano, per aver rifiutato di registrare le ordinanze di persecuzione dei cristiani.

"Come è stato ucciso?" chiesi quando Cécile concluse la sua brillante sintesi.

"Ti rendi conto, qui ci sono sepolte ottanta generazioni!"

Indicò un edificio, in lontananza.

"Laggiù c'è la chiesa di Saint-Honorat."

"Cécile, non mi hai ancora detto come i Romani hanno ucciso san Genesio."

"Insomma, che importanza può avere?"

Cécile mi imputava il fatto che a proposito delle nostre visite ricordassi gli aneddoti più orribili, vedendo in questa memoria macabramente selettiva una specie di devianza patologica. Già a Barcellona si era innervosita quando avevo ammirato per un buon quarto d'ora lo sconvolgente quadro di Ribera nel quale un boia ubriaco scortica vivo san Bartolomeo provando un evidente godimento.

"Questo è un mio problema, tu limitati a rispondermi."

"Be', l'hanno decapitato, sei contento? Però la guida non precisa né se il boia dovette intervenire due volte né se la sofferenza di san Genesio durò a lungo."

Avanzò di qualche passo lungo il viale.

"Ora capisco meglio perché mio figlio è affascinato dai film dell'orrore..."

"Come se fosse il solo!" sogghignai. "Sei proprio in malafede..."

"Ciò non toglie che la cassetta di *Non aprite quella porta* che ha trovato in cantina sia la *tua*. Come tutti i figli, prende a modello suo padre, ecco tutto."

Non risposi, poco o nulla interessato a infrangere, per una stupidaggine, l'armonia che regnava tra noi da sabato. Cécile aveva organizzato così bene il percorso delle nostre visite, che il viale dei sarcofaghi costituiva l'ultima tappa del ciclo romano e insieme il punto di partenza del "circuito Van Gogh" che aveva elaborato ispirandosi al sito Internet del comune. Durante il loro soggiorno provenzale, che Cécile definiva "l'incredibile autunno 1888", Gauguin e Van Gogh avevano in effetti scelto il famoso cimitero come motivo delle loro tele.

"Andiamo?" propose risentita.

Sotto un sole quasi primaverile raggiungemmo il giardino pubblico del Boulevard des Lices, tema dell'*Ingresso nel giardino d'estate*, scendemmo la Rue du Cloître in direzione dell'Espace Van Gogh, il vecchio ospedale che il celebre paziente immortalò ne *I giardini dell'Hôtel-Dieu*, poi risalimmo fino alla Place du Forum, dove, anche se il mio orologio indicava solamente le 16.02, scoprimmo *La terrazza del caffè, la sera*. Cécile non aveva ancora smaltito il nostro battibecco poiché rompeva il silenzio solo per mormorare in tono monocorde i titoli dei quadri, quando approdavamo al luogo che ne aveva ispirato la composizione.

"Posso farti una domanda che mi incuriosisce?" chiese Cécile nel momento in cui arrivavamo alle arene, dipinte dal maestro nella primavera del 1888.

"Certo, tesoro, certo," feci, contento che smettesse di tenere il muso.

"Perché spremi sette arance tutte le mattine? È una cosa strana."

La sua osservazione mi sconcertò.

"Come strana?"

"Perché non sei o otto? Sei corrisponde a una e mezza per persona e otto a due per persona. Ma sette non corrisponde a niente. Lo trovo alquanto strano."

Che in definitiva, proprio in definitiva, avessi realmente commesso un errore, tanto colossale quanto irrimediabile, sposando quell'individuo di sesso femminile che rimetteva in discussione la mia personalità prendendo a pretesto sciocchezze simili?

"Di più, sembra davvero una cosa da vecchio ragazzo maniaco spremere esattamente lo stesso numero di arance tutte le mattine, senza guardare se sono più o meno grosse o più o meno succose."

"Be', ascolta, Cécile: d'ora in avanti ti alzerai una mezz'ora prima e il succo lo preparerai tu stessa, così spremerai il numero di arance che ti parrà. Facciamo così?"

"Ecco, quando ti senti punto nell'orgoglio diventi aggressivo, è esattamente la reazione che mi aspettavo. Quanto riesci a essere prevedibile, a volte, mio povero Pascal..."

Arrivammo alla biglietteria della Fondation Van Gogh, la cui visita concludeva il nostro percorso.

"Sette arance...," scoppiò a ridere Cécile, aprendo il portamonete. "È proprio una cosa strana!"

Uscii infuriato e me ne andai a bere una birra nel primo bar che incontrai. Peccato che non avesse portato con sé il cellulare, altrimenti l'avrei chiamata per avvertirla che sarebbe rientrata al *mas* in taxi. Ancora una volta la replica giusta mi raggiunse a scoppio ritardato, dopo venti minuti di ruminazioni: una cosa ancora più strana dello spremere sette arance è rovistare nella pattumiera per contare il numero di bucce che vi ha gettato il proprio marito!

Ecco, ecco come avrei dovuto chiuderle il becco!

In fondo non c'era da meravigliarsi che Ruszczyk mi spazzasse via come un fuscello ogni volta che entravamo in polemica, dal momento che non riuscivo nemmeno a tener testa a mia moglie.

Decisi di non rivolgerle la parola per tutta la sera.

A cena i ragazzi furono così di buon umore che non mantenni il mio proposito. E il torrente erotico della notte spazzò in maniera così radicale gli ultimi rancori, che tra me e Cécile regnava di nuovo un'intesa perfetta quando, a Saint-Rémy-de-Provence, scendemmo dall'automobile per visitare l'ospizio Saint-Paul de Mausole, dove Van Gogh aveva chiesto di essere internato nel mese di maggio del 1889, nella speranza di sottrarsi alle crisi di demenza, la più acuta delle quali gli era costata, sei mesi prima, il lobo dell'orecchio sinistro. Il sole, in quel primo pomeriggio, mentre ci inoltravamo nel viale che conduceva agli edifici dell'XI e XII secolo, imponeva la propria presenza in modo così dittatoriale che nessuna nuvola osava contestargli il possesso dei cieli. Passato il vestibolo, scoprimmo un angusto chiostro quadrato, sul cui muro un'edera sfogliata dall'inverno protendeva le sue radici fino alle imposte azzurro chiaro del primo piano. Passeggiammo in silenzio lungo le gallerie a volta: i nostri tacchi battevano sulle ampie lastre di pietra. Vinto dalla serenità del luogo, mi affacciai tra due colonne binate per ammirare le siepi dal taglio geometrico del giardinetto centrale. Dopo un giro per la spoglia cappella romana, ci inerpicammo lungo le scale fino alla camera di Vincent.

"Sapevi che era credente?"

"No," ammisi. "Se ci pensi, la fede si sposa molto bene con la malattia mentale. Occorre aver perduto del tutto la propria lucidità per credere di poter salire in paradiso dopo la morte..."

In stato di grande eccitazione, Cécile non badò al mio sarcasmo. Nonostante lo scetticismo, dovevo riconoscere che il luogo emanava una singolare forza mistica. L'austera cella in cui entrammo era solo una ricostruzione della stanza in cui Van Gogh era vissuto, eppure il suo spirito continuava ad abitare quei muri. Non a caso la nostra voce, che avevamo istintivamente abbassato, si ridusse a un bisbiglio. Piantata davanti alla finestra, Cécile osservava il paesaggio a cui l'infelice si ispirò quando dipinse *Campo di grano e cipressi*, in preda alle devastanti allucinazioni attribuite, a seconda delle diverse interpretazioni, a un glaucoma, agli abusi di assenzio, alla schizofrenia, o a tutte e tre le cose insieme.

In una stanza adiacente troneggiavano due bagni d'epoca, somiglianti più a strumenti di tortura che a impianti sanitari. Appesi ai muri, alcuni pannelli presentavano la vita quotidiana di un alienato della fine dell'Ottocento e avanzavano ipotesi sul trattamento medico che Van Gogh avrebbe potuto ricevere ai giorni nostri.

"Credi che, se avesse beneficiato delle terapie avanzate di oggi, avrebbe dipinto opere così magistrali?"

La domanda di Cécile mi catapultò in abissi di perplessità.

"È strano, io ho piuttosto l'impressione, come dire... che... ehm, tutte le sue tele siano una testimonianza delle sue vittorie contro la sofferenza psichica."

Quell'interpretazione mi sedusse enormemente. Potevo dirmi davvero fortunato se, nella stagione dei miei ventidue anni, avevo sedotto una donna così intelligente!

"Che peccato che si sia suicidato proprio nel momento in cui cominciava a far fortuna... Sai, aveva ottenuto un vero successo al Salon des Indépendants."

Decisamente, Cécile aveva sgobbato sul serio. Avrei dovuto consigliarle di riorientarsi verso una carriera di guida turistica?

"Non è comunque tragico? Quell'uomo così sensibile[22] che si mescolava ai minatori del Nord per fare esperienza della loro fine e meglio avvicinarsi a Cristo, ora fa bella mostra di sé nei saloni delle grandi banche giapponesi... Magari troverebbe

22. *Ecorché vif* è espressione idiomatica francese per dire persona molto sensibile.

insultante che i magnati del capitalismo, il cui stile di vita è modellato su valori opposti ai suoi, comprino le sue tele per milioni di dollari... Se lo avesse saputo, forse non le avrebbe nemmeno dipinte."

Con tutte quelle elucubrazioni pseudoestetiche finiva per darmi fastidio.

"A mio parere, contrariamente a quanto si sostiene dappertutto, il suo successo attuale non rappresenta il riconoscimento del suo genio ma il suo più compiuto tradimento."

"Be', di questo passo si può passare la vita a rifare il mondo."

"Non sei d'accordo con me?" si lamentò Cécile, sorpresa.

"In realtà non vedo tutto quest'interesse a spaccare il capello in quattro su cose che nessuno potrà mai verificare..."

"Come riesci a essere antipatico, quando ti ci metti..."

"Io non sono antipatico, mi dà noia questa conversazione, tutto qua."

"Sì, perché è nata da una mia iniziativa. A te interessano solo i *tuoi* argomenti di conversazione. Ha ragione tua madre, Pascal, sei solo un egoista."

"Ah, me l'aspettavo, il regolamento di conti a bruciapelo, è la tua specialità, eh?"

La piantai lì, scesi le scale e attraversai il chiostro a passo di corsa. Per calmarmi, vagabondai per un quarto d'ora attorno alle rovine romane di Glanum, preoccupato per la mia assoluta indifferenza alla contemplazione di quelle vestigia. Le civiltà scomparse non mi catturavano più come una volta, non più del calcio o del cinema. I miei centri di interesse si sarebbero a poco a poco ridotti in quel modo? Era quello il fenomeno chiamato con il verbo "invecchiare"?

Quando tornai all'automobile, Cécile mi stava aspettando seduta sul cofano.

"Scusami," disse, "non avrei dovuto parlare di tua madre."

"Ma no, sono io, non so cosa mi ha preso..."

Si strinse contro di me, intenerita.

"Sai bene che non sono sicura di me... Per una volta che azzardo un'opinione personale, fai come mio padre, mi mandi a quel paese..."

"Ma no, non ti mando a quel paese, anzi, era interessante quello che dicevi, solo che io non so niente di arte... Il fatto è che Luc Landreau non perde mai occasione per recitarci il suo catechismo e Lionel Ruszczyk è nato nel Nord e non fa altro che imbottirci le orecchie con il leggendario calore umano dei *ch'ti*... Tu mi hai teletrasportato al *desk* in dieci secondi netti!"

"Scusa, non potevo sapere..."

"No, non potevi sapere..."

Le mie spalle si afflosciarono all'improvviso.

"Non ne posso più di quel tipo."

La mia confessione mi era come sfuggita.

"Quale tipo?"

"Ma Ruszczyk! Continua a moltiplicare le sue provocazioni, è insopportabile."

"Ah sì? Di che genere?"

"Di che genere?"

Abbassai le palpebre. La voce di Lionel riecheggiò dentro di me, all'istante.

"Ho saputo che ci sono genitori di minori che permettono all'amichetto della figlia di dormire da loro. Il che significa chiaramente che il porco è d'accordo che la figlia si faccia fottere alla pecorina a tre metri da lui da uno sbruffone di diciassette anni in calore mentre lui sta guardando Navarro. A questo punto, amici miei, ve lo dico senza mezzi termini, non sono fatto per vivere in una società che tollera simili depravazioni. Per me sta per suonare l'ora di un ripiegamento strategico verso la conservatrice Polonia. No, ma te lo immagini, l'indomani a colazione, il piccolo imbecille che divora i croissant caldi e intanto apostrofa con la bocca piena il padre: 'Senti, papà, ti spiacerebbe insegnare a tua figlia a non metterci i denti quando me lo ciuccia?'"

Ecco come Ruszczyk mi aveva augurato buone vacanze, l'ultimo venerdì, a mensa. Ma in presenza di Cécile attenuavo la coloritura sessuale delle sue sfrontatezze:

"Eh, non so, l'altro giorno, per esempio, ne ha dette di tutti i colori a una collega del secondo piano sostenendo che occorra riaprire i riformatori o una stronzata del genere..."

Cécile scosse il capo, in segno di incredulità.

"Però tu ti dimostri troppo fragile... Cos'hai da rimproverarti, secondo lui, circa l'educazione dei figli? È facile parlare quando non se ne hanno."

"E flirta tutto il tempo con l'odio razziale, dice *négresse* o *niakoué*[23], l'altro giorno se n'è uscito con la battuta di Coluche, 'gli Africani starebbero meglio a casa loro, la prova: noi ci andiamo in vacanza'..."

"È di Coluche "?

"Sì sì, è di Coluche."

Christophe Jeanson, oltre a imitare Yasser Arafat, recitava a memoria gli sketch del più delicato degli Enfoirés[24].

"Be', questa non me l'aspettavo dal fondatore delle Mense dei poveri..."

"Sì, ma Ruszczyk fa sempre più o meno passare il tutto sottotraccia, non si sa mai come regolarsi, anzi, va molto d'accordo con i *black* del nostro piano, dà loro grandi pacche sulle spalle,

23. *Vietnamita*, in senso spregiativo. (*N.d.T.*)

24. *Les Enfoirés* era la compagnia da concerto di Coluche (*Enfoirés* significa *Stronzi*). (*N.d.T.*)

i libanesi lo adorano. Ha anche un amico berbero, il suo Farid non so cosa...”

“Ed è questo che ti riduce in uno stato simile?”

Stavo per rivelarle l’offesa del “caro Pakal”, ma un senso di vergogna mi trattenne.

“No, veramente no, è un insieme di cose, parla forte, mangia male, si profuma troppo, da un po’, da quando drizza il suo brutto muso contro di me, mi viene voglia di prenderlo a schiaffi, però è ben visto dalla direzione, ti ricordi alla mostra di Gauguin, avrà parlato almeno una mezz’ora con la moglie di Glazer, continuava a farla ridere.”

Invece di rispondere, Cécile rifletté alcuni secondi.

“In ogni caso, quando lo si incontra così, a un cocktail mondano, non sembra affatto cafone,” commentò infine, pensierosa. “Detto tra noi, ha anche classe.”

“Davvero?”

“Sì, davvero. Ma non tormentarti, puoi contare su tua moglie, metteremo a punto una strategia, te lo dico io! Ci prenderemo cura di questo Ruszczyk dei miei coglioni!”

Mi strinse tra le braccia. Spesso, quando perdevo il controllo, facevo appello all’ottimismo di mia moglie come a una bussola. Senza Cécile la mia vita si sarebbe sicuramente risolta in una lunga deriva.

“Vedi, è un’ulteriore prova che all’interno di una coppia l’importante è il dialogo,” affermò Cécile.

Posò la mano sul mio sesso, con un’impudicizia che non le era molto abituale.

“Mi ecciti quando ti scusi!”

Il desiderio crebbe così di brutto, che la distanza da percorrere per arrivare al *mas* ci parve troppo grande. Saltammo sulla 807 e partii in tromba, alla ricerca di un sentiero nella foresta dove potessimo nasconderci per copulare senza dare nell'occhio. Stavamo sobbalzando lungo il viale polveroso del parking quando scattò nell'abitacolo un esasperante sibilo elettronico. Mentre Cécile mi sbottonava i pantaloni, scoprii sul cruscotto l'anomalia segnalata dall'elettronica di bordo. Travolto dall'impulso sessuale, avevo omesso di allacciarmi la cintura di sicurezza. Lo stridente segnale di allarme finalmente cessò, nel momento stesso in cui si produsse il piccolo clic che vale ben più di un grande choc[25].

Una sera, ad Arles, mentre stavo andando a dormire, avevo incrociato Julien che tornava dal giardino dove stava esaurendo il forfait telefonico per preparare la sua prima manifestazione. In via eccezionale, gli avevamo permesso di scendere in sciopero, il giorno successivo al rientro. Dopo la tregua delle vacanze scolastiche, il movimento riprendeva la sua protesta.

L'odore che seguiva Julien, quella sera, non lasciava alcun dubbio su cosa avesse appena fumato, ma, un po' per stanchezza e un po' per pigrizia, avevo finto di non accorgermene.

Di ritorno a Le Pecq, la domenica, Julien mi precettò per aiutarlo a dipingere lo striscione, un modo per consolidare implicitamente la nostra ritrovata complicità. Il suo slogan, "DES MOYENS POUR L'EDUCATION", a mio avviso non risentiva molto della contestazione, contrariamente a "FILLON MAÎTRE À POGNON" o "ATTENFILLON Touches pas à mon BAC"[26], che avevo già notato in precedenti cortei.

25. *Un petit clic vaut mieux qu'un grand choc* è lo slogan della campagna francese per le cinture di sicurezza. (*N.d.T.*)

26. *Pognon* significa *grana*; *bac* è il baccalaureato; *touches* è un errore ortografico, come segnala Cécile poco sotto: la forma corretta dell'imperativo singolare è *touche*. (*N.d.T.*)

"Però i genitori dovrebbero vergognarsi di lasciare sfilare i loro figli con simili errori di ortografia!" si accalorava Cécile, come le succedeva sempre quando un somaro maltrattava l'imperativo in quel modo.

"PLUS DE PIONS, MOINS DE FILLON", slogan illustrato con un pedone degli scacchi e un paio di chiappe, forniva una preziosa indicazione fonetica circa il patronimico del ministro[27], che aveva gettato zavorra sul progetto di monitoraggio del personale della scuola, visto il successo delle mobilitazioni di febbraio. Julien, dopo quelle prime vittorie contro il governo, aveva esultato, ma era intenzionato a proseguire la lotta fino in fondo.

"Non ci basta saper solo leggere, scrivere e fare dei conti. Il liceo è l'ultimo crocevia per le pari opportunità, occorre tenerlo a mente!"

Trattenni a stento un sorriso, ascoltando Julien ripetere parola per parola i discorsi dei suoi compagni sindacalizzati. In seguito, di sicuro, avrebbe sviluppato il suo spirito critico e sarebbe diventato un cittadino responsabile come me, capace di formarsi una propria opinione.

"Cosa c'è? Perché sorridi?"

"Per niente, ragazzo mio, per niente."

"Forza, dimmelo!"

"Sorrido perché sono un imbranato: ho sbagliato completamente l'accento sulla E."

Stavamo ascoltando un disco di un gruppo francese. Il cantante piagnucolava, in preda ai tormenti della sua popolarità.

"Non è male, chi è?"

27. *Pion* è il pedone degli scacchi, ma in gergo studentesco significa *sorvegliante*. Quanto al patronimico, si tenga conto che la pronuncia di Fillon suona *fion*, vale a dire – in base all'espressione *il a du fion* – culo. Cfr. l'incipit del cap. XV. (*N.d.T.*)

"È Kio."
"Non lo conosco..."
"Vengono da Saint-Germain. È la dimostrazione che si può essere rock'n'roll anche stando a Les Yvelines."
"Perché Kio?"
"È un personaggio di *King of Fighter*[28]..."
Annuii, consapevole che una seconda dimostrazione della mia cultura antiquata in meno di trenta secondi avrebbe pregiudicato il mio livello di considerazione, livello che stava risalendo con così tanta fatica.
"Sai papà, non ascolto solo musica giovane, eh, mi piacciono anche cose più all'avanguardia come i Radiohead o Jeff Buckley."
"Non ne dubito, figliolo, non ne dubito."
"È lunga dalla République a Denfert?"
Julien andava raramente a Parigi e non vedeva l'ora di scoprire la capitale, anche se quell'immenso formicaio lo spaventava un po'.
"Un bel pezzo di strada, in ogni caso, sì... Guarda, non l'ho mai fatta a piedi!"
Sollevando lo striscione, ci accorgemmo che la pittura, malgrado le nostre precauzioni, era sbavata sulla moquette, il che mandò letteralmente fuori dai gangheri Cécile ma provocò, tra Julien e me, un attacco di ridarella come non ricordavo di averne più avuti dagli anni del corso di specializzazione. Cécile si allontanò furibonda per cucinare la minestra. In mezzo ai brontolii che emetteva sbucciando i legumi, decifrai la parola "zimbello". Ignoravo il senso esatto del termine, ma a mio parere Cécile sovrastimava quella crisi di riso julien-pascaliana per il fatto di sentirsene esclusa. Non intendevo comunque rimettere in questione la legittimità della sua esasperazione, poiché mia moglie, la settimana precedente, aveva preso a prestito una lavamoquette da Kiloutou e

28. Videogioco. (*N.d.T.*)

aveva dato il via a quella che chiamava la "grande pulizia di primavera", anche se cadeva sempre alla fine dell'inverno.

Quella sera andai a dormire presto, per arrivare in forma al *desk* la mattina dopo. Mi sentivo in gamba dopo quella settimana di ferie. Tuttavia, quando spensi la lampada sul mio comodino e mi ritrovai al buio, mi sentii invadere da un'inspiegabile quanto terrificante sensazione di vuoto interiore, che mi tenne sveglio fino alle 3.04 del mattino.

XV

"*Pour le fion, c'est un filon Fillon!*"[29]

Nessuno osò fiatare.

"Ehi, amici miei, *c'est un filon Fillon pour le fion!*"

Ecco. Quel martedì 8 marzo 2005, più o meno alle 13, la mia vacanza era *realmente* finita. Il lunedì gli ero sfuggito ma il martedì mi aveva incastrato. Era chiaro che usava i puerili calembour dei liceali, suoi coetanei in fatto di età mentale.

"Non c'è bisogno di ripetere," lo bloccai. "Quando non ridiamo in prima battuta ai tuoi scherzi, non è detto che non li abbiamo capiti."

"Spero che i vostri ragazzi vadano alla manifestazione. O no? Altrimenti conviene portarceli con la forza! Le avete viste le gnocche che sfilano?"

Per quanto mi costasse caro, nel mio foro interiore condividevo il punto di vista di quel farabutto. I cortei tradivano un considerevole potenziale erotico, dal momento che il clima di fratellanza nel quale nuotavano i movimenti sociali favoriva sicuramente l'incontro tra i sessi. Con un po' di fortuna ne avrebbe approfittato anche Julien e ci avrebbe presentato una sua conquista… A

[29]. Gioco di parole. Si potrebbe tradurre: *Per chi vuol prenderlo per il culo, Fillon è una vera pacchia!* (N.d.T.)

lungo andare, Cécile e io eravamo preoccupati del fatto che alla sua età non coltivasse ancora nessun flirt. Dopotutto, il gentil sesso non si incarnava esclusivamente in Clémence Berger.

"I vostri ragazzi finiranno per colpire il bersaglio, basterà solo approfittarne! Personalmente le saputelle non sono il mio genere, ma, da quello che mi hanno raccontato, adesso passano direttamente dal succhiotto al pompino. Nelle scuole a dodici o tredici anni si pompa a tutto andare. Non so invece se mandano anche giù lo sperma, perché in caso negativo la cosa sciuperebbe un po' il piacere."

Verificò il nome del mittente sul cellulare che squillava, poi rifiutò la chiamata.

"I piccoli sudicioni così non si danno nemmeno troppa pena... Quando penso che ho aspettato di compiere ventidue anni prima di spruzzare la mia sborra in gola a una signorina!"

Contorcendosi per riporre il Nokia nella tasca posteriore dei pantaloni finì per urtarmi con la spalla.

"Sta' un po' attento, Lionel, ho rischiato di piantarmi la forchetta nel palato!"

"Le piccole magrebine, in particolare, sono decisamente brave! E nient'affatto inibite, nonostante le stronzate che si sentono dire dappertutto. Anzi, bisogna approfittarne, perché una volta inquinate dal femminismo, è la fine: nel giro di una generazione diventano arroganti e nevrotiche come le madri della loro razza."

Non mi aveva nemmeno rivolto una parola di scusa. Solo di rado mi era capitato di sentirmi così trasparente.

"Be', caro Lionel, ci felicitiamo per il tuo modo molto personale di celebrare la Giornata internazionale della donna!"

"Non è complicato, le magrebine in casa sono così sorvegliate che, quando i genitori o i fratelli stanno girati dall'altra parte, loro pensano solamente a farsi riempire tutti gli orifizi! Soprattutto dopo il ramadan, quando si sono dovute trattenere per un tempo troppo lungo per i loro gusti."

Lionel aveva ignorato così platealmente l'epigramma di Luc, che per un attimo dubitai che l'avesse sentito.

"A volte, quando le vedo a quattro zampe, Nesrine o Farida, mentre, con le testa affondata nei cuscini, mi supplicano di fotterle ancora più forte, e io guardo entrare il mio pene nel loro grazioso culetto solo perché non devo sverginarle prima del matrimonio, be', mi sento quasi assalire dalla malinconia. Ragazze gentili, discrete, istruite e tutto, che mandano avanti giudiziosamente la casa e la cucina, servizievoli come non riusciamo nemmeno a immaginare, che non hanno mai avuto un posto dove trastullarsi con dei ragazzi, rigorosamente educate, in base ai precetti del Corano, a ritrovarsi con il fuoco addosso giusto per quell'appuntamento decisivo, be', tutto questo mi fa sentire infelice. Merda, non esiste mica solo il culo nella vita!"

Mai il bastardo si era lasciato andare a tante scurrilità. Ingurgitai il cibo in fretta, per non ascoltare altre oscenità, impaziente tra l'altro di scoprire gli effetti positivi dell'eccellente notizia che il mio schermo Bloomberg aveva miracolosamente proiettato prima di pranzo: General Motors annunciava un *utile ante imposte* di centoventuno milioni di dollari per il primo trimestre, ma anche la chiusura della sua catena di montaggio di Lansing, nel Michigan, con l'aggiunta di tremila licenziamenti! E il mercato si preparava inevitabilmente a premiare quella scelta di gestione così coraggiosa e avveduta. Non avrei consentito che Ruszczyk mi impedisse di approfittare appieno del provvidenziale rimbalzo che attendevo febbrilmente da settimane.

"Con la fornace accesa a quella temperatura, alle ragazzine non bastano più cazzi che spruzzano una quantità limitata di liquido, gli servono degli estintori, delle manichette antincendio, dei canadair! Farsi chiavare dai magrebini è una roba che sconfina nella malattia mentale... Come dire, ehm: troppi tabù uccidono i tabù."

"Ecco perché Paolo preferisce insegnare l'imitazione di Cristo anziché promulgare divieti. 'Tutto mi è permesso, ma non tutto è moralmente lecito; tutto mi è permesso, ma io non mi lascerò asservire da nulla.'"

A che gioco giocava Luc? Il semplice fatto di commentare quelle oscenità finiva per legittimarle, mentre era opportuno disfarsene perché la canaglia rivelasse un giorno quello che era: una faccia di merda. In quel momento non vedevo l'ora che la società portasse a termine la fusione, che la finissimo una volta per tutte, e *basta*[30]!

"Ohé Luc, a me non la si fa, eh! Non c'è differenza tra le religioni, nessuna, sono tutte sciocchezze inventate da gente di potere per manipolare gli ingenui... Ad ogni modo il mio amico Farid il Berbero muore dal ridere quando vede le piccole magrebine che più cercano di occidentalizzarsi e più assomigliano, immancabilmente, a delle africane. 'Ve', guarda lì Maghrebland', ride e scherza Farid quando ne incontra un gruppo con il trucco troppo pesante che esce dal McDonald's con le borse Vuitton taroccate e gli occhiali Gucci made in Marrakech."

Mi alzai ostentatamente, rinunciando a formaggio e dessert. Un secondo ancora e lo avrei preso a ceffoni. Ma no: avevo voglia, più che altro, di spalmare la sua sporca faccia con una palla di pasta per fare la pizza, pur di impedire alle sue sozze labbra di entrare in azione.

"Be', caro Pakal, potresti passarlo agli altri il tuo camembert quando non te lo pappi tu! Non bisogna sprecare niente, eh,

30. In italiano nel testo. (*N.d.T.*)

come diceva Guy Roux ai Guignols...”

Vedendolo sovreccitato in quel modo, conclusi che facesse uso massiccio di cocaina, sostanza particolarmente apprezzata negli ambienti che frequentava. Quel farabutto mi ricordava i corridori del Tour de France che si iniettano nelle vene sostanze illecite grazie alle quali lasciano indietro i loro avversari lungo la salita dell'Alpe d'Huez. Ma vaffanculo, bastardo! Non era certo difficile in quelle condizioni fare a pezzi i colleghi sani di spirito e di corpo.

Perlomeno quell'ipotesi mi rasserenò. In ascensore, pensavo alle migliaia di neuroni irrimediabilmente distrutti nel cervello di Ruszczyk ogni volta che sniffava una pista di coca. Che prospettiva favolosa, al momento del mio pensionamento, quando, come Mohammed Alì, Lionel non sarebbe stato in grado di mettere insieme tre parole... La domenica mi sarei spinto fino alla sua clinica geriatrica per ammirare il parkinsoniano senile immobile sulla sedia a rotelle.

Bevvi un espresso, da solo davanti alla macchina, poi corsi al mio computer, folle di speranza. Niente da fare, la quotazione peggiorava e, merda, merda, *merda*, a quel punto lì cominciavo a rimetterci di brutto... I Credit Default Swap a cinque anni General Motors avevano perso altri dieci centesimi, generando nuove minusvalenze per il mio fondo.

Ci stavo lasciando le palle ...

Come ultima risorsa dovevo decidermi a bloccarla, quella fottuta esposizione, che per me si stava risolvendo in un danno completo.

A volte, davvero ci si chiede cosa combini il mercato...

Vuol dire che, di questi tempi, nemmeno tremila licenziamenti bastano più a risanare una situazione né a restituire valore agli azionisti e ai detentori di quella certa obbligazione?

Evidentemente no.

Mi ero anche fatto prendere dall'euforia; in fondo, che

importanza hanno tremila posti di lavoro in rapporto al numero dei dipendenti della GM? Bisogna comunque arrendersi all'evidenza: oggi come oggi produrre automobili scadenti non rende un tubo.

Forse ci sarebbero voluti trentamila licenziamenti per restituire la fiducia, non tremila!

Ancora una volta, che lo si voglia o no, il mercato ha sempre ragione: bisogna chiudere le fabbriche, e in fretta, trasferire tutti, sia nella vecchia Europa sia negli States, produrre *low cost* in Cina o in India. Quello che dà profitto, adesso, è la distribuzione del credito. La prova? GmMac, la filiale finanziaria di General Motors che esibisce il miglior stato di salute del gruppo!

Abbiamo cambiato mondo, il capitalismo del geniale Henry Ford, tattico filantropo che vedeva in ognuno dei suoi dipendenti un potenziale consumatore, è morto e sepolto. L'automobile in sé passa ormai in secondo piano, deve solo fare da supporto alla concessione di un credito che assicuri larghi margini. In queste condizioni, in nome di quale dogma arcaico ostinarsi a lottare contro le delocalizzazioni verso i paesi emergenti?

Luc, Hélène e Lionel stavano rimettendosi a sedere al loro posto come se non stesse succedendo nulla, come se non percepissero minimamente la rivoluzione irreversibile dell'economia planetaria, che si convertiva definitivamente in qualcosa di immateriale! Io almeno partivo con una lunghezza di vantaggio, decisiva rispetto a quei ronzini.

Dopotutto i cinesi, con tutta la grana che rastrellano, si troveranno pur obbligati a mettersi a finanziare indirettamente anche l'indebitamento delle famiglie americane. Occorre far leva su questo per staccare il jackpot, giocare sulla frenesia dei consumi e l'indebitamento di quei coglioni di yankee che comprano in massa due lavabiancheria, tre congelatori e quattro televisori, frenesia alimentata in egual misura dal rialzo del mercato immobiliare.

Pieno di ammirazione per le mie capacità di ripresa, guardavo funzionare il mio cervello, dove, con una velocità stupefacente, germinava la mia nuova idea, l'idea che stavolta avrebbe lasciato ben lontano alle mie spalle non solo i miei concorrenti di Credixis ma anche altre finanziarie transnazionali, i cui cacciatori di teste mi avrebbero reclutato a colpi di *bonus* quando avessero avuto sentore della mia brillante trovata: nel dimenticatoio l'economia reale senza rischi, nella pattumiera General Motors; largo all'investimento nel debito *subprime* e ai suoi favolosi rendimenti! Oltretutto si poteva contare sulla compiacenza e sull'avidità delle agenzie di *rating*, visibilmente pronte a utilizzare modelli più che dubbi per l'attribuzione di buone valutazioni finanziarie a quelle porcherie. Le buone valutazioni rassicurano sempre i clienti del fondo.

Ah, a Credixis mi avevano proprio preso per un burattino? E invece stavo per fargliela vedere, io, avrei recuperato le posizioni, e alla grande, e subito per giunta, e dopo di me il diluvio.

Raggiunsi la mia abitazione come se fossi un animale selvaggio. Intontito dall'estrema tensione del pomeriggio, non riuscii neppure a sfogliare *20 minutes* sulla metropolitana. A casa mi aspettava un singolare comitato d'accoglienza: Cécile e Manon mi stavano osservando dal corridoio, con lo sguardo turbato.

"Be', cosa c'è?" chiesi con le braccia penzolanti.

"Si tratta di Julien," rispose Cècile con fare enigmatico.

"In che senso 'Julien'?"

"È stato ferito alla manifestazione."

Merda, avevo completamente dimenticato la manifestazione! Dunque la terra continuava a girare mentre io combattevo sui mercati finanziari?

"I poliziotti li hanno manganellati?"
"No."
"Ma allora cosa? Parla!"
"Altri ragazzi."
"Come 'altri ragazzi'?"
"Senti, glielo chiederai tu..."
Manon spiava le mie reazioni con aria compassionevole.
"Dov'è?"
"In camera sua, riposa, ma sono dovuta andare a prenderlo alla Salpêtrière."
"Alla Salpêtrière? Ma è grave?"
"Avrebbe potuto esserlo, è conciato piuttosto male. Comunque ha fatto una TAC, niente lesioni cerebrali, niente trauma cranico, se la caverà senz'altro..."
Posai la valigetta, appesi il cappotto all'attaccapanni e mi diressi verso la camera di mio figlio. Cécile mi afferrò il polso.
"Preparati, ti avverto, fa uno strano effetto vederlo in quello stato. Cerca di non mostrarti emozionato, ha paura di rimanere sfigurato per tutta la vita, quando si guarda allo specchio piange."
La stanza era immersa nella penombra. Steso sul letto, allungato per metà, appoggiato ai due cuscini che aveva sistemato dietro la schiena, Julien ascoltava un disco vecchio di tre o quattro anni, come se le reminiscenze lenitive legate a quella canzone facilitassero il ripiegamento psichico che stava elaborando nell'ultima piazzaforte della sua personalità.
L'interprete evocava all'istante una "genetica a bandoliera", dei "taxi in viaggio per le galassie" e un "tappeto volante" che il vento avrebbe portato via...[31]
Decisamente, sarei rimasto sempre refrattario alla poesia.

[31]. Versi di *Le vent nous portera* (2001) dei Noir Désir, cantati dal leader del gruppo Bertrand Cantat. (*N.d.T.*)

Liberai il regolatore dell'alogena, che giaceva per terra sotto un paio di jeans Carhartt, e con la punta della mia Weston feci scorrere il cursore per aumentare l'intensità dell'illuminazione.

Il termine "naso" non era più adeguato per designare quella patata informe e violacea, camusa e insieme deviata sulla sinistra, identica a quella che esibisce, con l'aspetto di un clown triste, lo sconfitto che scende dal ring dopo dodici epici round. All'interno delle narici si andava coagulando un sangue brunastro. Qualcosa sprofondò nel mio petto, rividi Julien bambino, mentre sulla spiaggia costruiva castelli di sabbia con paletta e secchiello.

Accostai al letto la sedia della sua scrivania.

"Buon Dio, Julien, chi ti ha fatto questo?" chiesi una volta seduto.

"Non so," rispose parlando col naso, "non ho visto bene, è successo troppo in fretta..."

"Hai fatto a botte?"

"No, non si può chiamarla rissa..."

"Allora perché ti ritrovi in questo stato?"

Contemplava i motivi delle lenzuola, stordito. Per un momento ebbi paura che si arrabbiasse, ma accadde il contrario.

"In effetti, quando siamo giunti alla République, verso le 14.30, l'atmosfera era già molto calda, anche alla fermata della metropolitana, c'erano soltanto provocatori, un mucchio di tipi loschi. Mentre salivamo le scale, c'erano dei teppisti con bastoni e spranghe di ferro che ci fissavano, appoggiati ai cancelli. Ci prendevano in giro, con frasi tipo 'toh, ecco un nuovo carico di turisti'..."

Inspirò. Un fischio simile a quello del bruciatore di una caldaia a gas prima dell'accensione uscì da quella specie di fungo dove le varie ossa, il setto nasale e le cartilagini, ridotti in poltiglia, non svolgevano più le loro funzioni di filtro e canalizzazione verso le vie respiratorie.

"Subito dopo, dei tizi della JCR ci hanno detto che la manifestazione non assomigliava a una vera manifestazione, che c'erano un bel po' di *casseurs*, che le ambulanze avevano già portato via dei feriti e così via. Già sulla metropolitana avevo una gran paura, ma una volta sul posto mi son sentito davvero fuori gioco, soprattutto quando ho sentito uno del servizio d'ordine gridare nel megafono mentre sfilavamo: 'Non uscite dal corteo, non telefonate, è l'unico modo per stare sicuri!' Francamente pensavamo più a proteggerci che a gridare slogan o a ballare, io avevo voglia di andarmene ma non ho osato per non fare la figura del fifone davanti agli altri. E poi di colpo abbiamo sentito urlare dappertutto, ma sul serio, grida di orrore, non le dimenticherò mai, degli infiltrati hanno aperto un varco al centro del corteo, hanno steso un liceale e l'hanno portato a forza sul bordo della strada per accanirsi su di lui in dieci o quindici. Hanno strappato lo striscione a uno e gli hanno spaccato i paletti di sostegno sulla testa. Picchiavano dappertutto, dappertutto c'erano sangue, grida, corpi trascinati... I *casseurs* si riconoscevano facilmente, indossavano una specie di divisa urbana, casco, tuta, cappuccio, aggredivano solo quelli che non somigliavano a loro, i *cool man* tipo skater, rocker o hippie, o *boloss*, come li chiamano loro, preferibilmente quelli che avevano un cellulare."

Julien stropicciava il piumone, per meglio calarsi nel contesto.

"Heddie mi ha consigliato di togliermi la bandana perché con i nostri musi bianchi era come se ci fosse scritto 'Vieni a fottere la mia roba'. Io la metto in tasca e a quel punto vedo un tizio del liceo che cerca di telefonare restando sul marciapiede e un grosso africano arrivargli da dietro, tirargli uno sgambetto per farlo cadere e dopo affondargli due o tre calci in pancia, così, senza nessuna ragione! Ma la cosa peggiore era che i poliziotti vedevano tutto e non si muovevano, alcuni perfino ridevano, mi sentivo troppo disgustato. In quel momento ho sentito gridare di fianco a me, i *casseurs* avevano attaccato Clara, una mia compagna di classe, lei si dibatteva per terra mentre quelli cercavano di strapparle lo zainetto, la tiravano per i capelli per portarla sul ciglio della strada, e allora non so cosa mi ha preso, un tale odio alla vista di una ragazza picchiata, di colpo non ho avuto più paura, ho sentito una forza incredibile in me, mi sono precipitato su di loro, e a quel punto uno si è voltato e ho visto il suo pugno colpirmi in pieno in faccia, ho sentito un crac nella testa, sono caduto in ginocchio, ho visto schizzare uno spruzzo di sangue e ho notato un'enorme macchia allargarsi sul mio giubbotto. Stranamente, però, non ho provato dolore, forse perché avevo fumato uno spinello, mi sono alzato ma non riuscivo più a camminare, tanto avevo le vertigini, Clara mi ha portato verso una panchina perché mi sedessi. Visto che attaccavano solo quando qualcuno si staccava dal corteo, abbiamo provato a nasconderci nelle stradine laterali, ma era ancora peggio perché davano addosso a tutti gli isolati, per fortuna in quel momento Clara ha trovato due poliziotti in bicicletta, li ha supplicati di aiutarci, loro ci hanno indicato un cortile dove potevamo ripararci in attesa che si calmassero le acque, dopo abbiamo trovato un commissariato e ancora dopo ci hanno trasferito all'ospedale..."

La sua interruzione mi procurò sollievo. A lungo andare, quel racconto mi aveva dato il capogiro.

Mi sarebbe piaciuto affondare la testa tra le mani per qualche secondo, il tempo di recuperare, ma attinsi alle mie ultime risorse psichiche per superare quell'attimo di sconforto. Per il momento Julien aveva bisogno di appoggio, non che suo padre gli crollasse davanti. Accidenti, che sfiga! Perché gli avevo permesso di partecipare alla manifestazione? Se lo avessi spedito a lezione, in quel preciso minuto io sarei stato a rilassarmi in un bagno bollente con l'aggiunta di oli essenziali pescati nell'armadietto di Cécile. Dentro di me mi chiedevo se Julien non avesse un po' esagerato. Addirittura in pieno centro, a Parigi, quelle scene di un'altra epoca... Senza che la polizia alzasse un dito...

Mai, nella mia vita, avevo visto qualcuno colpire uno sconosciuto senza motivo. Certo, in una rissa il tono saliva di colpo. Ed esplodevano gli insulti, anche rapidamente, prima che l'alterco degenerasse in scontro fisico. Ah sì, in quinta elementare, forse, durante la gita scolastica in montagna... il grosso Aubain prendeva a schiaffi quelli di quarta nel dormitorio, per vendicarsi su di loro delle dimensioni microscopiche del proprio pene e della propria obesità.

"Ma insomma, Julien, sei sicuro che non li abbiate provocati?"

"Ma no, no, ti giuro, non sapevamo neanche perché ci picchiavano. Ridevano, come se per loro fosse un gioco... A volte rubavano un cellulare e lo spaccavano subito dopo, davanti al suo proprietario. Come se ci credessero dei superricchi, tanto da poterne ricomprare un altro l'indomani..."

Julien si mise a singhiozzare.

"Noi ci battiamo per difendere i loro diritti ed ecco il risultato," gemette indicando il naso, la cui protuberanza lo innalzava, sia pure in uno stile diverso, al rango di un Cyrano nel campo dello spettacolo. "Se la prendono con noi come se stessimo dalla parte del governo..."

"E i medici cos'hanno detto?"

"Il medico ha detto che ho il naso rotto, ha detto che tornerà di nuovo diritto, ma io non ci credo, è impossibile... Mi rimarrà storto per tutta la vita..."

"Ma no... Comunque sai benissimo che i tuoi genitori non ti

lasceranno con un naso di traverso, mal che vada c'è la chirurgia estetica."

La mia determinazione lo rassicurò.

"La mamma mi porterà all'ospedale di Le Chesnay domani mattina."

"Come vedi, ci prendiamo cura di te!"

Perché Julien aveva chiamato sua madre e non me? Incassavo con difficoltà quella destituzione ma non osavo interpellarlo sui motivi della sua scelta.

La porta si aprì alle mie spalle.

"Allora, gente? Guardate che stasera si mangia presto..."

"Arrivo."

"Di conseguenza, papà, il mio striscione non è nemmeno servito, mi hai aiutato a prepararlo per niente..."

"Nulla di grave. Su, riposati, ti chiamiamo quando è pronto."

Raggiunsi Cécile, che sorvegliava la sua indivia al prosciutto.

"Perché non mi hai avvertito prima?"

"Stavo per chiamarti, poi, una volta alla Salpêtrière, il medico mi ha tranquillizzata, mi sono messa al tuo posto, ti saresti rovinato ulteriormente la giornata. Credi davvero di aver bisogno di roba simile, in questo momento, a Credixis?"

Ammiravo il suo sangue freddo, però, dentro di me, le serbavo rancore.

"Era davvero impressionante al pronto soccorso, era pieno di altri feriti, arcate sopracciliari spaccate, braccia al collo..."

"Ne ha approfittato per dirmi di aver fumato dell'hashish, prima di andare alla manifestazione."

"Sì, lo ha detto anche a me."

"Solo che a me non piace per niente questa storia! Avevo già qualche sospetto, ma ora metterò il mio veto, e presto!"

"Forse sarà meglio aspettare che si sia rimesso in sesto, no?

Bisognerà farlo con delicatezza per dissuaderlo meglio."

Mi tese l'insalatiera e lo yogurt.

"Tieni, prendi questi."

Quando ci sedemmo a tavola stava iniziando l'edizione nazionale del telegiornale.

"Oggi a Parigi manifestare non era semplice."

Julien ci intimò il silenzio per non perdere nulla del resoconto delle bastonate.

"Lucie, Julie, Étienne e gli altri avrebbero voluto che la manifestazione fosse una festa, ma l'ambiente si è ben presto surriscaldato. Parapiglia, incidenti, i volti si rabbuiano, la delusione ha il sopravvento."

Sullo schermo una ragazza accusava altri giovani di "seminare zizzania" e di non "essere rispettosi". Lei e i suoi amici avrebbero desiderato partecipare a un'altra manifestazione di protesta, a patto che fosse organizzata con uno "spirito meno casinista".

"E tu, Manon, lo trovi davvero storto il mio naso?"

Manon balzò dalla sedia per esaminare a distanza ravvicinata l'appendice tumefatta.

"Sì, è molto storto. Ma se il dottore ti ha detto che te lo rimetteranno dritto, te lo rimetteranno dritto," sentenziò tornando a sedersi.

Rassicurato, Julien cambiò canale. Su *TF1* si capiva meglio la natura degli incidenti. Dieci minuti dopo, su *France 2*, un liceale grande e grosso dai capelli rossi passò con dignità davanti alla telecamera con l'arcata sopracciliare sanguinante.

"Mi hanno riempito di botte, mi hanno strappato via lo zainetto," dichiarava una fotografa, in stato di choc. "Non avevo mai visto persone animate da una simile violenza, è aberrante, aberrante, aberrante... Non ho più niente. Mi hanno portato via anche le scarpe. Ecco."

La telecamera le inquadrò i piedi: in effetti camminava sul selciato con i calzini.

Nell'insieme, le televisioni diffondevano le immagini con il contagocce, al *lodevole* scopo di non stigmatizzare certe minoranze ben visibili, presenti in larga maggioranza tra gli aggressori. Il filmato sulla visita della commissione del CIO chiamata a valutare il dossier parigino delle Olimpiadi 2012 rasserenò un poco il clima.

"Ho visto anche una cosa buffa alla manifestazione," intervenne Julien, poco interessato al servizio successivo che riferiva la notizia dell'esecuzione dell'indipendentista ceceno Aslan Maskhadov da parte dell'esercito russo.

"Ah sì?" lo incoraggiai a proseguire, contento che mantenesse il suo senso dell'humour.

"Sì, a un certo punto due *black* hanno dato addosso a un biondo rasato che stava telefonando. Doveva essere più o meno sulla trentina, ma invece di lasciarsi picchiare si è difeso, ha tirato fuori un lacrimogeno e li ha investiti con il gas. Mentre quelli si sfregavano gli occhi urlando, li ha pestati. Dopo ha estratto delle manette, li ha ammanettati insieme e a quel punto gli ha fatto vedere il tesserino di poliziotto."

Cécile e io ci scambiammo uno sguardo complice.

"Era il loro giorno fortunato!" concluse Julien.

Sfidando la cattiva sorte che si stava accanendo contro di loro, i quattro membri della famiglia Ébodoire a quel punto scoppiarono a ridere, il che provocò una smorfia di dolore nel figlio, che si tastò macchinalmente il naso.

XVI

"Cécile", mi segnalò lo schermo del cellulare. Staccai senza lasciar finire il primo squillo.

"Sì?"

"Ci siamo. È uscito dall'ospedale."

"Allora?"

"Il radiologo dice che un ulteriore rinvio renderebbe più difficile il lavoro del chirurgo e aumenterebbe la possibilità di complicazioni. Lo operano domani, con anestesia totale. Rientra in ospedale stasera ed esce sabato."

La notizia mi lasciò letteralmente di sasso.

Affidandomi ai miei ricordi di campioni sportivi conciati in modo grottesco da quell'apparecchio sbilenco, mi ero stupidamente immaginato che un gesso tenuto ben stretto da due volgarissimi pezzi di cerotto sarebbe stato sufficiente a ridurre una frattura del naso.

Invece di scendere a mensa, ordinai una pizza che divorai alla svelta, dando inizio a una lunga navigazione su Internet, al termine della quale ebbi la conferma agghiacciante dei miei timori.

Verso le 18, abbandonando la mia linea A, oltrepassai la Senna per prendere la metropolitana C al Musée d'Orsay. Sul Pont des Arts battevo i denti, sferzato com'ero dalla tramontana.

Arrivato a Versailles dopo tre quarti d'ora di viaggio, salii su un taxi che mi lasciò a Le Chesnay, davanti a un immenso blocco di architettura moderna.

In piedi davanti all'ingresso, pazienti in giacca a vento e pigiama stavano fumando. Nella hall, incontrai visitatori in lacrime e infermieri stremati, a torso nudo sotto i camici. Una bandana da fachiro fasciava la testa di un invalido in carrozzella. Chiamai l'ascensore. Appena il battente della cabina cominciò a scorrere, un vecchio claudicante, spingendo davanti a sé il suo portaflebo a rotelle, mi fece segno di aspettare. Premetti il bottone che ritardava la chiusura delle porte. L'uomo mi ringraziò con un sorriso sdentato, poi estrasse dalla tasca un fazzoletto a quadretti costellato di pezzetti di muco secco, verdastro, nel quale affondò il naso prima di espirare rumorosamente. Senza che lo volessi, la sua diafana magrezza calamitava il mio sguardo rivoltandomi lo stomaco. Era ancora capace di lavarsi da solo? Rabbrividii e scacciai a fatica l'immagine, che in quell'attimo mi attraversò la mente, di un'infermiera intenta ad accudirlo durante la sua toilette intima. Aveva almeno vissuto una vita decente? Aveva imparato ad approfittare appieno dei momenti di grazia avuti in sorte, ogni volta che gli si erano presentati senza che se l'aspettasse? Aveva, con la maggior frequenza possibile, anche nei frangenti peggiori, rivolto il viso verso il cielo per inebriarsi del piacere puramente sensuale di stare al mondo? Aveva saputo estrarre dai giorni migliori la loro preziosa quintessenza? Anche per me, purtroppo, sarebbe arrivato il turno del declino fisico.

Per me, i giorni migliori erano i giorni che stavo vivendo.

Di colpo fui colto da un senso di vertigine. Mio Dio, a forza di inseguire chimere del genere finivo per vanificarle! A confronto con l'universo parallelo di quell'ospedale, dove tanti disgraziati affrontavano malattie e morte, la tranquillità della mia vita quotidiana mi apparve all'improvviso come un perpetuo miracolo di cui omettevo ogni giorno di gioire, gonfio di un orgoglio incosciente misto a un'ostinazione prossima alla demenza. Come se disponessi ancora di un tempo lunghissimo, eterno, da vivere, mentre, man mano chc passavano gli anni, la mia pelle di zigrino si rimpiccioliva a vista d'occhio...

Sospirai di sollievo quando il vecchio lasciò l'ascensore, due piani prima di me. Giunto all'ottavo, percorsi il corridoio sotto i neon lividi, con un nodo allo stomaco provocato dagli effluvi dei medicinali e dall'ansia. Cécile e Julien mi stavano aspettando, avevano lasciato la porta aperta. La vista di quei volti familiari mi calmò, anche se mi era difficile abituarmi alla proboscide di Julien. Gli diedi un bacio sulla fronte.

"Come va? Sei in forma?"

"Hmmm..."

Osservai la stanza, che, devo dire, vantava un confort di buon livello.

"Almeno sei sistemato bene..."

Gli sorrisi.

"Allora è per domani?"

Fece cenno di sì.

"Spero di svegliarmi..."

Per un istante mi chiesi se ogni paziente si facesse quel genere di domande prima dell'operazione o se fosse una componente di atavismo a giustificare, in parte, l'inquietudine di Julien.

"Che idea assurda! Certo che ti sveglierai..."

Un breve bordata di colpi alla porta precedette di poco l'irruzione di un solido cinquantenne abbronzato, dal sorriso franco e determinato, per il quale l'esistenza sembrava comportare solo fastidi insignificanti ed episodici. L'uomo, con la sua ingombrante presenza, riempì immediatamente la stanza. Dopo averci stretto la mano con energia, estrasse da una busta di carta due radiografie, l'una presa di profilo, l'altra dal basso, le tese verso la luce e infine pronunciò la diagnosi indicando con lo stetoscopio, sulla prima lastra, una curva nera.

"Frattura dell'osso nasale, con rientranza dei frammenti ossei e cedimento del setto senza ematoma sottocutaneo. Il trattamento è semplice: riduzione immediata della frattura. L'intervento ci consentirà di ricostruire la morfologia del naso nel modo più conforme possibile allo stato anteriore all'incidente, e di ripristinare una respirazione nasale normale."

Julien diede un cenno di conferma. Il professore gli fece l'occhiolino.

"Va detto che durante i giorni successivi all'operazione si registreranno fasi anche dolorose, poiché verrà a prodursi una duplice contenzione: a livello interno, endonasale, per via degli spessi tamponi che introdurremo sotto l'osso fratturato, a livello esterno per via della sovrapposizione di un gesso che proteggerà la piramide nasale e modellerà l'osso. Ma non preoccuparti, mio caro, in genere va tutto a posto. Solo le cartilagini potrebbero tendere, in seguito, a deformarsi di nuovo, ma sarà nostra cura controllare il decorso postoperatorio."

Non capivo nulla della terminologia del chirurgo. Fui lì lì per chiedergli, giusto per fare il verso al suo gergo, se fossero coinvolte anche figure geometriche oltre alla piramide, ma preferii concentrarmi sull'idea che mi tormentava da quella mattina:

"I rischi d'infezione nosocomiale sono alti in questo tipo d'intervento?"

Il mio interlocutore si bloccò, come se gli avessi appena trasmesso una scarica al Taser. Prima mi considerò con aria sprezzante, poi se la cavò con la solita piroetta di rito:

"Il rischio zero non esiste, all'ospedale come in qualsiasi altro posto."

Ero costernato, abbattuto, demoralizzato dal fatto che ovunque mi si riservasse l'abituale sempiterna formula, cucinata in tutte le salse... Era stata la maestra di Julien – ormai facevano più di dieci anni – a pronunciare per la prima volta quell'idiozia davanti a me, mentre le rimproveravo la mancata sorveglianza nel corso della ricreazione, il giorno in cui mio figlio si era graffiato la fronte facendo casino con i compagni.

"Si può comunque fare uno sforzo per limitare il più possibile i danni," ribattei, glaciale.

"E in cos'altro crede che impegni le mie energie ogni giorno, signore?"

Afferrò Julien per il mento, con un gesto al tempo stesso fermo e protettivo.

"Allora dormi bene, giovanotto. Tocca a noi giocare domani! E tu devi mostrarti all'altezza, d'accordo?"

"D'accordo!" fece Julien, inorgoglito dal fatto che il pezzo grosso sollecitasse in quel modo la sua collaborazione.

Il bellimbusto salutò freddamente Cécile, a me rivolse un cenno marziale con il capo e infine lasciò la stanza. Un'infermiera che arrivava con i vassoi per la cena ci pregò di concludere la nostra visita. Dopo un quarto d'ora di strazianti incoraggiamenti, raccomandazioni sconsolate e patetiche effusioni ci ritrovammo sui sedili in pelle della 807.

"Ma cosa ti è venuto in mente?" s'infuriò Cécile senza neanche aspettare di chiudere la portiera. "Quel tizio opererà Julien domani e tu gli rompi le scatole! Non è che ogni tanto ti succede di riflettere prima di parlare?"

Le sue palpebre gonfie per l'intensa attività delle ghiandole lacrimali francamente la imbruttivano.

"Infezione nosocomiale, no, ti giuro che... E davanti a Julien, per giunta?"

Strinsi il volante serrando le mascelle per trattenermi dal replicare.
"Ma non ha nessuna importanza!"

Non ha nessuna importanza...

Di sicuro non aveva navigato su Internet, quel pomeriggio. Del resto non era difficile per lei giudicarmi, dall'alto della sua incoscienza del pericolo... Se infatti i casi di incidente, in anestesia, restano straordinariamente rari, nell'ordine di 1 su 12.000, le infezioni nosocomiali uccidono ogni anno qualcosa come quattromila disgraziati! E sono i medici stessi a definire "un vero problema di salute pubblica" questo flagello che colpisce il 7% delle persone ospedalizzate.

Cécile ignorava che il 35% dell'insieme degli staffilococchi resiste alla meticilina, mentre le beta-lattamine spesso non riescono a sconfiggere non solo i klebsielli ma anche gli enterobatteri. E che ne sapeva poi delle ricorrenti complicazioni prodotte dai germi multiresistenti come i *pseudomonas aeruginosa*?

Niente.

Non ne sapeva niente.

Il modo migliore di rimanere vivi è ancora quello di non mettere fine ai propri giorni, quel truismo ironico elaborato da David Borel il primo gennaio mi girava e rigirava per la testa. Ebbene, per conto mio, dopo un'ora di ricerche ancorché superficiali, potevo affermare con certezza che il mezzo più efficace per rimanere in buona salute era quello di NON METTERE MAI PIEDE IN UN C... D'OSPEDALE!

Durante il tragitto di ritorno, solo l'autoradio sintonizzata su *Radio Classique* ruppe il silenzio. Quando le prime note del *Miserere* di Allegri riempirono l'abitacolo, Cécile esplose:

"Ma lo fai apposta o che? Togli subito quella roba, merda!"

Mandammo giù una cena sinistra a tre. Era da tempo che l'assenza di Julien da tavola non si faceva sentire con tanta intensità come quella sera, in cui era costretto a dormire lontano da noi. Solo la nostra imperturbabile Manon, che quella mattina aveva conquistato un 19/20 in inglese, rallegrò l'ambiente. Dopo aver messo a dormire la piccola, raggiunsi Cécile, che stava riempiendo la lavastoviglie.

"Be', hai ragione," mormorai. "Non avrei dovuto fare quella domanda al chirurgo..."

Cécile sistemò un ultimo bicchiere nel compartimento superiore, poi si rannicchiò tra le mie braccia, sprofondando in singhiozzi.

"Sono fortunata ad avere un marito che fa autocritica," gemette. "L'importante è riconoscere i propri errori."

Decisamente, mia moglie mi idealizzava.

"No..." sospirai, accarezzandole i capelli. "L'importante è che l'operazione di Julien si svolga senza intoppi."

Fischiettava.

Sì, fischiettava.

A tavola.

L'antivigilia, senza alcuna ragione, alcuni teppisti avevano picchiato mio figlio, il quale, all'alba del terzo giorno, era finito sul tavolo operatorio. L'intervento e il risveglio si erano sicuramente svolti nel migliore dei modi, ma, nonostante le parole tranquillizzanti del chirurgo, dubitavo che il naso del mio primogenito potesse recuperare l'originaria linea retta. Minato dall'inquietudine e dallo spettro dell'escalation di violenza, causa prima di quei misfatti, quella notte avevo guardato per l'ultima volta la sveglia alle 3.38 del mattino. E *Lionel Ruszczik fischiettava alla mia tavola*.

"In culo anche a 'sti cantanti negri, sono troppo a modo.

Davanti alla mia tazza di Chocapic mi sono subito concesso un trip con Harry Belafonte e mi sono rimesso in forma. La mattina bisogna sempre ascoltare dischi giusti. Buona musica e kiwi bio, è una delle ricette più bestiali per una giornata di successo."

Quale benefattore mi avrebbe un giorno sbarazzato di quell'importuno?

Quale mascalzone gli avrebbe cambiato i connotati?

Quale maniaco lo avrebbe spedito sotto un treno della metropolitana?

"C'è anche un'altra cosa alla quale bisogna scrupolosamente attenersi di questi tempi, ed è quella di abbracciare affettuosamente la propria famigliola prima di andare al lavoro."

Nessuno commentò quell'incongrua asserzione, che mascherava i preparativi di una stoccata di quelle che il depravato amava tanto mettere a segno.

"Quanti anni ha tuo figlio, Pakal?"

In un angolo del mio cervello scattò una sirena d'allarme.

Perché Julien?

Perché *quel giorno*?

"Sedici," grugnii, sulla difensiva.

"Sedici, be', hai ancora un po' di tempo davanti a te..."

Inzuppò teatralmente una patatina fritta nella piramide di ketchup che aveva confezionato ai bordi del piatto.

"E il tuo, Luc?"

"Tredici e venti, perché?"

"Venti! Oh la vacca! Vent'anni, la faccenda si fa pericolosa! E non dirmi che gioca pure a baseball!"

Luc gli sorrise, senza rispondere.

"Be', come vi dicevo l'altra volta, consiglio di eliminare non solo le posate, le forbici e i tagliacarte, ma anche gli oggetti contundenti, di evitare qualunque cosa abbia a che fare con brocche, vasi da fiori, candelieri, di puntare sulla sobrietà, di conservare solo lo stretto necessario: un tavolo, qualche sedia, un divano. Solo così funziona, la parola d'ordine è semplificare, l'ho letto su *ELLE Déco*."

"Andiamo, sento che il nostro bambinone ha una storia sordidissima da raccontarci… Su, forza, ti stiamo ascoltando."

"Oh, caro Luc, non chiedermi questo. È una roba da non credere! È troppo brutta, ci toglierà l'appetito."

"Ma sì, sputa la tua Valda, se no finirà per pesarti sullo stomaco e resterai in imbarazzo. Sarebbe un peccato."

"Vabbe', se proprio insisti…"

Si mise a frugare nella tasca interna, da cui estrasse un ritaglio stampato.

"AFP, informazioni dalla Francia."

Si raschiò la gola.

"Uno studente di ventun anni ha confessato di essere l'autore dell'incomprensibile assassinio della sorella di sedici, a colpi di mazza da baseball, domenica sera nella loro abitazione presso Mulhouse. Il giovane aveva deciso di uccidere il primo membro della famiglia che fosse rientrato a casa. 'Alunno interno nel liceo agrario regionale dove studiava per conseguire un diploma di specializzazione, ha dichiarato agli inquirenti di aver colpito alla testa la sorella una ventina di volte e di essersi fermato solo quando ha avuto la certezza di averla uccisa', ha precisato il procuratore della Repubblica."

Per quanto ci fossimo preparati, quanto ci stava leggendo ci raggelò a tal punto che nessuno pensò più di interromperlo. Luc aveva posato la forchetta e non masticava più.

"Il giovanotto, descritto come sconvolto dalla separazione dei genitori e sofferente di turbe psichiche dovute alla solitudine, aveva premeditato fin dal giorno prima di uccidere il primo membro della famiglia – il padre o la sorella – che fosse rientrato a casa. Verso le 21.45 è rientrata per prima la ragazza. 'È salita in camera sua, al primo piano, e si è seduta davanti al computer. Rilevato un errore di programma, si è chinata per riavviare il software ed è stato in quel momento che il fratello l'ha colpita', ha raccontato il procuratore, fondandosi sulle dichiarazioni del presunto assassino."

Si sarebbe sentita volare una mosca. Il puzzone aveva precipitato l'uditorio in uno stato pressoché siderale.

"'La ragazza non ha quasi opposto resistenza. L'effetto sorpresa dev'essere stato immediato, non c'è stato alcuna reazione di difesa da parte della vittima', ha precisato ancora il magistrato. Dopo la consumazione del dramma, è stato lo stesso giovanotto a chiamare i gendarmi. 'Ha fatto presente di aver ritenuto inutile chiamare il pronto intervento, sapendo bene che la sorella era morta.' I fatti sono orribili quanto incomprensibili e, per spiegarli, non è possibile addurre alcun movente particolare o stato di conflitto."

Ruszczyk gettò bruscamente il foglio accanto a sé, come per scacciare un enorme scarafaggio che gli percorresse il ventre.

"Ma non è vero, in questo modo si LEGITTIMA TROPPO questa roba come roba da malati! Ve lo spiego io il movente particolare, e non c'è bisogno di uno psicanalista! Il puro piacere di distruggere, eccolo il movente!"

"Mi fai incazzare, Ruszczyk, con le tue deduzioni a cazzo di cane," sibilò un Luc cadaverico. "Mi fai incazzare sul serio!"

"E invece ho ragione! Del resto, l'altroieri, alla manifestazione, è stato lo stesso. Li avete visti i *casseurs* che pestavano gli adolescenti? Uguale, il puro piacere di distruggere!"

Il sangue mi affluì al volto, il mio ritmo cardiaco subì un'accelerazione, tanto che per un attimo temetti l'infarto.

A quante pulsazioni ero arrivato in quel momento? 100, 110?

"Quando vi dicevo che i giovani non hanno più punti di riferimento non volevate credermi... Anche nei disordini ora è tutto un bordello, non ci si può più fidare in nessun modo! Prima almeno si capiva quello che succedeva nelle manifestazioni: gli studenti smantellavano il selciato e lo scagliavano a pezzi contro i poliziotti SS[32], i quali, a loro volta, li pestavano per prendersi la rivincita. Solo che martedì non sembrava più come ai bei vecchi tempi! I ragazzi credono di combattere l'oppressione liberista, scendono in sciopero contro le disuguaglianze, il... come si chiama? e tutto quanto, e invece di ricevere applausi vedono dei picchiatori *black* ultracapitalisti in Lacoste e Burberry piombargli addosso sette o otto alla volta per spaccargli il muso, per forza quei poveri ragazzi si sentono disorientati... E di punto in bianco si riducono a chiedere la protezione delle forze dell'ordine, è una vergogna!"

Con il coltello male affilato, disossò il pollo con una tale difficoltà da farmi temere per un momento che vi infilasse le dita dentro. "Mi dirai, non si riesce a capire niente negli slogan dei manifestanti. È vero... Stanno lì a cantare filastrocche, quei babbei! 'I liceali sono in rivolta, *pirouette*, *cacahuète*[33]. E sono venuti a occupare il liceo, *pirouette*, *cacahuète*!'"

Si fermò di netto, come folgorato da un'illuminazione. Tese il braccio, palmo aperto davanti a sé, come per prevenire un'obiezione che nessuno pensava certo di muovergli.

32. Nell'originale si sottolinea l'assonanza *CRS/SS* (CRS è l'acronimo di Compagnie Républicaine de Sécurité, corrispondente alla nostra Polizia). (*N.d.T.*)

33. Dittologia onomatopeica, a suo modo sensata, con la quale Lionel intende parodiare quello che secondo lui è l'infantilismo dei manifestanti: *pirouette* è *piroetta* ma anche *voltafaccia*, *cacahuette* è *nocciolina*. (*N.d.T.*)

Attends! Je te le dis en slam,
Même si c'est pas vraiment ma came.
Non mais t'imagine Lénine,
Et puis Trotski e puis Staline,
De Moscou jusqu'à Sakhaline
Chanter cacahuète et pirouette?
Elle aurait pas eu l'air chouette,
La révolution des soviets!
C'est Karl Marx qu'on assassine,
Avec pirouette et cacahuète!
En plein milieu de la manif
Tu te ramasse un bourre-pif
C'est la cacahuète finale,
Celle qui t'envoie à l'hôpital
Et bourre en bourre, et ratatam,
Comme dans du Maxime Chattam![34]

I miei dubbi scomparvero: quel tipo era un pericoloso drogato. Sempre con quegli occhi azzurri piantati nei miei...

"Mi dirai che io capisco la teppaglia, sì, al loro posto anch'io avrei voglia di distribuire ceffoni ai ribelli, se non altro per il piacere di sentirli piagnucolare dopo davanti al microfono dei

[34] Strofa appunto in *slam*, a rima baciata. Traduzione letterale: "*Aspetta! Te lo dico in slam, / Anche se non è proprio il mio genere. / No, ma t'immagini Lenin, / E poi Trockij e poi Stalin, / Da Mosca fino a Sakhalin / Cantare nocciolina e piroetta? / Avrebbe avuto un'aria ben poco carina, / La rivoluzione sovietica! /Qui è Karl Marx che si assassina, / Con piroetta e nocciolina! / Finché nel bel mezzo della manifestazione / Ti tiri dietro un piedipiatti e paf / È la nocciolina finale, / Quella che ti spedisce all'ospedale / E piedi e piatti e ratatam, / Come nei libri di Maxime Chattam!*" Maxime Chattam è un noto autore di thriller macabri, in particolare della cosiddetta Trilogia del Male (*L'anima del Male*, *In tenebris*, *Il veleno del ragno*, 2004-2006). (*N.d.T.*)

giornalisti: 'I *casseurs* ci hanno rovinato la festa, non era una vera manifestazione, manif... snif... snif...'"

Adesso mi ronzavano le orecchie.

Non è che un giorno mi farà diventare matto?

"Insomma, a dire il vero, personalmente provo sempre un po' di pena quando vedo dei francesi, che vivono nella loro terra da quindici o venti generazioni, permettere che i figli si facciano massacrare da dei tizi che forse non sono nemmeno nati qui. Bisogna avere comunque molto rispetto per i propri antenati... Sono proprio andati a morire per niente quei poveri disgraziati, a Waterloo o a Verdun."

Che avesse intercettato una delle mie conversazioni telefoniche con Cécile, il giorno prima o quella mattina stessa?

"Voi di antico lignaggio vi riempite la bocca con le parole 'giustizia sociale' per ritardare il più a lungo possibile l'ora del *fight* che vi aspetta contro il vostro nemico, quando salterà tutto per aria come in Libano. In ogni caso, se un giorno capiterà a me, non avrò difficoltà: pago un detective per identificare quelli che hanno preso mio figlio per un punching ball, con due o tre amici organizzo una spedizione punitiva nei loro quartieri puzzolenti, come ha fatto Putin che ha scovato i ceceni fin nei cessi, e appendo il colpevole per i piedi a un autobus, con un 'NON TOCCARE RUSZCZYK' inciso sulla schiena, per esempio con il rasoio, in maniera che i suoi compagni sappiano a cosa andranno incontro la prossima volta. E ci faranno pure delle foto trash da pubblicare sui loro stupidi blog. Non dovete fidarvi, a volte noi polacchi siamo un po' sanguinari, i tedeschi se ne sono accorti quando, nel '44, è girato il vento, voglio dire, i tedeschi *superstiti* se ne sono accorti."

In ogni caso, avevo parlato a bassa voce tutte e due le volte; e verificato che nei paraggi non ci fosse nessuno. Ero stato vittima della stessa disavventura di Hélène e Alice?

“Guarda, la pubblica istruzione potrebbe cogliere l’aspetto positivo dei linciaggi lanciando un concorso per sceneggiature nazionali sponsorizzate dal Service de Renseignements sul tema: ‘Vi faremo amare la CRS’. Dopodiché Kassovitz gira un clip ribelle con dei ragazzi discriminati nati in periferia e sono tutti contenti.”

Mi fissò con un’espressione bonaria schiacciando un acino d’uva tra due premolari.

“Non sei d’accordo, caro Pak, *pirouette*, *cacahuète*?”

“Lasciami stare.”

“Ollallà, ma che umore, che umore! Fortuna che il caro Pakal è di ritorno dalle vacanze, altrimenti chissà che ululati!”

“Ti ha chiesto di lasciarlo stare,” intervenne Luc, mettendomi anch’egli in ridicolo.

“Ah, vedo, vedo, è il complotto massonico contro la mia faccia tosta? OK, OK, mi inchino davanti all’idiozia dalla fronte taurina.”

Decisi di incidere l’ascesso.

“Sei al corrente, vero?”

“Prego?”

“Hai ascoltato la mia telefonata?”

“Be’, caro Pakal, stavolta hai preso un abbaglio. Sta’ in campana, sei maturo per Sainte-Anne. Vuoi chiedere qualche giorno di ferie a Glazer? ‘Troppa pressione, non ce la faccio più, ho bisogno di tirare un po’ il fiato’, no no, coso, sei proprio malmesso. Appoggio la tua richiesta, se vuoi, il boss mi ha in simpatia.”

Quel pomeriggio, nell’*open space*, incrociai solo sguardi sfuggenti. La sera, Semeido si sentì in obbligo di rivolgermi qualche parola di conforto, quando prendemmo insieme l’ascensore.

“Sai, Pascal, stavolta ha proprio esagerato. Prima o poi i suoi eccessi si ritorceranno contro di lui.”

Certo predicava per la sua parrocchia, terrorizzato dalla

prospettiva che Ruszczyk gli appioppasse a sua volta una batosta simile alla mia.

"Cara Sardina" e "caro Pakal" iniziarono insieme il loro quotidiano calvario a bordo dei mezzi pubblici. Alla stazione Opéra, "Cara Sardina" e "Caro Pakal" scesero per raggiungere le rispettive coincidenze.

"Cara Sardina" tese la mano a "Caro Pakal", che gliela strinse meccanicamente.

XVII

“È vero che Delanoë ha avuto una buona idea, con le sue corsie preferenziali, ciò non toglie che, a forza di sopprimere aree di sosta, si sia dimenticato di chi abita in periferia come noi.”

Giravamo da una buona mezz’ora.

“Be’,” sospirai, “non ci resta che il parking sotterraneo...”

“Ah no, no, ci costerebbe un casino. Mettila lì, nello spazio riservato alle consegne.”

“Non mi piace posteggiare in sosta vietata.”

“Senti, Pascal, lo fanno tutti.”

Accesi le doppie frecce.

“Non è una buona ragione: visto che tutti fanno una cosa, allora dobbiamo farla anche noi?” ringhiai, sterzando per parcheggiare in un buco rimasto libero.

Alla Salpêtrière, dopo aver condiviso con lei minuti di angoscia in sala d’attesa, Cécile aveva scambiato recapiti telefonici e email con Nathalie, la madre di un altro manifestante malmenato. All’inizio della settimana, Nathalie ci aveva spedito una mail per convocarci alla riunione che lei e il marito avevano organizzato in un bar dell’11° arrondissement, per raccogliere testimonianze sulla giornata dell’8 marzo. Ecco il motivo per cui un onesto padre di famiglia si ritrovava fuori, un venerdì sera, strappato al suo dolce focolare, a *Thalassa* e a Georges Pernoud, da una moglie convinta che uno scambio di idee con genitori alle prese con difficoltà simili alle sue potesse aiutarla a meglio accompagnare il figlio in un salutare "processo di devittimizzazione".

Nel percorrere i marciapiedi mi sentivo spaesato. Non frequentando mai quei quartieri misti, ignoravo che in certe zone della capitale esistesse una tale concentrazione di telefoni pubblici a gettone o a monete, librerie musulmane e macellerie *hallal*. Sapevo nondimeno che un po' più su, a Belleville, certi medici di famiglia lamentavano di doversi servire di un interprete cinese durante le loro visite.

"Vorremmo semplicemente ottenere delle risposte alle domande che facciamo: perché la polizia non è intervenuta? Perché dei giovani emarginati se la sono presa in modo così virulento con dei manifestanti della loro stessa età?"

Eravamo così in ritardo che infuriava già il dibattito quando entrammo nel caffè, una fornace piena di fumo, pessimamente ventilata.

"Non sappiamo nemmeno il numero esatto degli studenti aggrediti," sottolineò un tipo in camicia da cowboy a quadri rossi e neri. "Sarebbe quantomeno doveroso che la prefettura comunicasse i dati."

Non c'erano più posti a sedere, così ordinammo una birra alla spina e una Perrier al banco. Nathalie indirizzò un saluto amichevole a Cécile.

"È difficile da stabilire, perché molti genitori non hanno sporto denuncia."

Cécile accostò le labbra al mio orecchio, mentre contemporaneamente alzava il braccio, come una scolaretta di quarta elementare.

"Quello che ha appena parlato è Manu, il marito di Nathalie."

Pensavo che la sua condotta avrebbe suscitato qualche ironia, ma mia moglie padroneggiava meglio di me gli usi e costumi della battaglia delle idee, poiché Manu, che stabiliva chi dovevsse prendere la parola, indicò lei come se fosse la scelta più naturale.

"Salve, mi chiamo Cécile. A nostro figlio hanno rotto il naso. Non ho sporto denuncia e adesso me ne pento, perché, almeno a livello simbolico, la cosa avrebbe potuto giovargli."

"Io ho sp-sporto denuncia, l'aggressore di mio figlio si è bec-beccato due mesi col ri-rito imm-mediato," disse una donna matura non priva di fascino, nonostante l'alopecia che le sguarniva la cima del cranio.

"A me non avrebbe fatto piacere," osservò con disinvoltura una hippie *cool* dai capelli ricci che si stava rollando una sigaretta.

Portava stivali a punta quadrata che avrei visto meglio calzati da un uomo.

"Per-perché? Non mi crea nessun pro-problema sapere che un bruto che si div-diverte a massacrare un pic-piccolo bianco si ritrovi in pri-prigione."

"Ah, ecco, ci siamo!" esclamò la hippie contestatrice accendendo la punta della canna mirabilmente cilindrica che si era preparata. "Siamo partiti per la tangente etnica! Oggi un sito ebreo ha lanciato un appello contro le spedizioni punitive anti-bianchi firmato da Julliard, Kouchner, Taguieff, Finkielkraut e compagnia bella, così sapete cosa vi resta da fare..."

"Io firmo sicuro por petizione," intervenne un pezzo d'uomo con gli occhiali, "anche se mo figlio boleba partecipare manifestazione ma cambiato idea quando ricevuto un SMS che diceba: 'No venire con tu muso bianco'."

"No! Rifiuto questa essenzializzazione in base al colore della pelle! In quest'affare stiamo assistendo a una etnicizzazione davvero drammatica della questione sociale, visto che si traduce in un adeguamento alle tesi del FN, né più né meno. A suo tempo, Badinter chiamava quest'atteggiamento 'lepenizzazione degli spiriti'."

Essenzializzazione.

Etnicizzazione della questione sociale.

Non avendo mai sentito formule del genere, non correvo il rischio di accorgermi che quelle tesi corrispondevano alle tesi dell'estrema destra. Forse senza rendermene conto, avevo seguito molto da lontano la vita politica del mio paese in quegli ultimi anni. Mi sentivo in colpa per non aver mai riflettuto su quei problemi, cullato dall'idea del risanamento del mercato. Il CAC, quello vero, era quasi raddoppiato dal marzo 2003.

"Non serve a niente gridore tonto. Io sono professore di ginnostica in una scuola della Zone d'éducation prioritaire[35], eh boh, gli insulti che si scombiano i piccoli sono spesso di tipo rozzista..."

Manu indicò un tizio con l'indice alzato.

"Mi chiamo François, sono professore anch'io. L'8 marzo ero in piazza. E sì, tra i *casseurs* i black erano in grande maggioranza. All'inizio ho notato una tendenza prevalente al saccheggio, poi la tendenza è diventata quella di... colpire alla cieca. Buttare a terra i ragazzi e prenderli a calci e pugni. Ho visto un manifestante finire contro una saracinesca spaccandosi la testa, e sì, c'era davvero una violenza inaudita. Si lanciavano in cinque, sei, sette contro uno solo e lo riempivano di botte. Dicevano che volevano metterlo in culo allo stato francese, in realtà lo mettevano in culo ai manifestanti, anzi, lo mettevano in culo a tutti noi, ecco cosa facevano..."

35. Zone con scuole o collegi che ospitano alunni afflitti da forti deficit scolastici e/o sociali, ai quali l'Istruzione pubblica cerca di andare incontro contrastando le piaghe dell'abbandono scolastico e dell'emarginazione. Creati nel 1981 su iniziativa del ministro Alain Savary, tali istituti non hanno fatto registrare l'esito sperato. (*N.d.T.*)

"C'ero anch'io," intervenne un ragazzo che si presentò come membro dei Giovani Comunisti Rivoluzionari, "e quella che ho visto è stata una manifestazione dove, alla partenza, c'erano parecchie decine di migliaia di studenti e dove all'arrivo ce n'erano solo duemila, e abbiamo dovuto fermare il corteo prima del termine, perché più la manifestazione avanzava e più c'erano violenze e saccheggi contro gli studenti. Contrariamente a quanto si è potuto leggere a destra come a sinistra, non c'erano affatto centinaia di giovani di periferia venuti alla manifestazione con l'unico scopo di picchiare e saccheggiare. C'erano invece, e sin dall'inizio, dei gruppi organizzati che erano venuti con l'unico scopo di farsi un po' di soldi derubando gli studenti, e, poco per volta, da alcune decine siamo passati a parecchie centinaia e alla fine a un migliaio di infiltrati che non facevano più parte, tra virgolette, della manifestazione ma si preoccupavano solo di derubare gli studenti e di picchiarli se rifiutavano di dargli quanto chiedevano. E questo ha fatto sì che la manifestazione finisse tagliata in due, e la cosa più assurda è che il corteo in strada era composto al 95% da studenti bianchi, mentre sui marciapiedi c'erano dei ragazzi neri o arabi che, be', non facevano più parte della manifestazione in quanto tale, ecco."

A quel punto non era più il caso di rimettere in discussione la versione di Julien, poiché quei due testimoni, più o meno, la confermavano. Il loro intervento fece piombare nello sgomento l'intera assemblea.

"Attenzione, non vorrei che le mie affermazioni venissero strumentalizzate a fini xenofobi," precisò François. "A mio modo di vedere, infatti, tutto questo rappresenta piuttosto un ritorno di fiamma di quello stato di emarginazione che la società francese infligge ai giovani delle periferie."

"L'insofferenza sociale non è incompatibile con il razzismo," obiettò una biondina dai capelli lunghi.

"Scusa, devi dirci il tuo nome," la riprese Manu in tono seccato, "se no non arriveremo mai..."

"Annick, sono sociologa. Trovo pericoloso, da parte di certi nostri compagni di sinistra, minimizzare su questo razzismo alla rovescia."

La donna esprimeva la propria opinione con un'assenza completa di volontà polemica, il che moltiplicava la sua forza di persuasione.

"Sapevo da tempo che, quando le periferie fossero esplose, la situazione si sarebbe fatta pericolosa. Ora le periferie esplodono, e il pericolo riguarda mio figlio. Perché è biondo. È una conseguenza grave."

"Aspetta," ribatté il militante dei Giovani Comunisti Rivoluzionari, "io penso che nella testa dei picchiatori ci sia sempre stata quest'idea: andiamo a massacrare i bianchi. Non possiedono geneticamente l'idea di solidarietà, e questo non deriva solo dal fatto che sono black o arabi ma anche dal fatto che ogni giorno, da vent'anni, sono vittime della marginalizzazione e della ghettizzazione, dello stato di abbandono delle periferie, ehm, dove si ha l'impressione che gli unici ad avere i tuoi stessi interessi siano quelli che hanno la pelle del tuo stesso colore. Io dico che si tratta di una rivendicazione trasversale, nel senso che l'attacco viene portato a... allo studente bianco, tra virgolette, perché rappresenta il simbolo di ciò che il giovane di feriferia nero o arabo non potrà mai essere, perciò dico che è una reazione preventiva, perché non viene pestato in quanto studente, viene pestato perché nell'immaginario dei neri, purtroppo, è una figura legata a fatti che sono reali, effettivi; i giovani bianchi, tra virgolette, del centro di Parigi, ehm, sono i futuri ministri o padroni che continueranno a prendere bellamente per il culo i ragazzi di periferia. Perciò quello che conta è ciò che lo studente bianco simboleggia, e va completamente al di là della sua persona."

"Dopo la guerra preventiva del Pentagono contro Saddam Hussein," ironizzò un certo Pierre, che presentatosi come professore di geopolitica in un'università parigina, "eccoci nell'era del pestaggio preventivo nell'eventualità che lo studente bianco, tra quindici anni, diventasse membro del Mouvement des Entreprises de France[36]... Interessante!"

Il suo tono di scherno raggelò la platea. Indossava un completo giacca e cravatta che stonava con l'abbigliamento casual degli altri intervenuti. Anche sua figlia era stata riempita di botte.

"È quantomeno manicheo contrapporre fortunati del centro e vandali delle periferie," aggiunse. "State tranquilli, i giovani bianchi che oggi sfilano in corteo andranno anche loro a ingrossare le file del sottoproletariato, in qualche call center o alla cassa di un supermercato, con in tasca la loro laurea di primo livello in psicologia o in sociologia. Anche per i ceti medi le prospettive sono pessime, credetemi. Se tra voi ci sono dei professori che si sono stancati di lavorare per la pubblica istruzione, be', sappiate che è il momento buono per cambiar posto! Le cliniche psichiatriche reclutano a man bassa insegnanti per bambini che non osano nemmeno più uscire in strada, tanto crepano di paura..."

"Annick?"

"Sì... Volevo ricordare che mandare dei teppisti a picchiare dei manifestanti è una strategia del potere vecchia quanto le manifestazioni. Quei giovani *casseurs* mi fanno piuttosto pensare a un nuovo lumpenproletariato creato dal capitalismo e strumentalizzato dal governo per far passare riforme ultraliberiste e, a ogni fiammata di violenza, imporre un nuovo giro di vite autoritario."

"Sì, sì, solo che Marx e Engels non erano così indulgenti come te nei confronti del lumpenproletariato!"

36. La Confindustria francese. (*N.d.T.*)

"Aspetta, aspetta, interrompi le persone con questo tono e non ti presenti nemmeno, il nome, per favore...," lo riprese il gran cerimoniere.

"OK, OK, mi chiamo Sébastien, sono studente di storia," precisò il tizio, irritato per essere stato frenato nel suo slancio. "Nel *Manifesto del partito comunista* Marx e Engels trattano i sottoproletari come plebaglia, feccia della società, e plaudono gli scioperanti quando, per esempio, ne accoppano qualcuno. Questa di preferire la canaglia all'operaio è una novità, mi chiedo se anche questo rientri nella scomparsa della lotta di classe..."

Cécile si piegò verso di me.

"Cos'è il lumpenproletariato?"

"Un riferimento marxista. Letteralmente significa 'proletariato cencioso', in tedesco."

Per consolidare in mia moglie la reputazione di uomo istruito, mi astenni dallo specificare che non avevo mai aperto un libro di filosofia ma semplicemente assimilato qualche spizzico di cultura generale durante il biennio di specializzazione.

"La lotta di classe che c'è oggi," intervenne un giovane di colore, membro del coordinamento liceale, "riguarda se mai le classi povere che cercano di farsi valere, ed è vero che le classi povere sono spesso composte da immigrati, inutile nasconderselo, ma, come dire? è altrettanto inutile negare che le classi agiate sono spesso composte da bianchi, ecco. Ed è per questo che quando c'è un conflitto, be', si pensa subito alla guerra razziale, e be', insomma, è un danno grave. Si parla di comunitarismo ma ho piuttosto l'impressione che si stia preparando una battaglia campale, più che altro. Ci vogliono meno disuguaglianze sociali per evitare questo genere di cose."

"Anche se è un concetto non molto popolare in questo periodo di sarkozysmo," incalzò Annick, "occorrerà ripeterlo finché non sarà entrato bene in testa alla gente: questi ragazzi non diventano *casseurs* per il loro piacere, ma perché sono a loro volta vittime di una terribile violenza sociale, relegati dal punto di vista scolastico nelle trafile senza sbocchi che non sono certo una loro scelta, discriminati sia quando cercano un lavoro sia quando cercano un alloggio, vittime del tradizionale razzismo della società francese. Rimediare a tutte queste ingiustizie è il solo mezzo per ristabilire una convivenza civile."

"C'è una contraddizione in termini che prova l'inesistenza totale di una cultura politica in questo paese! Durante le manifestazioni, quando abbiamo cominciato a vedere la teppaglia saccheggiare i negozi prima di disperdersi, per rifornirsi di Nike e Nokia, abbiamo parlato di *casseurs*. Ma i *casseurs* sono un'altra cosa."

Sébastien martellava quelle brutali sfumature semantiche con una voce astiosa mista a una sfrontatezza da monello parigino, una miscela che costituiva un cocktail piccante ma non sgradevole.

"Il *casseur* è una specie di gaucho anarchico che rifiuta il negoziato e il compromesso con lo stato e attacca le forze dell'ordine come braccio armato del capitale. Non svaligia le boutique e in nessun caso prende di mira i manifestanti. Il suo bersaglio rimane il potere."

"Se non sono né *casseurs* né lumpenproletariato, allora cosa sono?" chiese ingenuamente Cécile.

"Sono il nostro futuro!" rispose Sébastien. "Avete voluto la Francia multiculturale, ora l'avete!"

Una levata di scudi indescrivibile seguì quella dichiarazione.

"Che rapporto c'è?!" urlò qualcuno.

"Discorsi del genere sono uno scandalo!"

Quello scompiglio mi fece accapponare la pelle.

"Non perdiamo il filo," intervenni io con fermezza, cercando di riportare il dibattito sul giusto binario. "Noi siamo qui per una ragione precisa, e questa ragione preliminare, a monte di tutto, è la mancanza di misure di sicurezza nel corso della manifestazione."

A poco a poco il baccano si attenuò.

"Il PS ha chiesto una commissione d'inchiesta parlamentare," ricordò Nathalie.

"Questo è vero: per-perché i *casseurs* erano così numerosi? Per-perché hanno agito in totale impunità?"

"Cosa credi?" gridò Sébastien, del tutto indifferente alla palese timidezza di quella donna. "Anche in periferia sono numerosi, e agiscono in totale impunità! Io abito a La Courneuve e posso dirvi che sono davvero schifosi quei tizi che stazionano con fare arrogante in compagnia dei loro pitbull senza museruola, fino alle 3 del mattino, tenendo a volume altissimo la musica trasmessa dai loro BM."

La donna con gli stivali tornò alla carica:

"Ciò non toglie che io veda continuamente ragazzi picchiati da gruppi di aggressori sotto gli occhi dei poliziotti che non alzano un dito, e allora la domanda che mi viene in mente è: a chi fa gioco la violenza? E se fosse una strategia montata dal governo, il quale avrebbe deliberatamente scelto di non intervenire allo scopo di spaccare il movimento dei liceali lasciando il lavoro sporco ai ragazzi di periferia? L'eccezione di inammissibilità dei parlamentari UMP circa la commissione d'inchiesta non fa che avvalorare questa ipotesi...".

"In ogni coso, questa strotegia ha pogato, poiché gli incidenti della monifestazione precedente, quella del 15 febbraio, hanno scoraggioto un bel po' di studenti."

"Perché c'è stato un blackout nella stampa riguardo ai primi incidenti?" chiese Nathalie.

In effetti non avevo sentito parlare di individui violenti nel corso dei precedenti cortei pacifici, altrimenti non avrei mai autorizzato Julien a scendere in strada con i compagni.

"Io avevo letto dei resoconti circostanziati in certi giornali," precisò Annick. "Ma in febbraio non è stata la stessa cosa, hanno attaccato solo le automobili e i poliziotti."

"Invece è stata proprio la stessa cosa!" la contraddisse brutalmente Manu. "Se la sono presa anche con i manifestanti. Ascolta, ho sempre militato a sinistra, ho fatto il Maggio '68. E ti dico che Raffarin non è affatto contento di vedere i *casseurs* disperdere i manifestanti al posto dei poliziotti... In qualche modo ci sta che gli scioperanti e la polizia giochino al gatto e al topo. Solo che qui non si tratta di una manipolazione della polizia. Magari! Qui il caso è più grave. Non assomiglia a niente di quello che ho conosciuto finora. Posso assicurarvi che i tizi che ho visto in mezzo al corteo erano veramente incazzati, avevano dentro una rabbia che nessuno può arrivare ad avere, né gli studenti anti-Fillon né i sindacalisti di vecchia data, e nemmeno i più radicali come me."

"Allora basta vaccinarli, se hanno la rabbia!"

"Se ne fottono completamente di ogni forma di lotta sociale," proseguì Manu senza lasciarsi distrarre dalla battuta di Sébastien. "A stimolarli sono l'ultraviolenza gratuita e il business, una miscela esplosiva, hi-tech e arcaica al tempo stesso. Penso che i *boloss*, come li chiamano, un termine che nessuno di noi può definire con esattezza, disprezzino a fondo i manifestanti. Come si riconosce un *boloss*? Come provare che non si è un *boloss* se nessuno sa cos'è? È ancora un essere umano un *boloss*, o è già a uno stadio inferiore? Prova o no dolore, un *boloss*, quando lo pestano?"

"Mi fate ridere con i vostri gran discorsi," protestò un certo Malik. "Non potete capire quello che passa per la testa di un ragazzo di periferia che per tutta la settimana se la dà a gambe davanti alle provocazioni dei poliziotti, che si comportano come teppisti di strada invece di tenere calmo il gioco. E poi c'è anche l'effetto di gruppo. L'una cosa s'incastra con l'altra. Quando li prendi uno alla volta, quei ragazzi lì sanno anche essere gentili."

"Io sono un'operatrice sociale e vedo un numero sempre più alto di adolescenti che godono un sacco a picchiarsi collettivamente."

"Molto bene, e il tuo nome?" chiese Manu, visibilmente esasperato dalle ripetute infrazioni delle regole stabilite.

"Émilie."

"La ma-maanifestazione diventa Di-disneyland, un gigantesco campo di gioco per acca-acca-accapigliarsi!"

"Sì, salvo che sono sempre gli stessi a darle e sempre gli stessi a prenderle! Credetemi, l'8 marzo c'è stato un terrore di massa, più *Arancia meccanica* che Disneyland!" corresse Manu.

"Lo vedo ogni giorno che la violenza giovanile aumenta," assicurò Émilie. "All'interno dei gruppi e contro le istituzioni."

Pierre chiese la parola. Manu accolse la sua richiesta.

"*Arancia meccanica* ha raggiunto Disneyland, giusto per riprendere le vostre citazioni. La percepiamo assai bene questa euforia giovanile quando la vediamo in televisione, del resto gli aggressori non ne fanno mistero, quando commentano i loro pestaggi. E poi siamo obiettivi, ammettiamo che non sono i soli a prendere la strada per un campo da gioco: alcuni, il venerdì sera, bloccano il traffico per attraversare Parigi sui pattini a rotelle, altri si sparano con le pistole ad acqua, altri ancora organizzano battaglie di cuscini a Notre-Dame, le madri si vestono come le figlie e i figli gelosi si divertono a fare a botte con altri come loro per procurarsi un po' di spiccioli... È normale."

La porta del bar cigolò e un Lionel Ruszczyk pieno di imbarazzo fece capolino attraverso lo spiraglio. Esitava a varcare la soglia ma Pierre lo afferrò per la manica senza tanti complimenti e lo spinse in mezzo alla sala. Il caprone indossava un pigiama giallo con degli orsacchiotti ricamati, e appariva così grottesco da suscitare immediatamente risate di scherno, alle quali fecero seguito insulti e schiamazzi. In men che non si dica l'uditorio si coalizzò contro quel rifiuto umano, rimproverandogli con sarcasmo la sua catastrofica immaturità, la sua calamitosa irresponsabilità. I fumatori gli lanciarono addosso i loro mozziconi, ai quali fecero seguito bottiglie e bicchieri, che Ruszczyk all'inizio schivò agevolmente, finché i proiettili gli piovvero addosso così fitti che uno di essi lo ferì seriamente alla fronte, provocandogli una copiosa emorragia.

"Per tornare a quanto diceva Émilie," aggiunse Pierre, interrompendo dolorosamente la mia estasi allucinatoria, "allo scopo di trovare una via d'uscita dai ben noti incubi in tema di insicurezza, come si sente dire da più parti, ho studiato il rapporto dell'Observatoire National de la Délinquance."

"Sì, sì, anche l'Observatoire Natio..."

"Per favore, MI LASCI FINIRE!" tuonò Pierre protendendo il palmo in direzione dell'importuno. "Io non l'ho interrotta, gradirei che lei facesse lo stesso con me, grazie."

Sébastien morse il freno, inghiottendo amaro.

"Dunque, ho letto l'ultimo rapporto dell'OND e il meno che si possa dire è che la lettura non è propriamente gradevole. Vi si prefigura, infatti, come sarà il mondo di domani se continuiamo con questo andazzo, vale a dire: un grande cortile di ricreazione senza la sorveglianza di un adulto."

Le sue indicazioni, così come il modo in cui le esponeva, denotavano l'uomo colto. Provavo invidia per la sua consumata arte retorica. Non alzava mai la voce, eppure questo suo moderare i toni produceva l'effetto contrario a quello prodotto dagli altri interventi: in principio il suo discorso venne coperto da un chiacchiericcio importuno, poi, a poco a poco, con il procedere dell'intervento, il vocio si attenuò.

"Gli autori del rapporto registrano un'esplosione della violenza a opera di minori, i quali rappresentano un quarto dei soggetti responsabili di violenze sessuali, violenze che in questi ultimi otto anni sono cresciute del 67%. Nello stesso arco di tempo, i casi di minori responsabili di violenze fisiche non delinquenziali, vale a dire, per parlar chiaro, di brutalità gratuite, generalmente motivate dalla frase 'ho perso la testa', sono cresciuti dell'83%. Sommando motivazioni delinquenziali e non, il numero di minori responsabili di violenze nei confronti delle autorità costituite aumenta ugualmente dell'83%. Ora, possiamo pur sempre nasconderci dietro un dito, sottolineare che in termini reali la percentuale corrisponde solo ad alcune migliaia di casi, sostenere che non succede nulla e che Sarkozy manipola le statistiche per creare di nascosto uno stato di polizia: per quanto mi riguarda, nessun problema, non provo alcun tipo di simpatia per quel tipo lì. Solo che, se non siamo in grado di identificare le ragioni di queste esplosioni di violenza per cercare di rimediarvi, non dovremo lamentarci quando la bomba a scoppio ritardato che ci stiamo fabbricando con le nostre mani ci esploderà in faccia!"

Riascoltavo dentro di me le parole dette al telegiornale di *France 2* dalla fotografa ridotta a camminare in calzini sul marciapiede. *Non avevo mai visto persone animate da una simile violenza, è aberrante, aberrante, aberrante...*

"Imputare questi fenomeni di ultraviolenza solo a difficoltà di ordine socioeconomico equivale a cadere in un grave equivoco circa il tipo di individui – deculturati, sradicati, privi di riferimenti simbolici, imbottiti di televisione e di pubblicità, letteralmente schizoidi – prodotto dalle nostre società moderne."

Un bianco aveva accompagnato con ampi gesti affermativi l'impennata di Pierre.

I partecipanti al dibattito si sbirciarono l'un l'altro.

"Grazie per questa brillante esposizione teorica," concluse Manu in tono sprezzante. "Sébastien?"

Con un gesto di diniego, Sébastien rinunciò.

"Be', però in concreto non ci è stato detto come potremmo evitare che i nostri figli si facciano rackettare, la prossima volta che andranno a una manifestazione."

"Racket, racket, di nuovo i paroloni," scherzò Malik. "Quelli si limitano a concorrere a un'equa ridistribuzione delle plusvalenze..."

Manu perse la pazienza:

"Ah sì, concorrono a un'equa ridistribuzione quando spaccano l'arcata sopracciliare di mio figlio?".

Seguì una pausa di silenzio.

"Potremmo sporgere denuncia contro i poliziotti per omissione di soccorso a persona in pericolo?" suggerì Nathalie.

Sébastien scoppiò a ridere.

"Da quando i poliziotti hanno il compito di proteggere i manifestanti?"

"Una cosa è certa," dichiarò Manu, "bisogna fare in modo che i nostri ragazzi possano difendersi durante le prossime manifestazioni. Non possono fare in eterno la parte dei piccioni..."

"Be', se devono equipaggiarsi con l'attrezzatura di un soldato in missione a Bagdad, tanto vale che restino a casa...," fece notare Sébastien con un certo grado di buonsenso.

"La soluzione temporanea sarebbe quella di scendere in strada con loro per proteggerli...," ribatté Manu. "La cosa non mi spaventa per nulla, so difendere la mia famiglia, nessuno mi cammini sui piedi, nessuno tocchi i miei figli."

Personalmente, avrei avuto abbastanza coraggio per proteggere Julien? Avrei saputo battermi, addirittura morire per lui?

Il semplice fatto di pormi quelle domande mi fece sentire una merda. La mia codardia mi disgustava. Nelle circostanze più oscure della storia di Francia come mi sarei comportato? E dire che mio padre aveva combattuto in Algeria...

"Andiamo?"

"Di già?" protestò Cécile.

"C'è troppo fumo, sto soffocando."

"Hai ragione, è davvero insopportabile."

Pagai le consumazioni, mentre Cécile salutava Nathalie.

Una volta sul marciapiede, inspirai profondamente.

"Non vedo l'ora che vietino di fumare nei locali pubblici!"

"Pffu, ho freddo..."

Cécile fece scivolare il braccio sotto il mio per rannicchiarsi contro di me. Sembrava essersi ripresa.

"Era comunque interessante, no? In ogni caso a me ha fatto bene... Era in gamba la sociologa... Già, come si chiamava?"

"Annick."

"Ah sì, ecco, Annick... Magari ha scritto dei libri, devo chiedere il suo cognome a Nathalie."

Tornando all'automobile, ci aspettava un contrattempo ancor più inatteso di una multa infilata nel parabrezza: un deficiente aveva spaccato l'antenna, il cui moncone penzolava dal tetto. Con gesto rabbioso gettai i resti sul sedile posteriore. Avrei perso il mio sabato mattina dal concessionario Peugeot per colpa di un coglione... Ero pentito di avere accompagnato Cécile. A me, contrariamente a Cécile, la riunione non aveva detto proprio niente. Anzi, aveva fatto vacillare le mie rare certezze, in un momento in cui, invece, andavo in cerca di un po' di stabilità. Mi aveva turbato soprattutto il professore di geopolitica.

"Violenze nei confronti delle autorità costituite"...

Quella formula burocratica mi ossessionava. Tra le "autorità costituite", oltre ai poliziotti e ai professori, un bersaglio privilegiato era chiaramente rappresentato dai genitori, e dal padre in primo luogo. In definitiva, cosa ci imputavano quei giovani cretini, per vessarci con tanto accanimento?

Aveva persino parlato di bombe a scoppio ritardato…

Come quel tizio alla radio, per definire i terroristi dell'11 settembre. E poi, *terroristi dell'11 settembre…* Cosa se ne sapeva in fin dei conti? Su Internet molti blogger denunciavano una cortina di omertà al riguardo. La sera prima, mi ero lasciato risucchiare dal web e mi ero dovuto confrontare con teorie quantomeno inquietanti, che battevano in breccia la versione ufficiale… Testimonianze di poliziotti, di pompieri, di giornalisti, tutta gente di cui era impossibile negare la buona fede, che segnalavano esplosioni nelle Torri gemelle. Davvero, con solo poche ore di addestramento, un uomo può assumere il controllo di un Boeing, interrompere tutti i contatti con il suolo, percorrere cinquecento chilometri pilotando *de visu* e centrare il bersaglio? Anzi, non UNO, ma QUATTRO! Contemporaneamente! E l'aviazione americana, con il suo budget stellare, non sarebbe riuscita a intercettare aerei dirottati, mentre l'aveva già fatto con successo più di sessanta volte nel corso dell'anno precedente, e in un lasso di tempo assai breve?

Lo confesso, dopo due ore di navigazione su Internet, mi ero sentito spiazzato, sgomento… Per non parlare della disavventura dell'aereo misterioso lanciato contro il Pentagono, l'orribile impostura cui più nessuno credeva… Mi ero alzato un momento per andare a urinare. A quel punto l'idea di un complotto dell'amministrazione Bush finiva per contraddire la tesi di quell'appassionante lavoro di ricerca, del quale mi sfuggivano autore e titolo, pubblicato da un ex agente segreto americano, che aveva passato al setaccio il profilo di tutti i militanti implicati negli attentati, per ricavarne il ritratto standard... Allora era un'opera di propaganda, un tessuto di menzogne? Bombe a scoppio ritardato, sì, bombe a scoppio ritardato, il tipo della CIA utilizzava quell'espressione per definire gli islamisti che si erano adattati all'*american way of life* con una naturalezza più vera della natura stessa... Avevano impieghi stabili e ben remunerati, bevevano alcolici e non disdegnavano, all'occasione, di farsi uno spinello o di pagarsi qualche ora con una *escort girl*. E non frequentavano certo le moschee, dove pregavano gli imam radicali. Nessun segno particolare, niente. Eppure, il giorno J, nell'istante T, le talpe erano uscite dal loro stato di ibernazione e avevano innescato la catastrofe.

Come individuare gli elementi potenzialmente pericolosi per una società, in condizioni come quelle attuali?

Ognuno di noi, in fin dei conti, può diventare sospetto.

Nonostante i loro sofisticati arsenali nucleari, le democrazie occidentali restavano vulnerabili, incredibilmente vulnerabili...

Non ricordavo più il nome di quel tizio, né il titolo del libro né se fosse stato tradotto in francese, con Google non riuscivo a trovare niente, non sapevo nemmeno più dove avessi ascoltato la sua intervista, su *France Info*, credo... Troppo lontano nel tempo, forse un anno, troppi kiloeuro e troppe ruszczykerie per me, da allora... E dire che Pierre, all'istante, aveva enumerato, *a mente*, i dati dell'OND senza ricorrere al minimo appunto... Di quale eccezionale patrimonio genetico la biologia l'aveva dotato perché disponesse di una memoria così prodigiosa, da autentico elefante? Che ingiustizia, visto che io dimenticavo tutto così in fretta! Forse le prime avvisaglie dell'Alzheimer. Dovevo informarmi presso il dottor Truche circa le modalità di prevenzione della malattia, chiedergli quale tipo di igiene alimentare rallenti il declino progressivo e insidioso delle funzioni cogniti...

"Vedi, sono sempre più convinta che, per affrontare il mondo complesso e problematico che ci attende, e che personalmente trovo sotto molti aspetti spaventoso, i bambini abbiano bisogno di punti di riferimento e di una cellula familiare stabile."

Sorpresa dal mio silenzio, Cécile voltò il viso verso di me.

"Non sei d'accordo?"

Viaggiavo sulla corsia di destra della A13. Il traffico scarso mi autorizzò a staccare la mano dal volante per posarla sulla coscia di Cécile, senza mettere in pericolo la nostra vita.

"Sì, tesoro," sospirai. "Sono d'accordo."

L'indomani a mezzogiorno, appena rientrato da scuola, Julien si liberò del suo zainetto Eastpack in pieno corridoio e si precipitò nella mia camera.

"Allora, com'è andata ieri?"

Richiusi *Les Echos* e riassunsi scrupolosamente il contenuto dell'incontro della sera prima, sicuro delle potenzialità catartiche di quel dibattito.

"Sono tanti i genitori che hanno sporto denuncia?"

Avevo i nervi a pezzi, dopo le due ore che quella mattina avevo sprecato dal carrozziere di Les Mureaux.

"Non so, Julien."

"E voi perché non avete sporto denuncia?"

Più i giorni passavano, più Julien soffriva del fatto di non aver ottenuto giustizia, lo sentivo chiaramente.

"Insomma, tua madre ti ha ripetuto mille volte... Voleva riportarti il più presto possibile a casa, se capitasse di nuovo non ripeterebbe più lo stesso errore. Nella fretta non sempre si prende la decisione giusta."

L'argomento mi imbarazzava, tanto più che non mi era andata

giù che Cécile mi avesse tenuto a distanza, in quel cruciale 8 marzo. Ad ogni modo non lasciavo trasparire nulla della mia amarezza, perché Julien non subodorasse che in quella storia c'era qualcosa che mi divideva da sua madre.

"L'hanno detto che la teppaglia pestava soprattutto i bianchi?"

"Sì, certo, l'hanno ribadito più volte."

SI immobilizzò al centro della camera per un buon minuto, battendo nervosamente il piede. Speravo che smettesse di tormentarmi, ma qualcosa gli pesava talmente sul cuore che non si risolveva ad affrontare l'argomento. Di punto in bianco assunse un'aria da ragazzino ingenuo che chiede al padre spiegazioni sul colore del cielo.

"Papà, quando sei un nero o un arabo hai il diritto di dire che un nero o un arabo è feccia. Quando sei un francese non ne hai il diritto, se no sei un razzista, perché?"

Bene.

Con una discreta ingegnosità strategica era riuscito a trascinarmi su un terreno minato sul quale non avrei mai voluto inoltrarmi. Avrei dovuto disinnescare i suoi esplosivi con il sangue freddo di un artificiere agguerrito.

"Ma anche loro sono francesi, Julien."

"Allora quando sei bianco, se preferisci."

"Julien, non dobbiamo ragionare in termini di colore della pelle, se no scivoliamo nel razzismo. Scientificamente parlando, la nozione di razza non esiste. Apparteniamo tutti alla stessa razza, la razza umana."

"Allora a cosa serve quella parola? In tal caso non resta che cancellarla dal dizionario."

Frequentavo il corso di specializzazione in matematica, nel 1986, al momento della morte di Malik Oussekine, lo studente picchiato da un plotone di poliziotti motorizzati durante le manifestazioni contro la legge Devaquet. Ancora di recente ero passato davanti alla lapide commemorativa della tragedia in Rue Monsieur-le-Prince. Particolarmente scioccato, il professore di francese ci aveva assegnato un'esposizione scritta sul tema del razzismo. Ci avevo lavorato parecchie notti e, dopo quelle mie ricerche, conservavo una nozione molto precisa al riguardo, in particolare sulla vacuità del concetto di razza.

– Hai ragione, potremmo sicuramente cancellarla. Tuttavia mantiene una sua utilità, perché contribuisce a distinguere le differenti specie animali in natura: due specie che possono riprodursi insieme formano una medesima razza. Noi umani ci possiamo riprodurre solo tra noi. Razza significa questo.

"Ma allora perché non smettono mai di parlare di *bled*[37]? Sulle labbra non hanno altro che l'Algeria o il Mali, ce ne sono tantissimi che dicono di non essere francesi. Perché ci chiamano *céfran*[38] se sono francesi anche loro? Perché?"

"Perché mancano d'istruzione, Julien. Forse è una cosa paradossale, ma tu ti fai domande che loro non hanno il lusso di potersi fare..."

"È facile parlare per te, si vede proprio che non senti i loro slogan, nelle manifestazioni. Dicono che vogliono fottere la Francia, scopare le nostre donne, colonizzarci."

"Adesso esageri, Julien."

"Non esagero affatto!"

Mi addolorava riconoscere che il suo odio nei confronti dei picchiatori si trasformava in risentimento nei miei confronti. E poi perché tormentava me invece di sua madre, dal momento che in quella storia io, in senso stretto, non avevo alcuna responsabilità?

"E perché su Meetic chiedono l'origine etnica, se la cosa non ha alcuna importanza, eh?"

37. Termine di origine araba per "villaggio". (*N.d.T.*)

38. Verlan per *français*, vedi nota 17. (*N.d.T.*)

“Ti sei iscritto a Meetic? Ma è vietato ai minori!”

“Non è necessario iscriversi, basta contattare i membri online.”

“Ti proibisco di andare su Meetic, capito?!”

“Proprio l’altro giorno al Centre de Documentation et d’Information ho letto in un articolo che un’équipe americana è riuscita a trapiantare delle cellule madri umane nel cervello di certi feti di scimpanzé, verso la dodicesima settimana di gestazione, per cercare di creare delle scimmie antropoidi. Allora cosa dici?”

“Caspita!”

Il professor Merlot aveva un bel rattristarsi del basso livello scolastico; io, all’età di Julien, non mi documentavo certo su temi così specifici... L’apertura intellettuale di mio figlio me lo fece tornare in mente. Aveva mosso la sua obiezione con un sorriso malevolo e, per giunta, un compiacimento che nasceva in lui dall’idea di sopraffarmi. Di fatto non sapevo cosa rispondergli, la tematica delle razze non mi interessava, per me era un discorso chiuso da vent’anni e non avevo nessuna intenzione di impegolarmi in una diatriba infinita con quel rompiballe.

“Ascolta, Julien, voglio essere chiaro: è razzismo quando si vieta a qualcuno di sedersi in autobus sui sedili anteriori con il semplice pretesto che è un nero. Di razzismo potrebbero parlarti a lungo Rosa Parks o Nelson Mandela. E del razzismo, sì, i bianchi, nella storia dell’umanità, non sono mai stati le vittime.”

La mia messa a punto parve convincerlo, o perlomeno dargli sufficienti motivi di riflessione per non continuare a cercare cavilli. Tuttavia il fatto di trovarsi a corto di argomenti accrebbe la sua aggressività.

“In ogni caso ci difenderemo, non cadremo nel loro gioco, noi sfiliamo per loro e loro ci danno addosso. Anche Priscilla ha detto che per lei era una vergogna vedere che a pestarci erano perlopiù i neri.”

Priscilla era una graziosa ragazza della Guadalupa, compagna di Julien dalla scuola elementare.

"Ci pestano perché abbiamo paura di loro, perché ci prendono per dei fifoni, ecco."

"Si vendicano di voi, è stato messo in evidenza anche ieri sera. Non tutti hanno la tua fortuna, Julien."

Ammiravo il suo naso, tornato splendidamente dritto grazie all'artista del bisturi.

"Non tutti hanno la mia fortuna, dici..."

"Eh sì, Julien, non tutti abitano un bell'appartamento, in un quartiere elegante, circondati dall'affetto dei genitori che li amano, li portano in vacanza e li aiutano a fare i compiti."

Senza contare che al ritorno dai suoi tre giorni di ospedalizzazione, nuovo fiammante, faceva bella mostra sulla sua scrivania un Pentium IV Hewlett Packard da 512 Mb a 2,5 GHz, disco rigido da 80 Go, webcam e connessione wi-fi integrati...

"Credimi, la mondializzazione e il meticciato ci consentiranno di colmare non poche differenze.

Aspettava solo una frase di quel genere per riportarsi in vantaggio.

"Sì, sì, be', d'ora in poi se loro ci picchiano in faccia anche noi li picchieremo in faccia."

Finalmente, pronunciate quelle parole, levò il campo. La porta della sua camera sbatté con violenza.

XVIII

“**Il vostro sistema è esposto a rischi.** Questa versione di Windows non è originale. È possibile che siate vittima di una contraffazione del software. Non potete più scegliere gli aggiornamenti per mantenere il vostro sistema in sicurezza.”

Ero vittima di una contraffazione del software.

Quell’avvertimento, che compariva con regolarità sullo schermo, mi inquietava non poco, anche perché mi risultava alquanto nebuloso.

Non potevo più scegliere gli aggiornamenti per mantenere il mio sistema in sicurezza.

Quale minaccia incombeva esattamente sul mio computer?

Un virus stava per attaccare il mio disco rigido, come un killer silenzioso?

Tutti i miei dossier azzerati; mesi di lavoro annullati. Quanto a Cécile, avrebbe perso le duecentoquattro fotografie che aveva riportato da Arles, e le altre migliaia raccolte nel corso dei nostri precedenti viaggi.

Non avrei mai dovuto accettare che Julien sostituisse la versione XP familiare uscita di serie. Mi aveva vantato a tal punto i meriti di XP Pro, che alla fine mi ero lasciato convincere. Solo che ignoravo avesse installato una versione piratata.

"No, quello che mi mette più in allarme è questa spirale negativa in cui si è cacciato..."

Appoggiata alla finestra della cucina, Cécile stava fumando una sigaretta, il che le capitava di tanto in tanto, quando chiacchierava al telefono con la madre o le amiche. Senza accorgersene, continuava a giocare con la strisciolina in pelle delle sue pantofole, incastrata tra le dita dei piedi. Da quando, grazie alla nostra Livebox, non pagava più le comunicazioni con i telefoni fissi passava ore intere con il ricevitore incollato all'orecchio. In quel momento stava conversando con Agnès Borel.

"Più rimane solo, più è controproducente, e più è controproducente, più rimane solo, capisci? Mentre avrebbe assolutamente bisogno di parlare per uscirne."

Temevo che Julien, dopo le sue dichiarazioni revanscistiche, finisse per deviare verso qualche gruppuscolo di estrema destra.

Ma era un timore infondato.

Stava semplicemente ripiegandosi sempre più su se stesso. Tutto sommato, avrei preferito la sua collera e la sua voglia di venire alle mani all'ermetismo da mollusco dentro il quale ormai si rinchiudeva ogni volta che, con lui, provavamo a oltrepassare lo stadio delle banalità quotidiane.

Ci mordevamo le dita per avergli comprato quel portatile. Appena rientrato da scuola, ingurgitava un piatto unico che svolgeva simultaneamente la funzione di merenda e cena, e sullo slancio si metteva a chattare, attività che a volte si prolungava fino a tarda ora. Da quando, all'incirca da gennaio, quelle sedute tendevano a dilatarsi a dismisura, con un trend proporzionale al trend negativo segnalato dal secondo consiglio di classe, il suo rendimento era di nuovo crollato. E prevedevo un ultimo trimestre disastroso, sanzionato da una bocciatura.

"Inoltre credo che si sia preso una cotta per Clémence Berger.

E ho l'impressione che il suo fiasco sentimentale l'abbia demolito ancor più delle botte ricevute…"

Alla resa dei conti, Cécile stava riperdendo il bandolo della matassa, un po' come me. Qualche giorno prima era passato da Credixis il figlio maggiore di Semeido, per pranzare con "cara Sardina" e dimostrarmi al tempo stesso che non tutti i ragazzi, lungo la difficile traversata dell'adolescenza, pativano l'effetto delle burrasche allo stesso modo di Julien. La serenità del volto di Martin testimoniava chiaramente che i pettegolezzi di Ruszczyk sulle presunte violenze coniugali del mio contabile erano infami calunnie. Julien e Martin vivevano in ambienti socioculturali così vicini che lo scarto tra le loro due personalità mi riempiva di stupore. Quale parte dell'educazione di Julien avevo trascurato? A volte osservavo di nascosto "cara Sardina" per cercare di indovinare quale dono paterno mi fosse stato negato.

A diciotto anni Martin era un ragazzo disinvolto e vivace, dotato della malizia di chi scherza pur restando serio, qualità molto rara in un adulto così giovane. Probabilmente le ragazze gli correvano dietro, ma lui non ne ricavava alcun motivo di vanto perché nemmeno se ne accorgeva – ingenuità che raddoppiava evidentemente il suo fascino: sei mesi prima aveva conquistato la più bella studentessa del suo liceo, passione esclusiva che gli rendeva invisibili le altre giovincelle.

Con l'indice ripiegato, sospeso in aria, esitai un minuto buono prima di bussare al pannello di legno che proteggeva l'inespugnabile antro di mio figlio.

"Mmmh." Dopo essermi finalmente deciso, sentii quella specie di grugnito.

"Julien?"

Era sdraiato sul letto, immobile, gli occhi persi sul soffitto.

"Mmmh?"

"Pensi di apparecchiare la tavola?"

Emerse dall'insondabile fantasticheria in cui si era inabissato con una risposta che mi disorientò:

"In capo a dieci anni, con Heddie, faremo il tutto esaurito all'Olympia, come Kyo."

Poi balzò fuori dal letto come una molla.

Due sere prima mi aveva gratificato con un "Appena divento milionario mi compro una Ferrari 360", per niente attratto dai comuni maggiolini, sempre che ancora esistessero.

Solo che non giocava mai al lotto e nemmeno studiava chitarra o canto... In attesa che ricchezza e gloria si depositassero come per incanto sulla sua augusta persona, quando la madre gli suggeriva una visita da uno psichiatra infantile, Julien muoveva a pretesto il fatto di non essere "un matto". Però aveva accettato di buon grado un appuntamento dal dermatologo, centoquaranta euro per un quarto d'ora. Dopodiché, tutte le mattine, prese a trascorrere almeno venti minuti in bagno per mascherare, a forza di pomate, i brufoli da acne che gli costellavano le guance.

Sulla sua scrivania si notava un preservativo, tra fogli protocollo, penne sparse e opuscoli vari.

"Quello cos'è?"

"Niente!" si accigliò Julien.

"Come 'niente'?"

"Ce li ha dati l'infermiera a scuola."

Sfogliai uno degli opuscoli posati sulla scrivania, una guida dell'anatomia maschile e femminile con i rispettivi corpi stampati in parallelo davanti e dietro. SI intitolava *Les filles. Les garçons*.

"Il tuo pene ti sembra più piccolo di quello degli altri perché lo guardi dall'alto. Ti sembrerà più grande se ti guardi in uno specchio."

In quel preciso momento le esortazioni di Cécile mi suonarono come dei rimproveri: "Dovresti parlare con lui della vita sessuale. Tocca al padre affrontare questo tipo di difficoltà."

Avevo arricciato il naso. Francamente, non possedevo le competenze necessarie per insegnare a Julien come fare a rimorchiare le ragazze. Pur conservando un piacevole ricordo della mia passioncella per una superba tedesca di nome Iris, avevo avuto solo quattro o cinque avventure piuttosto penose prima di conoscere Cécile. E anzi ringraziavo il destino per aver posto sulla mia strada una donna che mi aveva accettato come marito. Se infatti in quegli anni fossi rimasto un single avrei fatto una ben misera figura sul mercato ultraconcorrenziale del sesso, con rivali tanto smaliziati come Lionel Ruszczyk e soci.

E poi Cécile pretendeva da me un comportamento assolutamente contrario alla mia natura. Senza che costituisse realmente un tabù, nella nostra famiglia non avevamo mai affrontato apertamente il tema del sesso. Mio padre aveva sempre lasciato che me la cavassi da solo, e io non avvertivo in lui una particolare forma di reticenza. Per me uno degli stimoli della sessualità consisteva proprio nel fatto che i miei genitori non potessero vantare su di essa alcun diritto di intervento. Da adolescente presidiavo con tenacia il mio "giardino segreto", per usare la locuzione un po' desueta in voga all'epoca. Dopotutto, a che scopo perdersi negli sterili rimpianti di un passato sotto molti aspetti poco brillante?

"Non puoi rimanere eternamente in coda, Pascal, il successo del congedo per paternità è la prova provata che gli uomini investono sempre più tempo nell'educazione dei figli. Quando Manon mi fa delle domande, io le do delle risposte."

"Insomma, Cécile! Manon sta facendo la prima media..."

"E allora? Anche i preadolescenti hanno diritto a un'educazione sessuale. 'Se non ti lavi regolarmente sotto il prepuzio, comparirà una sostanza cremosa bianco-giallastra che emanerà un cattivo odore. Quindi lavati tutti i giorni anche lì!'"

"Be'," tossicchiai imbarazzato, "in quel libretto ci sono un sacco di informazioni geniali..."

Mi ripetei mentalmente le mie parole, incredibilmente stupide. Ma come facevo a mancare ogni volta il bersaglio? *Sempre un bel po' imbambolato, eh, caro Pakal.*

Julien, mentre mi passava accanto, si fermò.

"Cosa ti prende, papà, perché parli così?"

"Perché, come parlo?"

"In modo giovane. Che pena i vecchi che cercano di parlare giovane."

"Grazie per 'i vecchi', è delicato da parte tua..."

"Be', prendi sempre tutto male, è un modo di dire..."

Osservai il caos circostante.

"Un giorno o l'altro ti toccherà mettere in ordine la camera..."

"MMMMH."

"Saranno almeno tre mesi che non passi l'aspirapolvere, no?"

"Non so..." ammise mentre lasciava la stanza.

Dopo cena, venne il mio turno per l'utilizzo del forfait illimitato di Wanadoo. Staccai il cordless dalla sua base e mi chiusi in camera, pronto ad affrontare una conversazione noiosa. Mio padre mi sollecitava spudoratamente a scovare al posto suo, su Internet, qualsiasi tipo di informazione; proprio la stessa Internet che in casa sua si rifiutava di installare per paura di contrarre una sorta di dipendenza dalle nuove tecnologie. Così, mentre io sprecavo ore preziose navigando sulla rete, lui perfezionava il suo swing sul *green* del Provence Country Club o si involava con mia madre verso qualche destinazione paradisiaca. Dopo un soggiorno a Cuba nel mese di gennaio, erano appena tornati da un trekking in Corsica e presto sarebbero partiti per l'Islanda, che volevano scoprire prima che lo scioglimento dei ghiacci snaturasse definitivamente l'identità di quel paese così particolare.

"Ciao, papà, sono io..."

"Salve, come va?"

"Bene, bene... Vi ho svegliato?"

"Neanche per sogno, sono appena le dieci meno un quarto..."

Consultai il mio promemoria.

"Be', il costruttore non ti ha mentito, sai... Dal primo gennaio 2004 le piscine private costruite *ex novo*, a uso individuale o collettivo, devono essere assolutamente dotate di un dispositivo di sicurezza a norma."

Mio padre accusò il colpo.

"Ci rompono le palle, eh... Ci rompono le palle, con le loro leggi del cazzo!"

Assaporai la sua irritazione, che comunque trovai leggermente inferiore a quella che mi ero figurato navigando su Internet per pescare le informazioni che mi aveva chiesto.

"Al termine, dovranno essere adeguate anche le piscine costruite prima del varo della nuova legge, lo impone il buonsenso."

"Buonsenso dei miei coglioni! È tutta una faccenda di soldi, per far girare il commercio. Devono costare un sacco delle installazioni del genere!"

"Papà, non protestare sempre *a priori*... Credimi, l'ultima inchiesta 'Noyade' pubblicata dal Ministero della Salute fa venire i brividi alla schiena. Nel 2003, hanno ripescato dall'acqua 435 cadaveri, di cui 52 solo nelle piscine private. Tra i bambini l'annegamento è la seconda causa di decesso accidentale... Si può ormai parlare di ecatombe."

"Oh, Pascal, ecatombe! Esageri sempre..."

Il menefreghismo di mio padre rispetto ai pericoli della vita quotidiana mi stupiva solo a metà. Venuto al mondo prima del secondo conflitto mondiale, era cresciuto in un'epoca in cui non si attribuiva alla vita umana la stessa importanza di oggi.

"No, non esagero. Semplicemente non ci tengo affatto che Manon muoia annegata dopo essere scivolata in una piscina..."

"Spero almeno che verrete a farci visita più spesso..." replicò malignamente mio padre.

"Ascolta, papà, non ti abbiamo chiesto niente. Se trovi che sia troppo cara, non costruirla, la piscina..."

"Sei odioso, Pascal. Letteralmente odioso!"

"E tu hai un modo curioso di ringraziarmi... Quand'è che comprate un computer?"

"Ci penserò, ci penserò. Me ne occuperò dopo la piscina."

Ero certo, invece, che avrebbe rifiutato quell'investimento *ad vitam æternam*. Avrei colto il pretesto del prossimo Natale per regalare un pc anche a lui.

"Ho scopato Fatou, ieri sera. È una guineana."

Aveva rispettato la sua tattica abituale: aspettava un po' prima di scendere a pranzo. Una volta a mensa, se per disgrazia nessuna donna si trovava a portata d'orecchio, si sedeva di fianco a me.

"Dovrai fare più attenzione agli spettacoli di Michel Leeb," obiettò Luc. "Forse ti stai riferendo alle Antille, non alla Guinea."

"Hai ragione, capo, hai ragione! Dov'è la Guinea?"

"Dipende da quale Guinea intendi. Ce ne sono tre di Guinee: Conakry, Bissau o Equatoriale."

Lionel schioccò la lingua, irritato.

“Sai cosa, Luc? Mai nella mia vita giocherò al *Trivial Pursuit* con te. Dev’essere troppo snervante perdere tutto quel tempo.”

Continuò, malgrado la copiosa forchettata di paella che stava per ingurgitare:

“Fatou è di Conakry. Ero deluso, speravo che avrei fatto qualche progresso in geografia, ma quando le ho chiesto dov’era il suo paese, non ci ha messo niente a collegarmelo con il Senegal! Io, in Africa, conosco solo Toubab Diallo”.

Finalmente deglutì.

“In ogni caso la Guinea è in riva al mare, di questo Fatou è assolutamente sicura. Ventitré anni. In Francia da undici. L’ho pescata sulla metropolitana. Mi sbirciava nervosa mentre si truccava e, colpo di fortuna, scende alla mia stessa fermata, Palais-Royal, la seguo e in cima alle scale le chiedo se le va di bere un caffè. La poveretta, superstressata, andava a fare un provino in un locale di striptease poco lontano. Mi dà il suo numero, supplicandomi di chiamarla prima delle 19, ora in cui il suo ganzo rientra dal lavoro.”

“*Giam-mai* oserei abbordare una donna in metropolitana,” dichiarò Zacharias, che seguiva attentamente la conversazione.

“Eh be’, hai torto, ragazzo mio, hai torto. Non hai niente da perdere ed è compreso nel prezzo del biglietto! Tre giorni dopo ci siamo dati appuntamento all’Odéon. E quando è spuntata Fatou ho avuto uno choc, avevo dimenticato che fica fosse. La porto al Relais Saint-Germain, nel piccolo boudoir esclusivo, roba che in genere le fa cedere all’istante. Be’, ordino due coppe di vino, accendo il mio avana e nel giro di un quarto d’ora la padrona scende la scale tutta incazzata: ‘Scusi, signore, i clienti si lamentano, la prego di spegnere il sigaro.’ Americani, evidentemente. Non possono restarsene nel loro paese, quegli stronzi? Merda, non gli basta invadere Bagdad? Si preoccupano forse di sapere se i bombardamenti a tappeto fanno bene alla salute degli iracheni? Quell'altro bestione di Colin Powell ci ha messo davanti agli occhi un po' di terra rossa del Roland Garros chiusa in un tubetto per farci credere al pericolo Bin Laden, quando in realtà volevano solo controllare i pozzi di petrolio. Possono andare in l'Irlanda, se non sono contenti: lì hanno appena approvato il divieto di fumare nei luoghi pubblici..."

"Personalmente, trovo normale non essere costretti a inalare il fumo degli altri. Venerdì sera mi trovavo in un bar e si respirava un'aria pestilenziale, quando sono uscito ero ai limiti dell'asfissia!"

Ruszczyk appoggiò teatralmente i pugni sui fianchi.

"Guarda, guarda, guarda... C'è il rischio di prendere delle brutte abitudini frequentando posti equivoci, caro Pakal. Il nostro amico, a quanto pare, sta conducendo una doppia vita..."

Quella mania di voltare sempre in ridicolo ogni mia più piccola osservazione... Che farabutto!

"Se le persone vogliono farsi venire il cancro, libere di farlo, ma non lo impongano agli altri. Tu saresti il primo a lamentarti se qualcuno ti soffiasse il fumo nei polmoni, qui a Credixis. Dovrai stare attento: l'ora dell'ultima sigaretta si avvicina."

20 minutes aveva pubblicato un articolo con quel titolo, la settimana prima. Quella formula, sotto il suo velo di humour, veicolava un messaggio più profondo di quanto non sembrasse, riportandoci alle ore buie delle esecuzioni capitali, quando i condannati lividi e tremanti consumavano all'alba il loro ultimo mozzicone, come Serge Reggiani nell'indimenticabile *Casco d'oro*... Con uno sforzo ingrato e paziente, noi cittadini francesi eravamo riusciti a eliminare dal codice penale la barbarie della pena di morte, eppure saremmo passati ben presto dall'ultima sigaretta prima di morire all'ultima sigaretta prima di vivere.

"Oh, caro Pakal, hai letto *20 minutes* la settimana scorsa, eh?

Mi sento andare in bestia quando salgo su un convoglio della metropolitana e vedo tutti quei cloni intenti a leggere lo stesso giornaletto gratuito. Come vuoi che, dopo, non pensino tutti la stessa cosa?"

"Lo riconosco, a volte si ha quasi l'impressione di stare dentro il romanzo di Orwell."

"Oh, no, no, Luc, è una vera disgrazia che tu non riesca a trattenerti dall'intellettualizzare tutto, merda... Ad ogni modo, a me non frega niente del divieto di fumare, chi è stato a imbarcarsi in una discussione idiota come questa? Sei stato tu come al solito, caro Pakal?"

"Ma nient'affatto, sei stato tu!"

"Ah sì, è vero, sono stato io!"

Fece un rumore sospetto con le mani.

"In sostanza, con Fatou ci siamo trasferiti al Palais-Royal e ci siamo seduti al caldo ai tavolini del Nemours, davanti alla stazione della metropolitana, decorata con palle multicolori come un abete di Natale. Chiacchieriamo piacevolmente del suo paese, della sua famiglia, degli usi e costumi, di tutto insomma, e dopo un momento lei fa: 'A Parigi, quando arriva l'inverno, invece di dormire all'aperto, i miei zii cercano in tutti i modi di andare in prigione.' 'Possibile?' 'Sì sì, così stanno al caldo, con vitto e alloggio assicurati, invece di vivere di espedienti per strada.' Quando le dico che a mio parere quella è una leggenda metropolitana messa in giro dai razzisti, lei insiste: 'È assolutamente vero.' Poi aggiunge: 'In Guinea ci sono delle case di riposo. Da noi i vecchi ricevono molte attenzioni. In Francia la solidarietà tra le persone è scomparsa, in Guinea invece rimane al primissimo posto. Praticamente non esistono suicidi'."

Quelle parole mi colpirono, tanto erano in sintonia con quelle pronunciate da David Borel la sera di San Silvestro.

"Fatou prosegue: 'Le mogli si accapigliano meno con i mariti perché c'è più spazio, le persone stanno tutto il tempo fuori, qui voi vivete troppo gli uni addosso agli altri'. Be', non è che la sociologia dell'Africa non mi interessi, ma solo quando la lezione non dura più di cinque minuti, così comincio ad accarezzarle il culo, finché dopo qualche istante se ne esce con quest'altra tiritera: 'In Guinea quasi tutte le ragazze sono bisessuali. Sì, ci sono anche i froci, ma se ne stanno ben nascosti; a me quei tipi che nel Marais si sbaciucchiano in mezzo alla strada fanno francamente schifo'. Poco dopo Fatou riprende: 'Voglio smettere di vedere mia madre'. 'Perché?' le chiedo. 'È una decisione orribile!' 'Sì, lo so, però mi rompe troppo, ogni volta che la vedo mi domanda quando mi sposo, ogni volta, ogni volta, non ne posso più. Inoltre vuole che sposi un guineano, ma non uno qualsiasi, un Malinké come noi. «Se mi porti qui un miserabile Fulbe[39] non sei più mia figlia!» mi ripete tutto il tempo'. A quel punto Fatou fa una pausa, poi continua: 'In ogni caso preferisco i bianchi, io non vado mai a letto con i black, non li trovo per niente belli e in più non sanno fare conversazione'. Se quello non era un invito, ditemi voi... 'Appena posso scappo da Parigi,' inizia a recriminare... 'Non c'è più futuro in questo sporco *bled*, ci sono troppi neri e troppi arabi.' Il sogno di Fatou è evidentemente quello di abitare in una capanna in mezzo alle vacche, in Normandia. Poi aggiunge, con qualche esitazione: 'Con il mio amico a volte pensiamo di fare dello scambismo'. Le faccio, conciliante: 'Il tuo amico è un maniaco, vero?'. Lei non risponde, guarda per un po' davanti a sé, con l'aria pensosa, aspira con la cannuccia alcuni centilitri di Coca Cola coi suoi labbroni da succhiacazzi e a quel punto se ne esce con..."

Mandò giù il pezzo di pane con il quale aveva ripulito il piatto.

"Se ne esce con questa frase: 'No, la maniaca sono io, penso al

39. Etnia del Mali e dell'Alto Niger (*N.d.T.*).

sesso tutto il tempo, la cosa comincia seriamente a preoccuparmi'."

Lanciai un'occhiata a Luc e Zacharias. L'avventura con la giovane guineana li appassionava entrambi. In ultima analisi, da dove Lionel Ruszczyk, nipote di un minatore polacco, figlio di un maestro della Repubblica, originario di Orchies, capoluogo di circoscrizione approssimativamente situato nel buco del culo della Francia, come testimoniava il nome disdicevole che evocava irresistibilmente la defecazione, da dove Lionel Ruszczyk traeva un carisma tale da catturare l'attenzione dei suoi interlocutori? Da dove, in sostanza, attingeva quella capacità di *vincere*?

"Ollallà," sentendo quell'affermazione, la mia lingua ha fatto corto circuito con il mio cervello. "E credete che si sia fermata lì? No, no, prende il suo iPod e mi mostra delle foto in guêpière, io non ne potevo più, le poso la mano sul ginocchio, lei lascia fare, la faccio risalire lungo le cosce e a quel punto lei mi fulmina con un'occhiata vendicativa. 'Adesso sto per tradire il mio ragazzo,' mi fa. Nella mia testa pensavo: 'È proprio così, Fatou, è proprio così! E se vedessi com'è ora il mio arnese tipo cannolo da pasticceria che mi si sta ingrossando nelle mutande capiresti che siamo appena all'inizio!' Ma non so più cosa le ho risposto. 'Ascolta parlare il tuo corpo', credo, o comunque una cazzata del genere."

Inghiottì l'ultimo boccone della sua pera Belle-Hélène.

"Sono davvero delle puttane queste black. Ti lavorano il cazzo come se la fica gli prudesse da matti, capite cosa voglio dire? No, no, nessuna angoscia di castrazione, a volte hai l'impressione che non vogliano più dartelo indietro, il cazzo. E il peggio è che più sono nere più sono puttane. Si adattano alle temperature: si riscaldano man mano che si avvicinano ai tropici."

"Ebbene, caro Lionel, la prossima volta che incontrerò Bruno Mégret, non mancherò di sottoporgli questi cliché razzisti per chiedergli cosa ne pensa."

"Oooh be', caro Pakal, mi dài un dispiacere se mi fai accuse simili. Il giorno prima avevo scopato Danielle l'ivoriana, che è molto più chiara di pelle, e ti assicuro che me lo ha lavorato molto meno, il cazzo. Ho potuto fare il confronto tra le due ragazze a ventiquattro ore di distanza, anche se è soltanto la conclusione empirica di un'indagine sul campo, perciò vale quello che vale."

"La tua tesi è una completa stupidaggine, visto che la Guinea è a nord-ovest della Costa d'Avorio," sostenne Luc.

"È vero? Cavolo, per una volta che ero sicuro di avere elaborato una teoria non troppo balzana... Quanto a cazzate, non sono proprio secondo a nessuno! A volte, quando la sera a casa mia ci penso, mi prende come un senso di vergogna."

"In un primo tempo, credevo che con l'ivoriana fossi andato in bianco."

Quell'osservazione mi era proprio sfuggita.

"Aaah, il caro Pakal non fa mancare il suo interesse. Be', vedi, mi fa proprio piacere, perché è davvero la prova che non siamo più ai ferri corti. No, Danielle l'ivoriana mi ha richiamato. Be', mi sono fatto un po' pregare, per punirla, ma alla fine ha ceduto. Ha democraticamente ricevuto la sua brava dose di sperma anche lei. Non bisogna essere troppo rigidi nelle proprie convinzioni, anzi, il segreto è sapersi adattare alle nuove circostanze. E il risultato, ragazzi, è che si dorme quattro ore in due notti!" pontificò Lionel stiracchiandosi.

Consultò il suo Piaget.

"Be', non posso perdere tempo, bisogna che torni a fottere i miei poveri americani."

A quella brusca interruzione, mi parve di percepire in Luc e Zacharias una certa frustrazione.

XIX

Cécile, acciambellata sul letto, stava sfogliando l'ultimo *Marie Claire* e io la stavo spiando, per cercare di carpire qualche indizio sul suo viso apparentemente sereno.

"PERVERSE O LIBERATE? Coppie che giocano a farsi del male durante l'amore."

Quella donna, la mia, che leggeva passandosi macchinalmente la mano nei capelli, quella moglie alla quale mi univa un giuramento di fedeltà prestato davanti al sindaco, quella donna mi aveva già tradito?

Aveva offerto il proprio corpo a un uomo diverso da me? Aveva ceduto alle avances di quei playboy che giocano a beach volley, con il torso muscoloso lucido di sudore, facendosi beffe del tranquillo padre di famiglia prossimo alla quarantina, con il ventre appesantito e, lungo i fianchi, le maniglie dell'amore trasformate in un indecoroso salvagente?

La sua pelle era rabbrividita sotto le esperte carezze di altre mani, le punte dei seni si erano indurite sotto gli avidi leccamenti di un efebo dai capelli lunghi, che, folle di desiderio, lei aveva attirato a sé con decisione aprendogli le cosce e sussurrandogli all'orecchio: "Prendimi con violenza", ardente di piacere nel sentire il gladio infuocato impalare la sua guaina umida? Aveva ripetuto, estenuata dall'estasi dopo il coito animale, gli stessi gesti d'affetto che ripeteva con me? Dalle loro lenzuola illegittime esalava quel medesimo odore di stupro che esalava dalle nostre, quando, all'inizio della nostra unione, certe domeniche piovose di novembre stavamo rintanati tutto il giorno sotto il piumone, nel minuscolo appartamento che i genitori le avevano affittato in Rue Vercingétorix?

Mi si riempirono gli occhi di lacrime e mi diressi in bagno per sfogare di nascosto il mio dolore, con il deretano piazzato sul sedile Villeroy & Boch.

Oh, conoscevo perfettamente i sordidi canoni del tradimento tradizionale secondo i quali si era svolto il dramma: all'inizio un bicchiere in un lounge bar, seguito, tre giorni dopo, in una garçonnière di Saint-Germain-des-Prés, dall'inevitabile cena a lume di candela nascosta al marito importuno sotto il velo di un'odiosa menzogna... Poi, al dessert, il primo bacio, dopo, il "pop" della bottiglia di champagne, e, a seguire, il gesto del seduttore che conduce per mano l'illecita conquista verso la camera da letto, avvolta da tali effetti di chiaroscuro da ingelosire un Georges de La Tour. Infine, sul giaciglio impuro, il corpo a corpo selvaggio degli amanti stravolti che, gonfi di libidine, si strappano reciprocamente i vestiti per scatenare la sovrumana eppur tanto tenera battaglia dei corpi.

Indimenticabile vaudeville, sinistramente ripetuto...

All'improvviso, simile allo scoppio di una granata che falcia l'eroico soldato durante l'assalto, un nome mi trapassò il petto.

Miguel!

Affondai la testa nell'incavo delle mani, le mie lacrime si moltiplicarono.

"*No vale la pena, no vale la pena, enamorarse...*"

Miguel, il prof. di salsa!

"*No vale la pena, no vale la pena, enamorarse...*"

Ora capivo meglio come mai le stagiste dell'impomatato bellimbusto si dimenassero al suono di quella solfa cubana, gli ultimi giorni di giugno, in occasione del saggio di fine anno.

Torturato dall'angoscia, non potei trattenere un gemito da maschio ferito.

All'ultimo momento, mentre già stava allargando le cosce, la moglie adultera, pur con gli occhi stravolti, aveva mantenuto sufficiente sangue freddo per frugare a tastoni nel cassetto del comodino del Nureyev colombiano, strappare rabbiosamente la confezione a colpi di incisivi e, con mano resa febbrile dalla voluttà, infilare sulla verga eretta di lui il preservativo che, qualora il modello vantasse lo spessore e le dimensioni richieste per non scoppiare sotto i colpi taurini del latin lover, avrebbe forse salvato la vita di Pascal Ébodoire?

Era tale la mia paura di conoscere l'ampiezza del lavoro di scavo condotto sul mio organismo dai killer silenziosi, che avevo rimandato alle calende greche le analisi del sangue. Quindici giorni prima, però, allarmato da una persistente oppressione al petto, tendente a estendersi verso la spalla e il braccio sinistro, avevo telefonato a Truche e preso a pretesto uno stato di affaticamento cronico per sollecitare una serie di test ematologici. Il dottore aveva aderito di buon grado alla mia richiesta ma, senza alcuna spiegazione, aveva aggiunto sul foglio di richiesta le tre lettere maledette: HIV.

Truche era il nostro medico di famiglia. Più mi interrogavo nell'intimo sulle sue motivazioni, più la spiegazione diveniva naturale: Cécile, consumata dai rimorsi dopo aver soddisfatto la propria compulsione carnale, si era confidata con il medico curante pur di alleggerirsi il piccolo, oh quanto piccolo, peso che aveva sulla coscienza, una coscienza da *zoccola irresponsabile*!

Quella mattina, a digiuno, mi recai al laboratorio, dove una cinquantenne elegante affondò un ago nella vena del mio braccio destro e riempì di sangue quattro flaconcini. L'esito era previsto per il giorno successivo. E il giorno successivo, uscendo dalla metropolitana, mi sarei recato direttamente dal dottor Truche, per ascoltare, verosimilmente, la formula della mia sentenza di morte.

Oh, perché Cécile, perché?

È vero, negli ultimi tempi non ho sempre adempiuto il dovere coniugale con l'energia e la regolarità che una moglie ha il diritto di aspettarsi! Tuttavia, quale grave mancanza ho mai commesso, tale da comportare la pena capitale?

Annientato, caddi a corpo morto sulle piastrelle e mi raggomitolai in posizione fetale, con gli occhi al livello del WC Canard.

Oh, pietà, Cécile, pietà, pensa ai nostri figli, credi che meritino di vedere il padre sottoposto a un'aleatoria e impellente triterapia? Mi tornava alla memoria il volto smunto di quel malato terminale di AIDS, che, assistito dalla famiglia, era stato fotografato dal sovversivo Oliviero Toscani, infaticabile nella sua battaglia contro la sofferenza umana, e che compariva sui manifesti pubblicitari Benetton, i quali, in più occasioni, mi avevano spinto ad acquistare presso i negozi con quel marchio certi maglioni a collo alto, consigliabili, a mio parere, per uno dei migliori rapporti qualità/prezzo reperibili sul mercato.

Oh no, Cécile, no!

Mentre stavo per gridare tutto il mio dolore, l'eco delle parole umoristicamente bizzarre di un ritornello assai popolare durante la mia lontana giovinezza – quando certi contestatori cantavano le lodi del "plastique phantastique" e del "caoutchouc superdoux"[40] – versò qualche goccia balsamica sulla mia anima piagata.

Cécile e io avevano la stessa età, pur con qualche mese di differenza. Anche lei, verosimilmente, aveva ballato al canto di quel ritornello nelle festicciole tra studenti... Che mia moglie se ne fosse ricordata, nonostante la vorticosa ebbrezza dei sensi?

"A tavola!"

Strappandomi dal torpore, mi rialzai, mi soffiai il naso e mi asciugai gli occhi per ricomporre un viso quantomeno presentabile. Tirai lo sciacquone, feci scattare la serratura della porta. Nel corridoio, sbattei in pieno contro la cagna lubrica, che mi lanciò un'occhiata strana.

"Be', cosa ti succede, hai gli occhi tutti rossi!"

"Ah sì?"

"Sì, te lo assicuro!"

"È il computer, credo."

"Non avrai bisogno di occhiali antistress? Dovresti consultare un oculista. Parlane almeno a Truche, lo vedi domani, no?"

Che aplomb!

Che disinvoltura disarmante!

Come sanno manovrare abilmente, le donne...

"Sì, hai ragione, sarà il caso che..."

In realtà dentro di me non ce l'avevo con mia moglie per quella sua scappatella. Dopotutto, se lei aveva scoperto, sotto gli impetuosi assalti di Miguel, orgasmi fenomenali in grado di

40. Il ritornello *Le plastique fantastique / Le caoutchouc superdoux / Nous l'affirmons sans complexe / Nous sommes adeptes du latex* fa parte della canzone *Le plastique fantastique* degli Elmer Food Beat (1988), gruppo rock francese noto per i testi umoristici e licenziosi. La canzone, con il suo specifico richiamo all'uso del preservativo, venne utilizzata in seguito dal Ministero della Salute nel quadro di una campagna di prevenzione contro l'AIDS. (*N.d.T.*)

distrarla dalla routine di Le Pecq, tanto meglio per lei... *Bisogna pur che il corpo esulti!*[41]

Oh, Cécile, cerca semplicemente di capirmi! Sono ancora abbastanza giovane, e ho vissuto così poco...

Voglio percorrere il vasto mondo, scoprire alla mia maniera Luxor e le meraviglie dell'antica Tebe, ammirare su una spiaggia rocciosa delle Seychelles, dove una natura ancor vergine dà spettacolo di sé, la deposizione delle uova delle tartarughe giganti e il volo maestoso di uccelli dai nomi esotici. Voglio rispondere all'appello del Sahara, bivaccare sulla cresta delle dune per intere notti di sogno sotto il cielo stellato della Tunisia, dopo giornate di cammino in sella a dromedari dall'andatura paziente. Voglio poltrire al sole in Casamance, su una *chaise longue* ai bordi della piscina di un hotel a quattro stelle con pensione completa, punch e buffet a volontà, per poi assaporare l'ospitalità dei Diolas spingendo le mie escursioni fin nei meandri del Bolong, dall'indescrivibile bellezza.

Sì, Cécile, sì!

Se non hai dimenticato il preservativo, io ti perdono, tutto, TUTTO, te lo prometto, cancello con un colpo di spugna uno o anche più adulteri, ma per pietà, tesoro, ascolta il mio grido di dolore, te ne scongiuro, ascolta la mia supplica, perché *io non voglio morire*.

Il tè, ecco la grande passione di Hélène Pellin, il tè.

Una mattina arrivò e, raggiante, ci comunicò di avere appena consegnato la propria lettera di dimissioni sulla scrivania di un Glazer sbalordito. Dopodiché si lasciò cadere sulla sua poltroncina.

41. Nell'originale: *Il faut bien que le corps exulte!*, verso da *La chanson des vieux amants* di Jacques Brel. (*N.d.T.*)

"Ho avuto fortuna, ragazzi, ma una fortuna! Troppo, troppo *bello*!"

Lanciò il capo all'indietro, scoprendo la gola. La trovai sensuale in quella postura rilassata.

"Avete presente quel secondo di pura bellezza in cui fai sentire al tuo superiore che non hai più paura di lui? Tu e lui, di colpo, non giocate più nella stessa categoria! Lui non ha più *alcun potere* su di te, tu ti ritiri dalla scena... Sei *libera*!"

Imprimeva alla poltroncina girevole delle rotazioni di 180° in virtù della rapida spinta dei piedi, puntati contro lo zoccolo della scrivania.

"Finalmente potrò aprire la mia sala da tè, come ho sempre desiderato."

A Semeido, che la stuzzicava ricordandole quanto fosse rischioso il suo progetto, lei replicò arcisicura che non avrebbe pagato contributi sociali grazie ai sussidi per i disoccupati-imprenditori e avrebbe beneficiato di un sostegno finanziario nel quadro del dispositivo EDEN, senza contare che il FGIF incoraggiava le donne a crearsi un lavoro autonomo agevolando loro l'accesso al credito bancario.

"Sono disoccupata, buon Dio! Beneficerò dei trasporti a costo zero, dell'ingresso gratuito nei musei, di riduzioni ovunque! Mi renderò finalmente conto di dove andassero a finire gli importi delle mie tasse!"

Non riuscivo a spiegarmi bene l'invidia che mi stava afferrando mentre la mia futura ex collega esibiva la propria esultanza. Hélène ci aveva annunciato che Glazer l'aveva designata al posto di Flaherty, a Londra, come responsabile di gestione dei crediti obbligazionari ai paesi emergenti, e fin lì capivo la mia invidia, ma, da lì in poi, cosa me ne fregava che lei realizzasse o meno le sue aspirazioni? Non desideravo certo lanciarmi nel commercio del tè, io! Tuttavia, segretamente, speravo che il suo negozio sarebbe andato a rotoli, costringendola a riprendere il suo posto nella finanza a un livello inferiore e meno retribuito, ma la contemplazione troppo prolungata della sua felicità mi scosse internamente. Dopotutto, cosa impediva anche a me di accedere a quell'ampio ventaglio di possibilità, invece di polarizzarmi sul mio Credit Default Swap General Motors e di ruminare indefinitamente su quale sarebbe stata la strategia migliore per rifarmi sul mio fetido persecutore? Scoprivo all'improvviso nella mia coscienza vasti territori inesplorati. Guardavo indietro verso quegli ultimi mesi con una specie di spavento. Quanti giorni felici avevo lasciato scorrere via mentre nuotavo nel mio bicchier d'acqua! Che sbandamenti, in particolare nei miei rapporti con Julien, che goffaggine, che doti limitate, che assenza della più elementare psicologia... Quel moccioso aveva bisogno di me, come qualunque figlio ha bisogno del padre... Contava semplicemente sul mio aiuto! E io dovevo spalleggiarlo, anziché diffidare di lui fino a trattarlo a volte come un nemico.

Già, che espressione aveva usato quello psichiatra su *France Inter*, il sabato prima mentre viaggiavo verso il Carrefour di Montesson per effettuarvi la consueta spesa settimanale? *Imparare l'intimità e gli scambi affettivi*, o qualcosa di simile. Il numero dei suoi pazienti di sesso maschile era in incontenibile crescita, faceva notare. E lui, a quegli uomini spompati, che barcollavano davanti alla porta del suo studio, consigliava di *trasformarsi a contatto con i loro figli. Profitto identitario*, anche, prometteva un *profitto identitario*, lì ricordavo la formula esatta, ci avrei messo la mano sul fuoco. Sì, Cécile aveva ragione: la posizione da riccio raggomitolato su se stesso che adottavo da anni di fronte alle trasformazioni sociali non mi avrebbe portato da nessuna parte. Come avrei potuto, per esempio, guidare Julien verso il suo pieno sviluppo sessuale quando i costumi della nuova generazione restavano per me una *terra incognita*? Ormai ero impegnato in una corsa contro il tempo, dovevo *illico* recuperare il tempo perduto, altrimenti avrei mancato l'appuntamento con quella tappa decisiva della crescita individuale di mio figlio, il quale, giustamente, non me l'avrebbe mai perdonato.

Così alcuni giorni dopo, a Credixis, in modo abbastanza simbolico, lanciai la mia offensiva di riconquista. Mi attardai al *desk* per navigare su Internet in tutta discrezione. In genere, le donne di servizio non prestavano alcuna attenzione alle attività dei quadri dei quali stavano pulendo i locali.

Qualche settimana prima, su *20 minutes*, mi era accidentalmente caduta sott'occhio una rassegna di portali elettronici che vegliavano sul nostro benessere. I loro nomi erano poi ruzzolati giù nelle segrete del mio cervello, tranne uno, tasante.com, un sito dedicato esclusivamente all'adolescenza, creato da Skyrock. Quella scelta di individuare di primo acchito, fin dal titolo, il carattere prioritario della questione sanitaria, aveva attirato la mia attenzione. Si sposava infatti alla filosofia che, su quello come sugli altri argomenti, mi accanivo a difendere attorno a me – con un successo talvolta relativo, lo ammetto non senza una certa acredine.

Digitai tasante.com sull'interfaccia grafica e fui subito messo a mio agio da quell'abitudine di darsi del tu che tende a rassicurare l'internauta in calzoncini corti: come per dirgli che in quella comunità elettronica si respira un'atmosfera *cool*, grazie alla quale non rischierà mai di sentirsi a disagio.

Qui non c'è nulla che non sia amicizia e sanità,
Sesso, webcam e pubertà.

Diamine! La mia ossessione per la rima, a lungo andare, mi preoccupava... Per colpa dello slam di Ruszczyk, il quale mi rifilava banalissime stronzate, inventavo a mio volta versi dozzinali, come fossero altrettanti tic verbali.

La sobria grafica dell'interfaccia, piuttosto riuscita, si componeva principalmente di tinte kaki e azzurro scuro.

Nella rubrica "Sesso e sentimento" abbondavano informazioni su temi fondamentali come: "Perché i ragazzi sono timidi con le ragazze?", "Guida alle zone erogene!" o "La tua prima volta in tutta dolcezza!" Stampai una ventina di fogli, poi proseguii la navigazione con l'occhio ai titoli che mi attiravano di più. Ignoro come planai sulla pagina "In coppia".

Nell'immensa lista che si dispiegò davanti ai miei occhi, lì per lì non seppi quali articoli digitare. "Il sesso prima dei 18 anni e la legge", "Dove fare l'amore?" o "Orgasmo e salute!" – tutti temi che riguardavano Julien... "Pompino, cunnilingus, tutto sull'amore orale" mi riportò vagamente alla memoria il lessico ruszczykiano. Scioccato da quella crudezza, cliccai sul link, che mi rinviò alla scheda tecnica: "Il sesso orale è meglio di quello scritto", che enumerava le regole da rispettare prima, durante e dopo l'esercizio, la prima delle quali era un'igiene irreprensibile degli organi genitali, condizione *sine qua non* per un'ascesa serena verso il settimo cielo.

"**Collegati con i praticanti del sesso orale sui forum!**" mi esortava il webmaster nella parte inferiore dello schermo.

Seguii il consiglio e stampai alcune testimonianze della discussione in corso: "**Fellatio, vi offriamo il nostro aiuto**". Dopo aver riposto nella mia valigetta i fogli impilati sul contenitore della Epson laser, salutai, tutto arzillo, le donne delle pulizie che incontrai in ascensore.

Dopo la visita al dottor Truche nuotavo in una totale euforia.

Non solo ero sieronegativo ma i risultati delle analisi andavano oltre le mie più rosee aspettative, in ematologia come in enzimologia e biochimica. Non smettevo di compiacermi per quelle percentuali e proporzioni i cui valori si collocavano magnificamente entro gli intervalli di riferimento.

14,9 grammi di emoglobina per decilitro...

Che meraviglia!

5700 leucociti per millimetro cubo, che felicità!

Come fanno presto a stemperarsi le angosce esistenziali, quando nelle nostre vene scorre un sangue il cui volume plt medio si fissa sontuosamente a 7,9 per millimetro cubo con un colesterolo totale calcolato in 1,64 grammi per litro – o 4,23 millimole, nel caso si faccia riferimento al metodo di valutazione ABBOTT/Architect.

Last, but not least, Truche aveva esultato venendo a sapere che da tempo, per andare al lavoro, lasciavo l'automobile in garage.

"Abita lontano dalla metropolitana?"

"In un certo senso sì: tredici minuti a piedi."

"Eh be', allora?! Tredici più tredici fa ventisei! Ventisei minuti di esercizio quotidiano non è niente male. Non tutti possono dire altrettanto, mi creda! Ventisei minuti a piedi riducono nettamente i rischi di sviluppare un diabete o turbe cardiovascolari, che sono patologie legate all'inattività fisica, come del resto l'ansia o la depressione... Non sarebbe meglio se mi aggiungesse una mezz'ora il sabato e la domenica, eh? Allora sì che sarei davvero contento. E Cécile come sta?"

"Bene..."

"E tra voi funziona?"

"Non c'è uno stato di illuminazione permanente, ma insomma, nell'insieme non ce la caviamo troppo male."

"Ah be', l'illuminazione permanente esiste solo nelle favole, no?! Io sono uno che pensa come i Rita Mitsuko: '*L'amore è uno sgobbo e va faticato*! E i bambini?"

"Con Manon nessun problema, ma Julien ci dà da fare per due."

Truche fece una smorfia:

"È vero, di questi tempi gli adolescenti sono difficili. Ne vedono di tutti i colori, poveretti. Tutto attorno a loro sembra crollare, difficile restare saldi quando si hanno sedici anni. Tuttavia la loro baldanza mi fa impressione. Ne vedo alcuni che vivono una vita tutt'altro che facile eppure se la sbrigano niente male, affrontano le difficoltà con un'energia incredibile. Personalmente sono piuttosto ottimista."

Solo il diffuso senso di colpa per aver dubitato di una moglie leale come Cécile oscurava leggermente il quadro.

Secondo quali processi misteriosi a volte la pace interiore ha un influsso positivo sul corso di eventi che le sono completamente estranei? Lo ignoro, ma alla fermata Charles-de-Gaulle-Etoile si liberò un sedile proprio davanti a me, così beneficiai del rarissimo privilegio di viaggiare seduto per la maggior parte del tragitto. Ne approfittai per estrarre dalla valigetta le testimonianze raccolte sul forum di tasante.com.

Lo scambio era iniziato da più di due anni. Il 17 gennaio 2003, alle 11.05, Janah aveva sollecitato il parere dei suoi interlocutori su quel tema delicato:

> Come si fa una fellatio, si succhia il sesso del tipo ma cosa si fa ? come si fa a evitare che ti eiaculi in bocca? Voi ragazze lo trovate piacevole/schifoso? mi piacerebbe avere le vostre testimonianze. Grazie

Alla pseudochiamata aveva risposto una ragazzina, alla fine dello stesso pomeriggio, con una semplicità non inferiore alla chiarezza:

Marlène69 Data: 17/01/03 – ore: 17.47
ciao janah ! come va ? Be' non è tanto complicato !Cominci masturbandolo poi avvicini la bocca e... Ecco come si fa!!!Lo sukki dolcemente e soprattutto, continui a masturbarlo,in genere adorano farselo fare !Puoi anche scendere e toccargli le palle !!! A me piace !! baci.Marlène

Veni, vidi, vici, esultava cha2b, alcuni mesi dopo, alle 21.51:

a me prima faceva schifo, un giorno mi sono decisa a farlo e poi l'ho fatto praticamente tutte le volte. ma deve succedere su mia iniziativa! in genere se è il ragazzo a dirmi "sukkiamelo ti prego" finisco x bloccarmi e non ho più voglia di succhiarlo ! ma se comincio da sola lui gode eccome !!! lol

baby_boom Data: 26/04/04 – ore: 19.06
bene è vero ke la prima volta ke si succhia un tipo non è sempre cool x lui ma si migliora molto in fretta! ecco il mio piccolo segreto: cerco di farglielo venir duro toccandolo dappertutto, lo lecco sul collo ecc.. poi mi avvicino dolcemente al suo cazzo lo masturbo con un po' di saliva x fare effetto penetrazione ! poi gli lecco il cazzo dappertutto, il glande e op si parte x un va e vieni mentre continuo a masturbarlo con la mano. poi basta ke gli sali sopra e ti fai una cavalcata lol !

Poco propenso a passare per un satiro, accostai il foglio agli occhi per nasconderne il testo al mio vicino di sinistra, il cui sguardo greve mi pesava sopra la spalla. Afflitto da obesità, il tipo respirava rumorosamente. Sudava con una tale abbondanza che un velo di vapore gli appannava le lenti degli occhiali.

Janah aveva espresso una preoccupazione spesso diffusa tra

le ragazzine di questo inizio secolo, poiché l'11 maggio 2003, alle 16.43 esatte, il *World Wide Web* aveva trasmesso lo struggente appello di SCLcrew, ripreso come un'eco l'anno successivo da Esiorys:

> Ho molta paura di succhiare il mio ragazzo è da un 1 anno e mezzo che siamo insieme e non ci riesco ancora xké mi fa schifo anche se avrei molta voglia di condividere la cosa con lui. AIUTATEMI PER FAVORE
>
> **Esiorys** Data: 04/04/04 – ore: 15.15
> solo x dirti ke mi trovo nella tua stessa situazione, e piacerebbe anche a me sapere cosa potrei fare, ho troppa paura !!! sono con te, spero che andrà tutto bene.

Lo spirito di solidarietà che si andava sviluppando nella nuova generazione non era una parola vana, visto come misslove6 era volata in soccorso delle due sventurate, il 29 gennaio 05, alle 19.12:

> per rispondervi ragazze, anche a me la fellatio attirava poco. Ma ora, è super! La mia prima fellatio, è stata in un 69 e posso dirvi ke dare piacere al vostro ragazzo e nello stesso tempo riceverlo in cambio, è davvero il paradiso! buona fortuna a voi!

Mi venne in mente il titolo di un libro che avevo visto in mano a numerosi pendolari della metropolitana A: *Insieme, è tutto.*

Ptichamoi, a sua volta, ricorreva al sistema D per aggirare gli scogli:

> Data: 30/05/06 – ore: 16.30
> Chi ha paura di prendere tutto lo sperma in bocca basta che chieda al partner di avvisarla, così lo fa colare in mano ! È

una soluzione ke io pratico e non mi sembra ke deluda il mio compagno

Prendere tutto lo sperma in bocca...

Quel problema spinoso tormentava visibilmente quelle che Ruszczyk avrebbe probabilmente definito "puttane in calore". I rapporti tra adolescenti, del resto, non erano esenti da doppiezza, a giudicare dalla disavventura di kifeuzZ:

Data: 22/01/03 – ore: 14.00
salve, la prima volta ke ho fatto una fellatio non mi è piaciuto molto... Ma col tempo ho cambiato idea... ! La prima volta avevo chiesto al mio ragazzo di non venirmi in bocca ma lui mi ha preso la testa e non ho potuto toglierla... ho fatto finta d'inghiottire e di godere... poi mi sono sciacquata la bocca ma ho fatto caso a tutto e l'ho scaricato subito dopo x vendicarmi. ora sto con un altro e la cosa mi piace un sacco... se lui ti combina una porcata come quella fai come ho fatto io.. ! =) Baci!

Mavaya Data: 22/10/05 – ore: 20.49
LOL sono d'accordo ke ai ragazzi piace da matti, ma non puoi dire quanto tempo può durare, io una volta sono rimasta 30 minuti a sukkiarglielo, io glielo sukkio però la maggior parte dei ragazzi viene in fretta, ecco, dipende dal posto, dalla situazione, dal ragazzo.. insomma, non ci possono essere troppi limiti di tempo:per quella che non vuole farsi sborrare in bocca c'è il modo di evitarlo

L'obeso indelicato scese alla fermata di Nanterre-Préfecture, immediatamente sostituito da un'africana dalle trecce bionde e dalla faccia stanca.

io una volta sono rimasta 30 minuti a succhiarglielo.

Mezz'ora!!!

Quanto a Cécile, non apprezzava molto quella pratica. In occasione del suo ultimo tentativo, risalente all'anno prima, vi si era dedicata in modo così maldestro, e con un atteggiamento così svogliato, che le avevo detto di smettere.

Lorara Data: 06/04/06 – ore: 20.19
Per rispondere a tutti sull'argomento, la fellatio è il mio campo preferito :p lol mettetevelo bene in testa:tt dipende dal ragazzo ma non so più ki lo ha detto possiamo prendere noi il controllo come tt voi potete capire. 1: se volete ke goda e ke venga nel giro di 2minuti, be' lo sukkiate molto molto forte stando attente ke sia bello umido mandatelo giù leccatelo fate tt quello ke volete purké sia umido, insistete sul glande ogni tanto ma nn trp forte se no riskia di venire insomma dateci dentro con scrupolo, spingetelo in fondo alla gola se potete. 2: se volete ke duri più a lungo è facile, seguite il punto 1 ma in modo dolce, con l'atteggiamento giusto, leccate la verga o passate la lingua sulle palle, o masturbatelo con molta molta dolcezza, e ricominciate ecc ecc ma senza interrompervi o fermarvi.la durata varia a seconda del ragazzo, ank'io che sukkio molto molto molto bene una volta ci ho messo 1ora per farlo sborrare.insomma ecco tutto.sperando che questo potrà aiutare qualcuno.

Spingetelo in fondo alla gola.

Ignoravo in cosa consistesse concretamente quell'exploit, e certo non l'avrei mai saputo. Dal momento che non ero un seduttore, provavo disgusto a ricorrere a professioniste e non volevo tradire mia moglie, sarei morto senza aver provato di nuovo l'estasi di quei *blow job* che, l'anno delle mie diciotto primavere, grazie a non so quale equivoco, Iris mi aveva generosamente prodigato durante le due settimane del nostro comune soggiorno linguistico a Los Angeles. Provavo una nostalgia così profonda per i minuti di felicità successivi all'orgasmo, dopo che Iris aveva golosamente inghiottito il mio seme fino all'ultima goccia, che per un istante invidiai quei ragazzi che si facevano "succhiare molto molto forte per un'ora prima di sborrare".

Una notte d'autunno, alle 01.03, bisouxx77 aveva lanciato quel grido d'aiuto, quell'SOS:

> Ho 13 anni e mi piace un ragazzo mi piacerebbe sukkiarglielo ma nn vuole come devo fare.

13 anni...

Ruszczyk non mentiva. Le fellatio accompagnavano in tutto e per tutto l'uscita dall'infanzia... Nel giro di alcune settimane, come bisouxx77, la mia pulcina si sarebbe forse scontrata con quel tipo di rompicapo insolubile? Oppure, magari, ci stava già pensando?

Quell'eventualità mi sconvolse profondamente.

Arrivai a Le Pecq, sistemai i fogli nella valigetta e diedi il via ai miei tredici minuti di tenace combattimento contro i killer silenziosi. Sgomento per il mio involontario maschilismo, mi accorsi, mentre camminavo, di avere stampato soltanto le testimonianze delle ragazze, mentre all'inizio avevo visitato quel sito per volare in soccorso di Julien!

Arrivando, trovai la sua porta chiusa; decisi di lasciarlo tranquillo. In ogni caso non vedevo cosa avrei potuto insegnargli sulla sessualità, se era così bene informato come i disinibiti frequentatori del forum.

Quella sera il mio bacio rituale a Manon non ebbe la naturalezza di sempre. La guardavo in modo diverso, ora. Dopotutto, a che scopo combattere contro lo sviluppo delle società moderne, negando l'avvento di un diritto al piacere sempre più precoce? Adesso la palla si trovava nel campo di Cécile. Sarebbe toccato a lei avvertire all'istante nostra figlia dei pericoli inerenti alle carezze oro-genitali affinché Manon non succhiasse mai il suo ragazzo senza far uso del preservativo.

Non avevo dimenticato nulla delle parole della specialista, quella sera alla radio. In quel tipo di rapporto il rischio è minimo, ma esiste.

XX

"Questa notte ho divorato il libro di Dubner appena pubblicato negli States."

Ruszczyk leggeva i testi originali non soltanto nella lingua di Shakespeare ma anche in quella di Cervantes. I soggiorni che effettuava regolarmente a casa del fratello, a Berlino, gli offrivano altresì l'opportunità di perfezionare il tedesco. Il mio inglese, invece, a forza di praticarlo solo al *desk* e negli angusti confini del gergo della finanza internazionale o degli articoli online del *Wall Street Journal*, si stava deteriorando, proprio quando la padronanza di più lingue sarebbe risultata una delle competenze richieste al momento della selezione. L'ultima estate avevo cercato di rimettermi in corsa, ma i thriller americani che avevo comprato nella libreria Galignani mi erano caduti dalle mani mentre cercavo di leggerli sulla spiaggia di Le Touquet. Mi divertivo di più a giocare a volano con Manon.

"Tu hai letto Dubner, caro Pakal?" mi chiese il bastardo, al solo scopo di mettermi in posizione di inferiorità.

"No," mormorai.

"Aaah, be' sbagli, sbagli! Dubner è un economista di tipo nuovo: non ha niente a che fare con la Borsa e i mercati. È uno psicopatico che studia i fenomeni sociali. Ne raccoglie a migliaia, li spulcia, li disseziona, li sottopone a un'analisi capillare, il suo approccio mi intriga maledettamente. Risultato: ha scoperto che non è stata la tolleranza zero né quel mucchio di stronzate repressive a fare abbassare il tasso di criminalità negli States negli anni Novanta, bensì la legalizzazione dell'aborto nel 1973! Eh sì, sì, le statistiche provano che il figlio indesiderato di una famiglia povera ha più probabilità di diventare un assassino rispetto al figlio atteso con gioia in un ambiente sereno. Tra parentesi, questo dimostra più che mai che è una cazzata proibire agli omosessuali di allevare bambini. Spesso hanno un grosso potere d'acquisto e un buon livello di studi, perciò il loro bebè crescerà circondato dall'affetto e diventerà un adulto più tollerante degli altri, è un dato di pubblico dominio."

Da quando Ruszczyk rifletteva su quelle problematiche?

"La nozione di deterrenza chirurgica inventata dal Pentagono troverebbe un'applicazione ideale in un caso come questo, più che in qualsiasi altro... Ritengo che quest'ideologia sia detestabile."

"Sì, sì, be' ti confesso che detta da te la cosa mi sorprende solo a metà, Luc. Ad ogni modo, ideologia o no, arriva un momento in cui bisogna arrendersi all'evidenza: semplicemente, sarebbe meglio che certe persone non venissero al mondo, anche se la cosa dispiacerebbe molto al Panzer Kardinal... come si chiama quell'ex nazista, che non me lo ricordo più?"

"Ti avverto, Lionel," dichiarò con calma Luc, "non esiterei a passare allo scontro fisico."

"Ah be', bravo, bravo, e io che credevo che i veri cristiani fossero disposti a porgere l'altra guancia, mi deludi..."

La settimana precedente, Luc mi aveva confessato che la vista di Giovanni Paolo II, sfigurato dalla sofferenza, incapace di pronunciare il messaggio *urbi et orbi* nel corso della sua ultima comparsa in piazza San Pietro, gli aveva strappato le lacrime. “Applica a se stesso i principi che ha difeso per tutta la vita...” mi spiegava Luc. “Un coraggio così esemplare di fronte alla malattia è una lezione straordinaria per noi cattolici.”

“Se leggessi Léon Bloy, sapresti che un vero cristiano deve periodicamente prendere a calci nel didietro le persone saccenti.”

“Léon, Léon, ma quello non è un nome, Léon! Dovrebbe essere proibito dal codice civile chiamarsi Léon!”

“Per tornare alla *Freakonomics*,” contrattaccò Luc, “manchi di precisare, volutamente, che la stessa Jane Roe alla fine della sua vita combatteva contro l’aborto e che Dubner prende chiaramente le distanze da coloro che vorrebbero fare dell’aborto un odioso strumento di prevenzione della criminalità.”

Ruszczyk vacillò, seccato dal fatto di non aver avuto l’ultima parola. D’altronde Luc infastidiva anche me: sarebbe mai esistito un argomento sul quale avremmo potuto coglierlo in fallo? Il senso della sua obiezione mi rimaneva oscuro. Non avevo mai sentito parlare di quel libro né di Jane Taldeitali. Decisamente, in caso di ristrutturazione del servizio, tra – da un lato – la loquacità da imbroglione del pezzo di merda e – dall’altra – la cultura enciclopedica di Luc, Glazer non avrebbe perso troppo tempo a fare la sua scelta.

“Sì, sì, ciò non toglie che io abbia sempre detto a me stesso che Tarusha avrebbe fatto meglio ad abortire quando si è fatta mettere incinta da un coatto delle periferie. Una bella orchidea come lei, finire appassita a venticinque anni, è una vera disgrazia... L’ultima volta che l’ho incontrata a Orchies aveva la bocca piena di monconi di denti rotti. Non ho nemmeno osato rivolgerle la parola, tanto faceva pietà. E non è detto che il suo marmocchio non faccia inciampare una nonnina per poi scipparle il portafoglio.”

Controllò se la sua bravata avesse avuto successo, ma Luc manteneva un’impavidità minerale.

"D'altronte, questo weekend ero proprio a Orchies. E andandoci mi sono fatto beccare dall'autovelox sull'autostrada, il che mi ha dato sui nervi, molto sui nervi... Pensavo ad altro, ho visto il radar all'ultimo momento, ho dato un gran colpo di freni, e meno male che dietro non c'era nessuno, altrimenti chissà che tamponamento!"

D'altronte...

Sì, lo zotico pronunciava proprio "d'altronte".

Le prime volte avevo pensato a un *lapsus linguæ*, ma non era così. Quel barbarismo tradiva in tutto e per tutto la sua rozzezza da bifolco. Un brufolo d'acne, che Ruszczyk non aveva notato, germogliava dietro il lobo del suo orecchio destro. La punta biancastra della pustola mi stomacava.

"Hai visto cosa scrivono quegli ipocriti sui pannelli autostradali? PER LA VOSTRA SICUREZZA, CONTROLLI RADAR AUTOMATICI... Sicurezza un cazzo! Controlli automatici per riempire il pozzo senza fondo dello Stato in fallimento, questo sì!"

"Esiste un modo molto semplice per evitarsi questo tipo di seccature: rispettare i limiti di velocità. Personalmente, non ci tengo a schiantarmi con l'auto per colpa di un pirata che confonde la rete stradale con un circuito di Formula 1."

Il fetente sospirò, guardando ostentatamente dalla finestra per sottolineare la propria irritazione.

"Vedo anche con grandissimo favore la generalizzazione dei dissuasori etilometrici che bloccano il motore se l'alito del conducente rivela un'assunzione eccessiva di alcol, come in Canada."

"Sabato mattina, l'incubo: mia madre mi chiede di comprarle una lettiera per il gatto, e così mi ritrovo al Leclerc Templeuve in mezzo alle Fatma in chador, ai Johnny e a degenerati di ogni tipo, poiché bisogna riconoscere che tra i *ch'ti* l'alcolismo unito al matrimonio tra consanguigni fa comunque dei danni, e proprio lì nei reparti del supermercato finisco per incrociare..."

Consanguinei, non *consanguigni*, non potei impedirmi di correggere tra me e me quel buzzurro acefalo e logorroico.

"... una cannonata, ma una cannonata, credetemi, è proprio così, non smettevo di guardare quella rosa sbocciata in mezzo al letame."

Cécile aveva ragione, come sempre. Ruszczyk non usava modi così rozzi in modo sistematico. Nessun tono familiare quando c'era Tim Glazer nei dintorni. Niente "salute, caro Pakal" e nemmeno storie di sesso. Al contrario, un vocabolario calibrato parola per parola, un'urbanità priva di affettazione, una ristrutturazione radicale della propria personalità; c'era da chiedersi se non recitasse la commedia con noi piuttosto che in compagnia del boss. Dopotutto, accumulare strafalcioni, mangiare come un maiale e rivoltolarsi nelle turpitudini presentava meno difficoltà che praticare il baciamano nei salotti con un'eleganza così naturale da divenirgli immediatamente consustanziale... Giorni prima non aveva forse alluso a *L'origine del mondo* con un aggancio così improprio che mi ci erano voluti alcuni secondi per stabilire il nesso? Ripensandoci, interpretai quel riferimento come un *lapsus*. O forse si trattava di quella vernice di cultura di cui ormai si faceva bello qualsiasi plebeo, grazie alle riviste di divulgazione che si moltiplicano nelle edicole?

"Be', le giro attorno con discrezione, e lei intanto mi guarda, niente più folla attorno a me, non sapevo più a cosa reggermi, mi sbrigo a pagare perché ero a una cassa lontana dalla sua, la guardo con intenzione, lei mi guarda con intenzione, troppo, troppo bella, un piccolo tatuaggio sensuale sul polso, stivali a punta supersexy, e soprattutto un décolleté, ma un décolleté, miseria! non ne potevo più. C'è qualche problema, caro Pakal?"

"Ma no!" sussultai, strappato alle mie meditazioni. "Perché me lo chiedi?"

"Be', non so, due minuti fa ci hai rifilato un luogo comune di sbalorditiva stupidità e allora mi sono fermato un momento a guardarti, avevi l'aria altrove, completamente *lost*, al limite della demenza. Vabbè, pago, la seguo, lei ammucchia i suoi acquisti nella borsa, mi avvicino, buongiorno signorina, lei è affascinante, posso permettermi e via di seguito, vi risparmio i dettagli, e a quel punto mi sbatte in faccia il suo sorriso più bello e risponde: 'Sarebbe stato un piacere, ma no, sono desolata, ho già qualcuno, non sta bene andare a bere qualcosa con un altro uomo'. E be', sapete cosa ho fatto, sentendo quelle parole?"

"No."

"Ho insistito, come un mendicante."

Si versò un bicchiere di Badoit.

"E allora, ha ceduto?" perseverò Luc.

"No."

Dentro di me mi felicitai con tutte le mie forze con quella ragazza per la sua rettitudine coniugale.

"Allora l'ho guardata, e senza neanche pensarci su ho vuotato il sacco: 'Io la ammiro, signorina. Lei rimane fedele ai suoi valori, non si lascia inquinare dalla generale corruzione dei costumi. Complimenti!'. E me la sono squagliata."

Secondo la sua abitudine, il porco dimenò il collo come un alienato, per far scrocchiare le vertebre cervicali.

"Notate che ultimamente mi è capitato sotto gli occhi uno studio ministeriale in cui si afferma che, nella stragrande maggioranza, i giovani di 18-22 anni praticano una sessualità banale, da piangere, con la fedeltà al primo posto e *tutto quanto*[42]. E a quanto pare i ragazzi sono ancor più conformisti delle ragazze! Ditemi se non è demoralizzante leggere una roba simile… Trentacinque anni di rivoluzione sessuale per ritrovarsi con una generazione di teste di cazzo a carico! Fortuna che le illusioni di questi giovani

42. In italiano nel testo. (*N.d.T.*)

reazionari crolleranno presto di fronte alla spaventosa realtà della famiglia in rovina e del matrimonio a rotoli, altrimenti quelli come me dovrebbero farsi un bel po' di cattivo sangue."

Quell'uscita contraddiceva completamente le sue argomentazioni precedenti. Quel tipo cambiava opinione con una frequenza tale che con lui non sapevi mai che pesci pigliare.

"L'altro giorno un dato mi ha comunque rassicurato: il 15% dei divorzi riguarda coppie sposate da meno di cinque anni. E lo *score* aumenta costantemente! È formidabile, perché nessuna è più facile da chiavare di una trentenne psichicamente distrutta dopo una separazione. Lo ammetto, io in questo modo ho scopato fior di bellezze che non mi avrebbero neanche cagato se fossero state nel pieno possesso della loro lucidità mentale... Quando approfitti della disperazione di una donna, il coito assume un'apparenza di stupro legale, per la verità tutt'altro che sgradevole. Io dopo mi sento completamente nuovo, ripulito della mia parte oscura, come mi sento ripulito delle cellule morte quando esco dall'hammam. Faccio l'amore a lungo con grandi e metodici colpi di verga, affondo nel sordido nello stesso momento in cui affondo nella vagina, faccio apposta a far durare il mio piacere indefinitamente, grufolo come un porco lasciando colare lì dentro lo sperma solo per far sentire alla troia tutta la sua abiezione, per marchiarla a fuoco, per così dire, perché una donna non dimentica mai un amante che riesce a ferirla in quel punto della sua personalità così fragile e così misteriosa dove alberga la sessualità, ops, scusami. Mai, nemmeno dopo vent'anni di analisi o una conversione al buddismo."

Staccando uno spicchio di mandarancio, aveva fatto schizzare sulla mia manica alcune gocce di succo.

"Può sembrare crudele, ma, alla fin fine, la legge del CAC è spietata, e non sarò io a insegnarvela."

Mi asciugai il blazer con un tovagliolo di carta inumidito

d'acqua, umiliato dalla disinvoltura sfoggiata dallo zozzone, che si era a malapena scusato del suo gesto goffo.

"All'altro estremo della vita succede la stessa cosa, sono in incontenibile crescita i divorzi della terza età, i matusa non ne possono più di vedersi invecchiare tra un viaggio culturale e l'altro. In definitiva, se volete la mia opinione, questi indicatori non fanno sperare niente di buono quanto al futuro della specie..."

Cécile aveva architettato una tattica, al nostro ritorno da Arles: la prossima volta che Ruszczyk avesse prestato il fianco al ridicolo, avrei dovuto ribadire il suo chiodo pubblicamente.

"Forza, provaci, è il momento, adesso!" sentivo Cécile che mi faceva coraggio grazie alla trasmissione del pensiero.

"Non mancarlo!"

La bocca mi si seccò. Se quella sera fossi tornato a casa con le pive nel sacco, se avessi fallito l'opportunità che il bastardo mi stava offrendo su un piatto d'argento, Cécile non me l'avrebbe perdonato tanto facilmente. Avevo il cuore in gola quando, nei locali della mensa, feci partire il mio missile Tomahawk, che centrò Ruszczyk nel bel mezzo della fronte.

"Ebbene, caro Lionel, noi ti ringraziamo per queste tue edificanti prospezioni da quattro soldi."

Ruszczyk rimase secco qualche secondo, polverizzato, per così dire, dalla violenza dello choc.

"'Da quattro soldi'? Usi certe espressioni, caro Pakal, credimi... Non puoi dire 'del cazzo', come tutti?"

"Non mi schiero per forza con l'opinione della maggioranza, quando penso che la maggioranza sbagli," replicai con voce fievole.

"Tuttavia ti assicuro che la cosa ti eviterebbe di avere così spesso un'aria idiota. Ad ogni modo preferisco smettere di discutere, altrimenti finiresti di nuovo per offenderti. Non so cos'hai in questo momento, ma sei suscettibile, più suscettibile che mai."

Il pasto si concluse con le solite banalità.

Be', ecco fatto.

Dopo averlo sognato così a lungo, finalmente avevo superato lo scoglio.

A dire il vero, il passaggio all'atto non mi era costato troppo sforzo. Avevo portato a termine la mia missione con quella determinazione fredda che finiva per sorprendere anche me, tutte le volte che me ne dimostravo capace.

A Glazer, per il dopopranzo, avevo chiesto un colloquio che il boss mi aveva accordato sui due piedi, nel suo ufficio a livello leggermente rialzato, dal quale dominava la sala. Per favorire la trasparenza, i tramezzi erano completamente in vetro; nondimeno, là dentro, Glazer beneficiava di un'insonorizzazione impeccabile che lo isolava dal brulichio del formicaio sottostante. Mi erano bastati circa venti minuti per vuotare il sacco, pieno fino all'orlo dei vari "caro Pakal", "manico di scopa infilato nel culo" e "al limite della demenza".

Al limite della demenza...

No, no.

Vaffanculo, pezzo di merda.

Ignoravo dove Ruszczyk avesse trascorso il pomeriggio, fatto sta che non ricomparve prima delle 17. In capo a un quarto d'ora sentì squillare il suo telefono fisso, staccò il ricevitore e dopo alcuni secondi entrò nell'ufficio di Glazer, dove prese posto in una delle due poltrone in pelle riservate agli ospiti. Mi costrinsi a non osservare quanto accadeva nella stanza, anche se non riuscivo a concentrarmi sul mio lavoro. Resistetti dieci minuti prima di cedere. Tra i due protagonisti si stava svolgendo una conversazione animata. Glazer, in piedi di fronte alla vetrata, le spalle girate, guardava i tetti di Parigi, con le mani incrociate dietro la schiena. Io avevo insistito in tutti i modi con lui per potermi lealmente spiegare con Ruszczyk alla presenza di un superiore abilitato a risolvere la nostra vertenza, onde stabilire regole chiare di buona condotta che avrebbero rasserenato l'ambiente dell'*open space*.

A quel punto, discutendo da solo a solo con il mio rivale, Glazer mi metteva nella posizione odiosa del brutto spione.

Dopo un quarto d'ora, Ruszczyk riguadagnò il suo posto ignorandomi. Lo sorvegliavo con la coda dell'occhio, ma lui sbrigava le sue cose senza prestarmi la minima attenzione. Che Glazer l'avesse convocato per un motivo ben diverso dalla chiarificazione da me sollecitata?

Solo dieci minuti dopo, il suo viso puntò nella mia direzione con la rigidità robotizzata di una torretta di carro armato che abbia localizzato il bersaglio. Le sue iridi minerali si piantarono nelle mie. Lo sguardo da squilibrato che mi lanciò equivaleva chiaramente a una minaccia di morte. La fifa mi torse le budella. Deglutii con affanno. Ruszczyk non avrebbe esitato a usare contro di me l'energia di cui mi aveva offerto un campione gratuito, mesi prima, a mensa. La mia mano conservava la memoria cocente di quell'incontro con la sua.

O magari avrebbe inviato un commando di polacchi per punirmi? Se mi avessero trovato all'alba, appeso per i piedi a una fermata d'autobus di Le Pecq, con un "NON TOCCARE RUSZCZYK" inciso a sangue tra le scapole? A un tratto, appiccicato al filo della tastiera, notai un logo nel quale un punto esclamativo tracciato nel mezzo di un triangolo rosso precedeva la scritta:

PRECAUZIONI PER LA SALUTE
Guardare sotto la tastiera
NON STACCATE QUESTA ETICHETTA

Riavviai la periferica di input.

L'utilizzo di un mouse o di una tastiera può essere all'origine di alcuni dolori o lesioni fisiche gravi.

Quando lavorate al computer, come capita anche per molte altre attività, potete risentire un fastidio occasionale alle mani, alle braccia, alle spalle, al collo o altrove. Tuttavia, se sintomi di fastidio, dolore, fitte, formicolio, intorpidimento, e sensazioni di bruciore o indolenzimento diventassero persistenti o ricorrenti, **NON TRASCURATELI. CONSULTATE SUBITO UN MEDICO**, tanto più se quei sintomi ricompaiono quando non usate il computer.

Sul monitor la mia attenzione era stata catturata da un avviso di gara a partire da duecentotrenta milioni, ma una fitta al nervo sciatico mi costrinse ad alzarmi. Ne approfittai per andare in bagno. Perché tanti colleghi, dopo la minzione, non tiravano lo sciacquone né pulivano il sedile che avevano asperso di urina? Così sollevai il sedile e posai le cosce direttamente sulla ceramica fredda, che mi fece venire la pelle d'oca.

Tali segnali possono infatti essere legati a lesioni gravi, a volte definitive, o a disturbi nervosi, muscolari, dei tendini o di altre parti del corpo. Questi disturbi relativi ai muscoli o allo scheletro includono, tra gli altri, la sindrome del tunnel carpale, la tendinite e la tenosinovite.

Sindrome del tunnel carpale.
Tenosinovite.
Ma chi le conosce?

Lo stato delle ricerche attuali non consente di rispondere a tutte domande sollevate da questi disturbi; gli specialisti sono comunque concordi riguardo ai numerosi fattori legati alla loro comparsa: condizione fisica e stato di salute generale, stress e reazioni allo stress, posture e abitudini nell'ambiente di lavoro, ma anche in altre attività (compreso l'utilizzo della tastiera o del mouse). Alcuni studi chiamano inoltre in questione la durata di utilizzo della tastiera di un computer. Per sapere se le vostre attività, le abitudini di lavoro, lo stato di salute o la condizione fisica possono provocare disturbi al sistema muscolare e vertebrale consultate il vostro medico.

Tornare a vedere Truche?

Di nuovo?

"Ipocondria"...

"Deficit della Sicurezza"...

"Il ridicolo non uccide"...

Mi insaponai a lungo le mani, dopo l'espulsione della mia scarica di diarrea. Un po' d'acqua fredda sulla fronte mi calmò. No, non si uccideva un uomo perché segnalava al superiore gli intrighi tanto indegni quanto inaccettabili di uno dei colleghi...

Quando tornai al mio posto, Ruszczyk era scomparso. Si avvicinavano le 18.30, spensi il computer. Quando entrai in ascensore l'inquietudine aveva ripreso a scombussolarmi l'intestino. All'uscita dall'edificio, quando le porte automatiche si aprirono al mio arrivo, controllai a destra e a sinistra se il pezzo di merda mi stesse aspettando sotto il porticato per regolare i conti con me. Un'auto della polizia sprovvista di segni distintivi percorreva a gran velocità Rue de Rivoli, lampeggiante sul tetto, sirena spiegata, pronta a intervenire su qualche atto di delinquenza che si stava consumando in quell'istante esatto, da qualche parte, nella capitale. Che un dabista fosse caduto sotto i proiettili di un malvivente? Il venerdì prima, a Place de la Nation, quattro uomini armati avevano preso in ostaggio due autisti, il tempo di svuotare sei distributori automatici di biglietti disposti nelle vicinanze, danno stimato trecentomila euro.

Percorsi il tragitto fino a Le Pecq in preda all'angoscia. Grazie ai media, l'informazione circolava in tempo reale. Il bastardo aveva avuto tutto il tempo per ordinare ai suoi complici di spingermi sotto i vagoni della metropolitana. Ritrovai un po' di serenità solo quando entrai nel giardino del mio residence. Se almeno quel maledetto CNIL non avesse respinto il mio progetto di installazione delle videocamere... Rivedevo quel cretino di Jacquier mentre brandiva, con gesto trionfale, la notifica dell'ente pubblico.

"*Ai sensi della legge del 1995, i dispositivi di videosorveglianza possono essere installati in luoghi pubblici solo con finalità specifiche*."

"In Francia, la maggior parte delle videocamere sono installate illegalmente!" concionava quel cafone.

Ma solo quando richiusi la porta blindata mi sentii davvero al sicuro. Mi voltai. Julien guardava la televisione, i piedi allungati sul tavolino basso, nonostante glielo avessimo proibito mille volte. I nostri sguardi si incrociarono. Mi osservò in modo strano: perché? "Violenze nei confronti delle autorità costituite." Si rialzò, schioccando la lingua.

Mi sdraiai un quarto d'ora sul letto senza riuscire a rallentare il ritmo cardiaco. Per evitare di passare il weekend a ruminare, decisi di iniettarmi nella mente un antidoto potente. Frugai nella valigetta e raggiunsi la cucina, dove Cécile stava ascoltando, sul sistema Bose ultracompact ultimo modello, i testi impegnati di una nuova cantante francese che sembrava volere farsi carico del mio dolore.

"Guarda su cosa mi sono imbattuto navigando sul web..."

Lei stava cuocendo a fuoco lento una delle sue deliziose torte salate, i cui ingredienti variavano a seconda dell'umore e delle stagioni. Sebbene in quel momento piangesse a causa delle cipolle che stava affettando, l'immanente gioia interiore di stare al mondo che affiorava in permanenza sul suo volto finì per tranquillizzarmi.

"Aspetta," tirò su col naso, "finisco."

Ne approfittò per sfogarsi per prima.

"Hai sentito quella storia?"

"Quale?"

"Quel padre di famiglia, qui nell'Essonne, che ha ucciso i due figli a colpi di martello per poi spararsi una pallottola in gola?"

"Sì."

"Non è orribile?"

"In effetti sì, è orribile."

"Si direbbe che capiti sempre più spesso."

"Non ne so nulla, Cécile, non ho le statistiche sotto mano, ora... Siamo proprio obbligati a parlare di questo fatto? Non vuoi piuttosto leggere quanto ti ho portato?"

"Permetti?"

Si asciugò a lungo le mani che aveva strofinato con il sapone di Marsiglia, poi raccolse i fogli posati sulla tavola.

"Mi prepari un Martini, per favore?"

Sì, il venerdì Cécile amava sorseggiare un bicchiere sgranocchiando olive all'aglio e noci di acagiù per celebrare l'inizio del weekend. In quei momenti manifestava un'intransigenza da baronessa: senza una scorza di limone e un cubetto di ghiaccio nel bicchiere di cristallo Baccarat, non sarebbe riuscita a distendersi per davvero.

"Non mi fai compagnia?"

"No, non ho molta voglia di bere alcol, non mi sento molto bene."

"Pfff, non sei affatto divertente..."

Le prime righe catturarono la sua attenzione.

"Ho trovato questa roba su un sito per adolescenti, è spaventoso, spaventoso!"

Macchinalmente, adottò una posizione più confortevole appoggiandosi al piano di lavoro della cucina. Sorrideva involontariamente, man mano che procedeva nella lettura.

"Allora, assurdo, no?"

"Lasciami finire!"

Presi dal frigorifero una bottiglia di Contrex di cui scolai metà contenuto bevendo a canna. Cécile, che di solito disapprovava quel modo di fare, sostenendo che nessuno doveva essere costretto a condividere i miei microbi, in quella circostanza non vi prestò alcuna attenzione. Attaccò l'ultima pagina, intingendo le labbra a intervalli regolari nel bicchiere di aperitivo.

"Allora, cosa ne pensi?"

Mi guardò in modo strano. Un Martini bastava a farle girare la testa?

"Mi chiedo che tipo di generazione stiamo forgiando!"

Alzò le spalle.

"Perdi la testa per niente."

Le riempii il bicchiere vuoto che mi stava tendendo.

"I costumi evolvono, cosa c'è di più normale? Il Maggio '68 non è passato invano, ecco tutto. No. Le cose che mi danno più fastidio sono l'ortografia, la sintassi... Cosa significa *lol*?"

"È inglese, l'acronimo di *lots of laugh*."

"Come lo sai?"

Doveva anche costringermi a raccontarle in quali circostanze

Ruszczyk mi aveva istruito su quel particolare?

"Lo so, ecco tutto."

"Certe frasi sono comunque inintelligibili..." si lamentò Cécile rileggendo alcuni passaggi. "Ci si chiede cosa imparino a scuola, no?"

"È quello che si chiama il linguaggio *texto*, testuale. Le ragazze non scrivono così nei loro elaborati?"

"Quando leggo gli strafalcioni dei laureati nella mia casella di posta elettronica, non sono così maledettamente sicura che il linguaggio *texto* sia riservato solo a Internet..."

"Ma, voglio dire, a parte la forma, c'è il contenuto no? Non ricordo di essere mai stato iniziato a quegli argomenti, quando avevo tredici anni."

Cécile strofinava sensualmente le dita contro i bordi del bicchiere per fare risuonare il cristallo.

"Ti rendi conto, forse tra alcuni mesi Manon chatterà su quel forum con le sue amichette! È mostruoso..."

"Mostruoso, mostruoso... subito i tuoi paroloni!"

Finì il Martini con un sorso.

"A grandi parole, grandi rimedi!"

Posò il bicchiere sul lavandino e mi si avvicinò.

"Tra alcuni mesi non so dove saremo arrivati, ma al minuto presente, qui e ora, ti assicuro che quelle puttanelle mi hanno davvero eccitata."

Cominciò a darmi piccole spinte nelle costole puntandovi gli indici per costringermi a indietreggiare fino alla camera da letto, poi chiuse la porta a chiave e si inginocchiò davanti a me.

XXI

Quanto più mi divertivo, da sempre, a maneggiare immense quantità di *cash* sui mercati, tanto più, fin dalla più tenera età, trovavo insopportabile il bricolage, al punto che mi preoccupavo dell'eventuale senescenza precoce di mio padre, il quale invece, da quando si era trasferito a Orange, scambiava quel lavoro ingrato per un hobby. Obiettivamente, cosa c'è di più palloso che segare un'asse, montare un mobile o installare uno specchio da bagno dal profilo sagomato? Ma forse conviene sfumare un po' questo giudizio troppo categorico, visto che, in genere, quei compiti gravosi sono allietati da piaceri semplici come torcicolli, dita schiacciate, dolori dorsali, schegge sotto le unghie ecc.

Che domenica terribile, quella.

Cécile mi scocciava da un sacco di tempo per farmi fissare al muro la scarpiera che si rovesciava regolarmente, così decisi di dedicare la mattinata a quell'impegno. Prostrato all'idea di perdere due ore in modo così stupido, mi trascinai fino al ripostiglio da cui trassi fuori quelli che sarebbero stati gli strumenti della mia tortura. Cassetta degli utensili, prolunga, trapano e tutto il resto. Solo per raggiungere la presa elettrica del corridoio, nascosta dietro il tavolino, effettuai un numero da contorsionista. Sudavo copiosamente, maledicendo mia moglie che, non contenta di condannarmi ai lavori forzati, aveva spinto in su il termostato, secondo una sua odiosa abitudine. Perché comprare lampadine a basso consumo, praticare la raccolta differenziata e mangiare bio se poi si finiva per surriscaldare l'appartamento? Quell'incoerenza egoista mi dava sui nervi. Considerato che due miliardi di cinesi e indiani disponevano delle potenzialità industriali per fissare la temperatura delle loro case a 22°C, esattamente come alle nostre latitudini occidentali, il pianeta non sarebbe sopravvissuto a lungo.

Il fastidio di prendere le misure con l'aiuto della livella si prolungò per venti minuti buoni, nel corso dei quali la mia rabbia interna crebbe a vista d'occhio. Infine, mi impadronii del trapano e piazzai la punta sul primo dei quattro segni di riferimento che avevo tracciato sulla tappezzeria. Tirai il grilletto.[43] Trascinata dalla rotazione del mandrino, la vite polverizzò la sottile pellicola di stucco, finché incontrò una resistenza imprevista. Insistetti una quindicina di secondi, poi fermai l'arnese, diminuii la velocità di rotazione per aumentare la termocoppia, avviai la funzione "percussione" e riprovai. Anche il secondo tentativo si risolse in un fallimento. Il motore girava ma, con mio grande stupore, restava silenzioso. La punta del trapano mandava un forte odore di metallo surriscaldato e non progrediva di un millimetro.

Quella settimana avevo affrontato con un certo successo non poche difficoltà, e adesso non sarebbe stato di sicuro un volgarissimo muro a resistermi. E dato che voleva fare il furbo, avrebbe subito la legge della Perforatrice.

Sì, l'avrebbe pagata cara, il muro; per tutti.

Mi rialzai lentamente, con un sorriso sardonico sulle labbra, poi mi diressi con passo altero verso il ripostiglio, assaporando in anticipo la mia vendetta. Sullo scaffale in basso mi attendeva la mia fedele Perforatrice.

43. Je pressai la gâchette.

O Perfo, come avevo ribattezzato l'attrezzo...

Vecchio mio, così lo chiamavo nei lunghi monologhi interiori che tenevo con me stesso nel corso delle sedute di martirio bricoliano o bricolagiano o anche bricolagesco inflittemi da Cécile. Oh Perfo, formidabile concentrato tecnologico sul quale, di recente, avevo puntato tutte le mie carte, stanco di ingegnarmi inutilmente con pareti machiavelliche e altre subdole superfici.

Impugnatura agevole, ergonomia ottimale, design di razza, linee ben tese...

Potenza?

1000 watt.

Forza d'urto?

Superiore a 3 joules.

Sì, sì, 3 joules.

All'inizio nemmeno io ci avevo creduto; ma la nota esplicativa non mente: 3 joules.

Nessuno ostacolo resisteva a Perfo, bucava tutto, tutto, legno, pietra, mattone, metallo, cemento compresso, rivestimento per pavimentazione esterna, tutto. L'avevo già sottoposto alle prove più crudeli. Ebbene, tutte le volte Perfo aveva risposto "presente". Non mi aveva mai deluso, contrariamente a certe altre o a certi altri di cui preferisco qui omettere i nomi, per non offendere nessuno. Qualunque materiale avesse affrontato, Perfo aveva trionfato ogni volta, penetrando ovunque con una facilità sconcertante, come quel clip musicale stile techno di cui Julien andava matto: "*Push me, and then just touch me, till I can get my, satisfaction, satisfaction...*"

Passando, verificai se il mascalzone avesse pulito, come gli aveva ordinato la madre, la cloaca pestilenziale in cui aveva trasformato la sua tana. Di sicuro aveva passato l'aspirapolvere, che però giaceva inutilizzato in mezzo a un mucchio di riviste in carta patinata, bottiglie di soda, contenitori di DVD, fumetti, articoli scolastici e vestiti sporchi. A intervalli regolari, sopravvivevano rari spazi liberi dove posare i piedi, simili ai nenufari che facilitano la traversata di una palude.

Vedere Julien digitare sulla sua tastiera, mentre gli altri tre membri della famiglia sgobbavano, mi rivoltò.

"Julien, ora vai a fare le pulizie, sì o no?!"

"Mmmmh..."

"Ascolta, se quando avrò finito di fissare la scarpiera non hai ancora passato l'aspirapolvere, vedrai cosa ti succede!"

Mi squadrò da capo a piedi.

"Ah sì? Voglio proprio vedere! Cosa dovrebbe succedermi?"

Visto che non specificavo, sogghignò:

"Ogni tanto dovresti mettere in atto le tue minacce, ti eviterebbe di avere così spesso un'aria idiota".

Girai i tacchi, pensando a una risposta appropriata dopo quella sfida insultante.

Così spesso un'aria idiota.

Nessun padre poteva lasciarsi apostrofare in quel modo dal suo rampollo. La sera prima, a tavola, si era già espresso in termini molto duri con me, accusandomi, per il mestiere che facevo, di essere un "difensore dell'ordine capitalista al soldo della globalizzazione neoliberista". Solo che, nello specifico, aveva superato il limite, un limite che non aveva mai osato oltrepassare fino a quel momento. Stavamo scoprendo entrambi una zona inviolata.

Riguadagnai il corridoio, consolato dalla facile vittoria che stavo per riportare sul muro. Per assicurarmi comunque il trionfo, feci scivolare nel morsetto di Perfo un fioretto di ferro ultima generazione, ancora più rapido grazie alla sua geometria Speeder a quattro eliche e testa ottimizzata. Tanto che provavo qualche scrupolo a offrire a Perfo quel successo fin troppo facile.

A un tipo in gamba come Perfo non garba molto vincere senza correre rischi, perché Perfo dà il meglio di sé nelle avversità. Perfo ama lottare per avere il sopravvento. Perfo è un *winner*, lui.

Prima di applicare la punta nello stretto orifizio scavato dal trapano, regolai il calibro di profondità per temperare gli ardori di Perfo, che, nel giro di pochi secondi, si sarebbe introdotto lì dentro come nel burro. Per godere di un piacere più intenso, chiusi gli occhi al momento di tirare il grilletto. Uno stridore atroce mi fece scoppiare i timpani senza che si producesse alcun risultato tangibile. Insistetti, ma Perfo non avanzava, il muro continuava a resistere.

Incredulo, con gli occhi inchiodati a quella punta che girava a vuoto a 800 giri al minuto in un baccano infernale, mi inarcai contro la parete opposta, le braccia tese, fradicio di sudore, accanendomi per guadagnare solo alcuni ridicoli millimetri e maledicendo sia l'architetto che aveva sistemato il muro portante proprio in quel punto, sia il capocantiere responsabile della qualità della costruzione, sia il muratore che aveva fatto colare quel calcestruzzo attorno all'armatura di ferro, sia il comune manovale che aveva semplicemente gettato nella betoniera palate di ghiaia, sabbia e cemento per ottenere quel materiale così terribilmente compatto. Sì, ormai da lunga data, moltissime persone avevano fatto lega contro di me, con l'oscuro progetto di nuocermi, come se non bastassero i membri del consiglio di amministrazione di Credixis, Tim Glazer, Lionel Ruszczyk e una quantità di pendolari della rete ferroviaria regionale.

All'improvviso, avvertii un dolore spaventoso nella parte posteriore del cranio. Le trentasei candele che si accesero all'istante stavano ancora volteggiando nel mio campo visivo quando ricevetti il secondo colpo. Mi voltai nell'attimo in cui Julien, con il volto deformato dalla rabbia, abbatteva per la terza volta sulla mia testa il tubo metallico dell'aspirapolvere.

"Allora, signor Bricolage, sto aspettando la tua punizione! Sempre un bel po' imbambolato, eh?"

Mi sforzai di chiamare Cécile ma il gemito troppo fievole esalato dalle mie corde vocali non riuscì a raggiungerla.

Julien colpì ancora, a due riprese. Persi conoscenza. Stavo inghiottendo il sangue che mi colava dal naso quando una nuova scossa mi fece riprendere i sensi, alcuni secondi dopo. Perfo rombava, minaccioso, ed era Julien a impugnarlo. Si inginocchiò, applicò la punta del trapano all'altezza della mia tempia e, nel preciso momento in cui il puntale di metallo ugnato mi attraversava l'osso parietale, la forza della disperazione mi permise di urlare: "MAMMA!"

Cécile non aveva sentito.

Russava.

E poi, di sicuro, non avevo gridato molto forte. I cristalli luminosi della sveglia indicavano le 2.56. Mi ero addormentato sul mio tronchesino per le unghie, che mi stava pungendo la fronte in modo insopportabile. Macchinalmente mi misurai le pulsazioni: 85, niente di grave. Mi alzai per rinfrescarmi. Dirigendomi verso il bagno, tirai i cassetti della scarpiera, certo non perfettamente orizzontale a causa di un errore di misurazione, ma solidamente avvitata al muro fin dal sabato pomeriggio. Tornando indietro, mi accorsi che la camera di Julien era in parte illuminata. Giocava su Internet, cuffa stereofonica sulle orecchie, volume spinto al massimo. A lungo andare, sarebbe diventato sordo. Almeno in sogno l'odore nauseante della sua camera non mi aveva indisposto. Perché non la aerava mai?

Sollevai uno dei due auricolari. Sussultò.

“Mi hai fatto paura! “

“Roba da pazzi, Julien, sai che ora è? Va’ subito a letto, domani hai lezione. E poi non voglio più che ascolti la tua musica a un volume così alto.”

Indifferente alle mie raccomandazioni, bocca contratta, cuffia attorno al collo, strava sfruttando bene una stretta curva virtuale.

“Julien, quando l’udito dice ‘no’ è per sempre. Una cellula ciliata distrutta non si ricostituisce più.”

Sospirò a lungo ma non rispose nulla, occupato a superare uno dei suoi concorrenti all’interno della chicane.

“Il pericolo inizia prima del dolore, a partire da 90 decibel.”

Qualche giorno prima avevo letto un articolo terrificante in proposito.

“Mi stai stufando, papà, sono le tre del mattino, lascia stare!”

Il fatto di ingaggiare una battaglia con lui, a quell’ora della notte, mi deprimeva già prima di cominciare, soprattutto dopo il mio incubo.

“Appunto, Julien, no, non lascio stare per niente. È mio compito di padre far sì che il tuo potenziale di ascolto non venga intaccato, un giorno mi ringrazierai.”

Ormai consapevoli dei rischi, certi organizzatori cittadini distribuivano, all’ingresso delle sale da concerto, dei tappi di plastica.

“Non voglio che ti ritrovi a venticinque anni con degli acufeni che ti avvelenano la vita. Sono disturbi sempre più frequenti nei giovani, mentre, ai miei tempi, il fenomeno riguardava solo le persone anziane!”

Uscì di strada.

“Troppo pesante...”

Julien mi guardò con una sorta di compassione, come se si accorgesse solo in quel momento della mia presenza.

"OK, papà, finiscila per favore, vado a dormire... Sei veramente fuso di testa."

Mi sedetti in sala per assicurarmi che Julien obbedisse. Gli occhi mi si chiudevano da soli. Dopo dieci minuti lanciai un'occhiata in camera sua. Mio figlio era scomparso sotto il piumone.

"Buona notte, papà."

"Buona notte."

Riuscii a riaddormentarmi.

Mi svegliai di ottimo umore.

Uscivo da un sogno edenico, agli antipodi del primo. Non ero in grado di ricordarlo, ma stava distillando nella mia psiche le sue virtù euforizzanti, tanto da spianare come per magia le mie montagne di problemi.

In effetti, non tutto andava così male. Mi chiesi inoltre come avessi potuto, in quegli ultimi mesi, preoccuparmi fino a quel punto... Quando riusciamo a sottrarci alla forza centripeta del tornado, comprendiamo con difficoltà come abbiamo potuto permettere che ci afferrasse, e consideriamo senza indulgenza l'agitazione disordinata di chi si dibatte vanamente nella tormenta.

Il venerdì Glazer aveva approfittato del colloquio che mi aveva accordato per farmi una predica severa a proposito della mia iniziativa fallimentare su General Motors.

"Tropppo emotivo, hmm, Pécekal?" mi stuzzicava accompagnandomi verso la porta e battendomi la spalla con mano paterna. "Spero che le serva di lezione per l'haavvenire. Nel nostro djob, quando ci lasciamo dominare dall'aurgoglio, cadiamo nell'irraaazionole, e tuutto è futtuto!"

E allora?

Cosa rischiavo, in fondo?

Di perdere il posto, nel peggiore dei casi?

Era preoccupante, certo, ma alla fin fine avrei intascato un bel gruzzolo in indennità, le quali, aggiunte ai sussidi di disoccupazione versati ogni mese dall'assistenza, ci avrebbero ampiamente consentito di rifarci. E poi mi sentivo perfettamente all'altezza per ottenere un buon posto in un'altra azienda.

Quanto a Julien, nulla di più normale che stesse attraversando una fase turbolenta. L'adolescenza, per definizione, non è forse un periodo di crisi? Era come se mio figlio stesse entrando in uno stato di convalescenza, dopo le botte che aveva preso. Mi tornò alla mente la celebre frase di François Mitterrand: "Bisogna lasciare tempo al tempo". Ogni vita umana comporta il superamento di determinate prove, e noi ne stavamo sperimentando una, ecco tutto... Perché non affrontarla con coraggio, in attesa della schiarita che sarebbe fatalmente sopraggiunta, al pari del fulmine che ci aveva colpito? Perché non approfittare di quel licenziamento per ripartire da zero e, per esempio, trasferirci in una nuova regione? Perché non ammettere che il modello di vita dell'Île-de-France non mi era per niente congeniale? A dire la verità, poco per volta stavo diventando estraneo a me stesso. Quegli spaventosi eccessi di odio che mi sommergevano sempre più spesso quando mi sembrava che un pendolare sconfinasse nella mia sfera intima per il semplice fatto che si sedesse accanto a me in metropolitana, non corrispondevano alla mia vera personalità. In quei casi, per impedirmi di augurare all'importuno una morte subitanea, mi aggrappavo ai principi umanistici che avevano governato la mia educazione, eppure, a lungo andare, quella promiscuità finiva per distruggermi sul piano mentale. Senza contare il fatto – per me palese – che tendevo a ingobbirmi, come se fossi un pugile perpetuamente in guardia. Mi mancava lo spazio vitale, insomma.

Quella mattina, comunque, né la metropolitana di superficie né quella sotterranea guastarono la mia euforia. E quando entrai nell'*open space* sprofondai di nuovo in me stesso per ripescare dal mio limbo interiore qualche frammento di quel sogno meraviglioso che mi immunizzava contro le seccature quotidiane; senza successo. Un Lionel Ruszczyk incavolatissimo mi si accostò senza tanti complimenti.

Pensa un po', me l'ero dimenticato.

Dopotutto, se lo si considerava a sangue freddo, si finiva per percepire solo il suo aspetto buffo, con il naso grosso e il gel sui capelli. Capelli per modo di dire... Mi accorsi infatti che li stava irrimediabilmente perdendo; e che sulle tempie il pelo gli si ingrigiva, mentre io, malgrado avessi cinque anni più di lui, conservavo ancora la chioma folta e scura della giovinezza.

"Salve Passeukal. Hai trascorso un buon weekend, Passeukal?"

Reagendo con calma, mi presi tutto il tempo per raccogliere i diversi elementi di informazione impliciti in quell'epiteto così scortese: pur redarguendo Ruszczyk da solo a solo, Glazer gli aveva comunque riservato un trattamento di favore, confermando che Lionel era il cocco della direzione. Ruszczyk ne era così convinto che, immediatamente dopo l'avviso ricevuto, riapriva le ostilità con quel "Passeukal", non più lusinghiero del nomignolo precedente.

Mentre elaboravo le mie analisi, lo fissavo.

"Ho avuto degli ordini e così ho aggiunto la S," si giustificò, spiazzato dal mio mutismo.

"Sì, hai aggiunto la S, e non solo la S. Devi pronunciare Pascal, come tutti, non Passeukal o Pakal."

"Altrimenti vai a lamentarti con il direttore?" ringhiò il botolo.

"Io non mi sono lamentato con nessuno. Ho chiesto a Glazer

di predisporre un confronto per appianare le nostre divergenze, nient'altro. Non so cosa ti ha raccontato e in ogni caso non me ne frega un cavolo, ma personalmente non ho nulla da rimproverarmi, non sono uno spione."

"Non so di cosa parli, Passeukal. L'incidente è chiuso, Passeukal."

Piantai i miei occhi in fondo ai suoi. Il suo sguardo divenne sfuggente. Ignoro quale fonte mi ispirò quel colpo di genio, ma replicai:

"D'accordo, Lihaunel. L'incidente è chiuso, Lihaunel".

Con mio grande stupore, quella banale impertinenza, che mi era spontaneamente venuta alle labbra, lo smontò. Feci un passo in avanti, per impormi fisicamente a lui, prima di ricomporre alcune ciocche di capelli che mi si erano scompigliate, e intanto continuavo a guardarlo fisso negli occhi.

"Ehi, cosa stai facendo, cosa ti prende?"

I nostri volti si sfioravano, ora.

"Be', vedi, mi riordino i capelli. Stamattina la tua fronte luccica talmente che ci si vede dentro, Lihaunel. Dovresti andarci piano con la crema idratante, Lihaunel."

Indietreggiò, ammutolito, le labbra semiaperte, un'espressione ebete sul viso. Macchinalmente, fece scorrere l'indice sullo zigomo, poi lo strofinò contro il pollice per fare andare via il grasso.

"Attento, Lihaunel, l'abuso di cosmetici maschili diminuisce la produzione di spermatozoi. Credo sia un fatto di natura a modificare la tua igiene cutanea, Lihaunel."

Le sue pupille azzurre non rivelavano nulla, né ombra, né mistero, né scintillio, né audacia, né calore umano; giusto un narcisismo ossessivo e penoso.

Lo piantai in asso.

XXII

Il tuono scoppiò alcuni giorni dopo, all'inizio del mese di maggio: Credixis non avrebbe lanciato l'OPA sugli italiani. Il progetto di fusione era sepolto. Malgrado le trattative fossero molto avanzate, i due *top management* non erano riusciti a finalizzare un accordo.

Dato che la direzione non aveva ritenuto necessario informarne direttamente i quadri, apprendemmo la notizia sotto forma di comunicato, ripreso dall'AFP. "Le condizioni finanziarie per un maggiore sviluppo di Credixis in Italia non hanno trovato, per il momento, un punto di convergenza." Mi occorsero parecchi minuti, dopo che il messaggio comparve sul monitor, per capire in quale misura quella decisione mi riguardasse personalmente e per realizzare quali concrete ripercussioni avrebbe prodotto sulla mia esistenza.

Interpretai quella procedura quantomeno disinvolta come una manifestazione di disprezzo, un segnale che mi colpì profondamente.

Due giorni dopo, Lionel Ruszczik otteneva il trasferimento a Londra, ambìto da molti mesi. Dopo il nostro pugnace faccia a faccia, noi due ci evitavamo.

Sul fronte dei delitti a sfondo familiare, il bilancio di quelle ultime settimane si stava rivelando particolarmente allarmante. Agli inizi di aprile, in Val di Marna, un giovane di una ventina di anni aveva commesso l'errore di intimare al fratellino dodicenne di spegnere il videogioco e di ripassare le lezioni. Contrariato, il bambino si era recato in cucina da dove era uscito armato di un coltello che aveva piantato nel petto del fratello maggiore, rimasto tra la vita e la morte per lunghe ore.

Un mese dopo, nella notte tra il primo e il 2 maggio, un giocatore di basket professionista di ventitré anni, psicologicamente instabile, aveva avuto una violenta discussione con la madre, che era andato a trovare nella sua villetta alla periferia di Amiens. Assalito da una pulsione omicida, aveva afferrato un coltello e l'aveva colpita al torace, per sette volte, prima di seppellirne il corpo in fondo al giardino.

Ma il peggio era accaduto a Chelles, il giorno prima. Lì l'orrore aveva toccato il parossismo. Gli abitanti del quartiere Gambetta, rinomato per la sua tranquillità, erano stati svegliati verso l'1.30 del mattino da un urlo straziante:

"Ho un coltello piantato nella pancia! Ha ucciso suo padre!".

Alcuni istanti dopo, ai piedi dell'edificio si produceva un crac terrificante: un adolescente di diciassette anni si era gettato dalla finestra del decimo piano dopo aver pugnalato i genitori nel sonno. La coppia aveva adottato quell'unico figlio in America latina. Descritti dai vicini come persone discrete, i due coniugi si trovavano molto bene nel loro nuovo quartiere, infinitamente più calmo di quello di Seine-Saint-Denis dove risiedevano in precedenza. Conducevano una vita tranquilla e metodica. Jean-Claude partiva all'alba per recarsi al lavoro. Durante la mattinata la moglie portava a spasso il cane nel giardino del condominio. E anche se il figlio Florent, liceale taciturno, non familiarizzava molto con gli altri ragazzi, *Le Parisien* dichiarava: "Dopo due giorni di indagini non c'è ancora alcun elemento che consenta di comprendere il gesto del giovane."

Scorrendo quella cronaca dantesca, un dettaglio attrasse stupidamente la mia attenzione. Le due donne, uccise a ventiquattro ore di distanza l'una dall'altra, avevano lo stesso nome un po' desueto: Marie-Rose.

Il rintocco delle mie scarpe risuonava sotto la volta del Passage Richelieu. Le raffiche che turbinavano lungo Rue de Rivoli mi avevano scompigliato i capelli. Nella galleria del Café Marly, Hélène Pellin leggeva *Vogue* seduta a uno dei tavolini protetti dai vetri infrangibili, dietro la balaustra traforata.

"BELLEZZA: *tutto* sulla nuova *chirurgia*".

Il cameriere, mentre mi sedevo, prese le ordinazioni.

"Ho voglia di tortino al cioccolato, tu no?"

"Non proprio, no... Prenderò una Perrier."

"Su, sono le quattro e mezza, è l'ora della merenda! Non lasciare che mi abbuffi da sola, finirei per sentirmi in colpa..."

Risollevò la testa in direzione del cameriere:

"Ci porti due tortini. Sei mio ospite," sottolineò Hélène sfiorandomi il ginocchio.

Cedetti, ansioso più che altro di conoscere il motivo per cui il giorno prima mi aveva telefonato al *desk* per fissare quell'assurdo appuntamento. Ruszczyk aveva ragione: Hélène Pellin non dimostrava neanche lontanamente quarantotto anni. Fedele alla sua leggendaria eleganza, indossava un magnifico tailleur di lino beige, una camicetta bianca e un paio di Tod's nuove color arancio. Era uno splendore, davvero, anche se non avrebbe mai immaginato, prima di allestire il negozio, di doversi scontrare con una tale quantità di ostacoli. Le banche erano restie a investire nel suo progetto, il quartiere non dava loro affidamento, quel settore di mercato era ormai saturo... Inoltre il costruttore incaricato di ristrutturare il locale se l'era data a gambe senza impiantare i radiatori e Hélène non disponeva più né dei fondi né della forza necessari per fargli causa. Per fronteggiare la situazione, contava di reclutare a Vitry dei clandestini romeni che offrivano prestazioni incomparabili per un tozzo di pane.

Giunsi alla logica conclusione, mentre andava snocciolando i suoi rovesci di fortuna, che fosse lì per cercare di spillarmi alcune migliaia di euro. Abbassò le palpebre, appoggiandosi contro il cuscino rosso porpora della poltrona.

"Mio Dio, che sole piacevole," mormorò.

"Bisogna approfittarne, per domani è prevista pioggia."

"Ottimista come sempre, eh, Pascal?"

Il cameriere posò bruscamente i nostri tortini e l'*earl grey* che li accompagnava.

"Meno male che non ci ha dato un paio di schiaffi!"

Hélène riempì con circospezione le nostre due tazze, tenendo l'indice premuto sul coperchio della teiera.

"È allucinante che non si possa più essere serviti come si deve da nessuna parte... È per questo che ci credo, alla mia sala da tè. La gente non ne può più di essere trattata di merda quando paga tre euro per un espresso..."

Con aria stanca si passò sensualmente la mano tra i capelli.

"Ti chiederai perché ti ho chiamato, vero?" mi punzecchiò, come se cercassi un pretesto elegante per eclissarmi.

"Nient'affatto, cosa vai a pensare?!"

Staccando un pezzetto di dolce, confessò con voce rauca:

"Ho sempre provato molto affetto per te, sai Pascal...".

Un'ondata di calore mi fece avvampare.

"Anch'io, Hélène, anch'io," mentii. "Da quando te ne sei andata, al *desk* non è più divertente come prima."

"Sei un uomo fortunato, tu, nella tua vita tutto va come deve andare. Sai, sei un esempio per molti, a Credixis: non solo elogiano il tuo rigore professionale, sei anche l'immagine del padre ideale e del marito modello."

Assaporai a mia volta il tortino.

"Hélène, ti fai delle idee sbagliate su di me, ti assicuro..."

"Caspita, che delizia, quel cioccolato..."

"Dici?"

Mi scrutava, con le sopracciglia inarcate.

"No, no, tu ti sottovaluti. Tu sei una persona profondamente retta e onesta... Soffrivo molto quando quella canaglia di Ruszczyk ti tormentava."

Alzai le spalle, sorpreso che Hélène toccasse quell'argomento.

"Ormai è acqua passata..."

Un numero incalcolabile di turisti ridanciani si fermava davanti alla piramide, mentre un compagno li mitragliava con il suo apparecchio digitale.

Il sogno di sabato notte mi tormentava più che mai. Quale padre poteva immaginare, fino all'ultimo minuto, che il figlio passasse alle vie di fatto? E se Julien mi avesse davvero trapanato la scatola cranica in piena notte dopo aver messo mano a Perfo? Se quella tortura, che avevo avvertito durante il sogno con una pregnanza soggiogante, avesse prefigurato una realtà che assumeva ogni giorno una consistenza sempre maggiore? Qualche tempo prima mi era capitato sott'occhio un vecchio numero di *Psychologies* dimenticato in salotto sotto una pila di riviste. Un articolo dava per certo che, sebbene tali fenomeni sembrassero inverosimili, ogni anno migliaia di sogni premonitori si avveravano regolarmente. All'epoca, il film *Minority Report*, interpretato dal più celebre scientologo del mondo, Tom Cruise, mi aveva impressionato non poco... Adesso mi pentivo di aver permesso a Julien di accompagnarci a vederlo, quando era evidente che non della aveva la maturità necessaria per analizzare il film con il dovuto distacco.

"È davvero acqua passata? Io trovo che le persone perdonino troppo facilmente... Pensa a quel capolavoro della *Sposa in nero*! Quando ho lasciato Credixis, ho giurato a me stessa che mi sarei vendicata di quello stronzo."

Sì, ancora profondamente addormentato, sussultavo, poi tentavo, ma troppo tardi, di sfuggire al trapano della perforatrice che mi dilaniava il cervello. Come il coraggioso pensionato di Chelles, riuscivo a emergere dallo stato di incoscienza solo per alcuni millesimi di secondo, giusto il tempo per realizzare che stavo sprofondando nel nulla eterno. Così si sarebbe concluso il mio insignificante passaggio sul nostro pianeta.

"Ho bruciato cinquemila euro per concedermi i servizi di Paul Pierre, investigatore privato professionista. Ha l'ufficio nel 9°, non lontano dalle Galeries Lafayette. Costa caro, d'accordo, ha un nome grottesco, OK, ma, vecchio mio, che fiori di professionista! È incredibile quante cose si riescono a scoprire sulla gente quando si è disposti a pagare la tariffa, pur costosa, richiesta per quel servizio..."

Le sue dita, accuratamente modellate dalla manicure, giocavano con il manico della tazza.

"Ruszczyk non è nato a Orchies, bensì nelle Landes. È cresciuto nel 'Triangle de Bordeaux'. Non ha mai messo piede nel Nord, prima di vincere il concorso dell'Ecole Supérieure de Management et Commerce di Lille."

Continuava ad atteggiare le labbra a un lieve sorriso, ma il suo sguardo esprimeva un non so che di irrimediabilmente ferito che suscitava al tempo stesso diffidenza e compassione.

"Di polacco ha solo il cognome. Contrariamente a quanto fa credere, quel tipo è un degenere, uno squalificato, uno zero senza più nessuno. Viene da una famiglia di starosti emigrata in Francia all'inizio del XIX secolo per sfuggire alle persecuzioni russe. Il suo patronimico si è perpetuato fino ai giorni nostri ma si estinguerà probabilmente con lui, poiché non ha eredi e sua moglie ha quarantadue anni..."

"Sua moglie?!"

"Sì, sua moglie. Ti sorprendi, eh?" cantò vittoria Hélène che spiava ogni mio minino sussulto, come se volesse far rendere al massimo, fino a perderci gli occhi, la poltrona all'opera – palco di proscenio, prima fila – per la quale aveva rotto il suo salvadanaio. Vive da dieci anni con una ricca gallerista giapponese che ha sposato nel dicembre del 2000."

Attese qualche secondo prima di continuare, onde prolungare la durata della rappresentazione.

"E poi non ha trentaquattro anni, ne ha quarantuno. Approfitta della sua incredibile freschezza fisica per barare sull'età."

Con un lavoro di riconfigurazione mentale, cercai di correggere in tutta fretta l'immagine del mio ex torturatore, ridicolizzata da quelle rivelazioni.

Ruszczyk, un borghese bordolese... Di quarantuno anni...

Più vecchio di me!

E sposato, per giunta.

Incredibile!

E le sue conquiste femminili, allora? Un'altra impostura? Certi dettagli, però, non ingannavano: la conversazione che avevo captato di nascosto tra le mie due colleghe femminili, per esempio.

"Alice è stata la sua amante, comunque..."

"Sì, certo, ma cosa cambia? Ruszczyk le ha piantato dentro il suo scettro rosa così tante volte che sono contenta di scoprire gli altarini a quella specie di crucco che mi rompeva l'anima con l'elenco ozioso delle sue amanti, le sue nozioni di amicizia sessuale tra virgolette e altre ridicole vanterie."

Per la seconda volta, Hélène verificò l'effetto delle sue rivelazioni sul mio volto alterato.

"È pazzo o no? Il mio tormento è arrivare a sapere se quel tipo è un mitomane, un malato per così dire, o se semplicemente fa finta, se pratica la manipolazione e il segreto come divertimenti che gli evitino di annoiarsi nel lavoro e più in generale nella vita. In ogni caso, quando presenterò lo *scoop* al *top management*, potrà dire addio a Chelsea, il vecchio Ruszczyk! *London is not calling, forget it brother, an' go it alone!*[44]"

Hélène sogghignò, con una punta di cattiveria. I suoi anglicismi esoterici mi riportarono alla mente la situazione familiare del pezzo di merda.

"Lui e la moglie abitano insieme?"

"Sì, sì, nel 15°, verso Cambronne. Il suo loft lungo il canale Saint-Martin è solo uno scannatoio per scoparci le sue battone."

All'improvviso le sue spalle si accasciarono, e lei strinse la tazza tra le mani, con un brivido.

"Mi dirai che lui almeno è felice in famiglia, apparentemente..."

Hélène mi informò che stava separandosi da Armand, stavolta in via definitiva, dopo ventidue anni di matrimonio e innumerevoli tentativi di riconciliazione. Non riusciva più a non odiarlo. Avevano tentato in ogni modo di evitare quella soluzione estrema, per anni avevano lottato contro l'ineluttabile, sperando che, a forza di sacrifici e di concessioni reciproche, alle incessanti ed estenuanti tempeste seguisse una qualche bonaccia. Inutilmente. Ora Hélène andava avanti a Xanax e Armand a J&B. La separazione si sarebbe consumata senza eccessivi traumi, il divorzio

44. Parafrasi – con l'interpolazione polemica di *is not* – dell'incipit della seconda strofa di *London Calling*, la nota hit dei *Clash* (1979). (*N.d.T.*)

sarebbe stato consensuale, Armand avrebbe pagato un cospicuo assegno di mantenimento, i figli lo avrebbero potuto vedere senza difficoltà. Tuttavia Hélène Pellin stava provando una spaventosa sensazione di caos, il sentimento dell'assoluta assurdità della propria vita. Prossima alla cinquantina, senza compagno e senza lavoro – anche se, nell'intimo, l'assenza dell'uno e la perdita dell'altro le davano un innegabile sollievo – era terrorizzata dall'ignoto che la attendeva. Si svegliava di notte, distrutta, sudata, in preda all'angoscia, si rivedeva bambina senza riuscire a comprendere come il suo destino le fosse sfuggito di mano in quel modo. Secondo lei, considerando la durata dell'esistenza umana, il modello della coppia unica e monogama aveva fatto definitivamente il proprio tempo, com'era ampiamente dimostrato dalla moltiplicazione dei divorzi tra pensionati, i quali a volte arrivavano a separarsi dopo quarant'anni di matrimonio, tanto si sentivano prostrati dalla coabitazione con il relitto inacidito che invecchiava al loro fianco.

"Tu dici, la Bibbia è stata scritta in un'epoca in cui l'aspettativa di vita non superava i trent'anni, per loro non era difficile rimanere fedeli..."

In effetti, quel particolare non aveva mai colpito la mia attenzione. Fui riconoscente a Hélène Pellin per avermi aperto gli occhi su quell'inganno.

"Sì," si infervorò Hélène, "la famiglia tradizionale è morta, e nulla verrà a rimpiazzarla, contrariamente a quanto pretendono gli imbonitori che furoreggiano nei media, gli esperti in questo e quest'altro, gli psicotuttologi alla cazzo di cane, i quali vengono a spiegarti che, per un bambino, avere un fratello, due matrigne e tre sorellastre di padri diversi è il massimo, giusto perché la catastrofe familiare è la loro fonte di guadagno, e una fonte molto vantaggiosa, credimi... Per quanto mi riguarda, sono convinta che i rapporti sociali tendano sempre più a risolversi in uno scontro impietoso di egoismi forsennati. Tutti a dire: io, io, io, IO!"

Bevve l'ultimo sorso dalla sua tazza.

"E poi ci meravigliamo che gli affitti aumentino, accusiamo il governo, gli speculatori, gli agenti immobiliari o non so chi altro, quando invece siamo noi i responsabili, *noi*, è la proliferazione cancerogena del nostro spregevole individualismo a farci sentire il bisogno di uno spazio sempre maggiore attorno a noi; per il semplice fatto che l'altro, o meglio il prossimo, come dicono i cattolici, colui che sta lì, al nostro fianco, diventa un ostacolo alla realizzazione maniacale di desideri a loro volta sempre più spregevoli. Non è complicato. Alla fine, con Armand, ci accapigliavamo anche per scegliere il programma da vedere in televisione. E dire che, con il satellite, c'è una tale varietà di scelte, adesso..."

Quando lasciammo il Café Marly mi sentivo completamente fuso. Il tortino mi pesava sullo stomaco. La disperazione di Hélène Pellin mi creava disgusto. Perché stava a romperci le scatole? Andasse pure in rovina con la sua sala da tè e ci lasciasse in pace! Semplice: quella pessima giocatrice non accettava di aver perso la partita, in altri termini di avere sbagliato tutto quanto nella vita. Ora che si dibatteva in fondo al pozzo, l'unica consolazione che provava era quella di trascinarvi dentro anche gli altri.

Credixis, al contrario, aveva bisogno di stabilità per affrontare la concorrenza e farsi carico della trasformazione cui sarebbe fatalmente andata incontro. La disgustosa vendetta di Hélène Pellin avrebbe innescato al *desk* delle inutili turbolenze. Ruszczyk ci aveva preso in giro. E allora? Aveva vinto, ecco tutto. A lui i mirabolanti *bonus* e le macchine sportive; a me, invece, l'accertata impossibilità di comprare casa a Le Vésinet. Infatti, contrariamente alle previsioni di David Borel, l'abitazione di cui mi aveva parlato a Natale era stata venduta nel giro di due settimane, al costo preteso dal proprietario. Da quel momento in poi i prezzi al metro quadro sarebbero saliti alle stelle e, di pari passo, sarebbero volati via i nostri sogni domestici.

Strinsi senza calore la mano di Hélène Pellin e approfittai dell'occasione per passare alla Virgin di Le Carrousel e comprare per Julien, su richiesta del professor Merlot, *A porte chiuse*. Si trattava di quel che si chiama un classico, credo, perché in seconda liceo l'avevo studiato anch'io. Avevo ancora in mente una delle sue frasi: "L'inferno sono gli altri". Conservavo un eccellente ricordo di quell'opera, che rimaneva legata nella memoria alla mia adolescenza spensierata.

Le scale mobili mi depositarono sotto il piano terra. Nondimeno, pensavo camminando stizzito in mezzo ai larghi corridoi marmorei sotto la piramide, quella... quella... *loser*, come dire, non mi veniva la parola – quella *loseuse* suona bizzarro, questione d'abitudine senza dubbio, sì, il linguaggio evolve, si meticcia come il sangue – be', quella *loseuse* di Hélène Pellin aveva messo l'accento su un elemento positivo: bene o male i coniugi Ébodoire erano una coppia che funzionava. La mia riuscita, nel mondo attuale, e in particolare nella megalopoli parigina, assumeva quasi la dimensione di una grande impresa. Quell'incontro rafforzava la mia determinazione a preservare a ogni costo quell'immutabile angolo di cielo limpido verso il quale alzare gli occhi quando, attorno a noi, le avversità avrebbero oscurato le nostre anime.

"Ci pensi tu a installarmi Photoshop sul portatile, eh?" insistette Cécile fin dall'ingresso in corridoio.

"Sì, sì."

Cécile non vedeva l'ora di iniziarsi a quel complesso software di ritocco di immagini di cui nostro figlio, non so ancora grazie a quale atto di pirateria, ci aveva fornito l'ultima versione, numero di serie compreso.

"Promesso?"

Sapeva che ero restio a servirmi di materiale contraffatto.

"Sììì, promesso!"

Tirai un sospiro di sollievo quando il caratteristico clic del chiavistello che si inseriva nella bocchetta della serratura mi confermò senza fallo che avevo finalmente l'appartamento a mia completa disposizione. Cécile e Manon erano andate a visitare *Crad'expo, la science impolie du corps humain*, alla Cité des sciences. Dopodiché avrebbero fatto rotta su Saint-Germain-des-Prés per un pomeriggio di shopping del quale temevo non poco le ricadute finanziarie. Julien era a scuola e nel pomeriggio sarebbe andato a vedere, in compagnia di Heddie, *Le Crociate*.

Quel sabato da scapolo cadeva a pennello, perché l'aggiornamento *sine die* dei progetti di fusione dava al mio morale un contraccolpo imprevisto, assimilabile a un *baby blues*, ammesso che un uomo possa figurarsi quel tipo di disagio, femminile per natura.

Mi ero preparato per l'occasione un pomeriggio di "totale indolenza", per parlare come Zacharias: siesta ristoratrice dalle 14 alle 15, poi connessione con *Canal* + per l'incontro Toulouse-Castres della 28ª giornata del Top 16, e alle 17 collegamento facile facile con l'invitante Nantes-Lille in diretta dallo stadio La Beaujoire. Roba da placare la più virulenta delle malinconie. E affinché l'ingrato compito assegnatomi non mi avvelenasse più a lungo la mente, decisi di installare all'istante Photoshop sul portatile di Julien.

"Sul portatile di Julien"...

Come aveva fatto a far passare per naturale quella formula abusiva?!

La stipula del contratto, infatti, prevedeva chiaramente, fin dal principio, che anche se il computer era localizzato in camera sua, ogni membro della famiglia avrebbe potuto disporne a piacere. Avevo appositamente creato tre profili, "C&P", "Julien" e "Manon", ma questo non impediva a nostro figlio di accaparrarsi il nuovo hardware con una sfrontatezza esasperante da ragazzo viziato.

Lo sbadato, tra l'altro, aveva omesso di spegnere il computer prima di andare a scuola. Sebbene glielo avessi formalmente proibito, si era ancora connesso a MSN per verificare ossessivamente se avesse ricevuto messaggi durante le poche ore di sonno che si era concesso. Per parte mia, consideravo quelle briciole di dialogo virtuale incompatibili con quell'indispensabile margine di concentrazione che ritengo essere uno dei principali requisiti dello studio.

Diressi il cursore su "Disconnettere", cliccai una volta per poi risalire su "Chiudere sessione Julien", quando, sull'office, un nome bizzarro attirò la mia attenzione:

www.zdtodjizzhut.com5

Esitai alcuni secondi, ma fui vinto dalla curiosità e avviai il file. La comparsa sullo schermo di due magnifiche slave siliconate mi suscitò un moto di ripulsa. Centrato dapprincipio sul loro volto, il piano si allargò rapidamente. Completamente nude, schiena rivolta ai loro partner, vulva glabra, lucida e rosea generosamente offerta alla concupiscenza dello spettatore, le due stavano cavalcando i membri enormi di due culturisti. La scena si svolgeva in un silenzio opprimente, appena inframmezzato dai sospiri di piacere, dai viscidi sfregamenti degli organi genitali e dal ronzio di un climatizzatore. Ipnotizzato, guardai la sequenza fino all'ultimo: durava 2 minuti e 14 secondi e si interrompeva nel momento in cui il quartetto cambiava posizione, nel senso che le donne si mettevano a quattro zampe su una panca per offrire i loro ani.

Sbalordito, valutavo quali fossero i limiti del mio ruolo di padre: interrompere lì la mia esplorazione, per non sconfinare oltre nel privato di mio figlio? Oppure dibattermi con la realtà di quelle immagini con le quali Julien si poneva a confronto, per meglio preservarlo da una rappresentazione caricaturale quanto riduttiva della sessualità, che abbassava troppo spesso il corpo della donna allo *status* di semplice oggetto? Senza negare a determinate coppie il diritto di essere filmate mentre facevano l'amore, quelle pratiche avrebbero dovuto necessariamente essere accompagnate da una riflessione sull'etica.

Optai per la seconda soluzione.

Su eMule, quel file era scaricato al 74%: "RAGAZZINI (VIDEO PERSONAL) toccano e leccano il culo GAY sesso 15'47 rasatura fichetto succhiatore GAY sesso basket video fichetto cazzo video rugbyman porno".

Anale, interrazziale, magrebine, asiatiche, mature, gay, pornostar, trash: tutte cartelle hard che Julien aveva raccolto in "I miei video", con un'acuratezza di cui non offriva esempio negli altri campi della sua esistenza. Apparentemente, la messa in ordine esaustiva e meticolosa delle depravazioni umane lo appassionava più della messa in ordine della sua camera.

Per evitare di vomitare, non visionai i due file trash. Mi riportai su *pornostar*. Un tizio bruno coperto di tatuaggi pilotava il suo yacht e al tempo stesso penetrava Pamela Anderson sotto un cielo tempestoso. Proprio nel momento in cui, all'altro capo della porta blindata, il tintinnio di un mazzo di chiavi annunciava il ritorno prematuro di Julien. Guardai l'ora: 11.30.

Normalmente, il sabato, staccava a mezzogiorno. Dopo un giro in cucina dove, secondo la sua deplorevole abitudine, tranciò un'estremità della baguette ai cereali, attraversò il corridoio e, scoprendomi seduto alla sua scrivania, ebbe un sussulto.

"Cosa ci fai lì?"

"E tu cosa ci fai qui? Hai bigiato la scuola?"

"Ma no, mancava il prof di storia..." spiegò mentre masticava. "Perché sei seduto al mio pc?"

"Cos'è questa roba, Julien?"

In quel momento il bruno dai capelli lunghi filmava Pamela mentre gli praticava una languida fellatio. Terribilmente imbarazzato dai grugniti estatici del tatuato, *a fortiori* in presenza di Julien, abbandonai il lettore.

"Hai frugato nel mio profilo? Roba da matti!"

Non sapendo bene se dovessi agire con fermezza o temporeggiare, scelsi la via di mezzo:

"Julien, non parlarmi con questo tono, sono tuo padre. Io cerco di proteggerti, è normale".

"E mi proteggi frugando nel mio profilo?"

"Ci ho trovato immagini abominevoli, che possono traumatizzarti per tutta la vita."

"Ma che traumatizzare, al liceo sono in tantissimi a scaricare film X!"

"Non è un buon motivo per fare come loro! Inoltre trovo veramente inquietante questo miscuglio di omosessualità ed eterosessualità."

"Ecco, non ti piacciono i gay, vero? Sei omofobo."

Omofobo?

Quel dubbio non mi aveva mai attraversato la mente...

Che fossi colpito da quel difetto senza nemmeno saperlo?

"Non si tratta di questo, ma insomma, gli uomini, le donne,

tutt'e due i sessi insieme, si direbbe che per te non faccia alcuna differenza!"

"E l'orgoglio bi? Dove lo metti l'orgoglio bi? Tutti hanno diritto a essere bi!"

Da quando Julien, nella guerriglia che combatteva ogni giorno, non utilizzava più le parole come fossero bombe Molotov, avevo imparato a schivare i suoi proiettili, ma quello mi colpì di sorpresa.

"Ciò non toglie..." mormorai. "Ho provato un senso di vertigine guardando quelle copulazioni che non sono altro che un'immonda esposizione di carne."

"Immonda esposizione di carne," ripeté imitando la mia voce, con il mignolo alzato.

"Un'altra sessualità è possibile, Julien. Una sessualità rilassata, in un clima di tenerezza e rispetto reciproci, in seno a una coppia unita dove i due partner guardano insieme nella stessa direzione. Quei film veicolano una sessualità prefabbricata, dove non c'è alcun messaggio d'amore."

Perché mentivo a mio figlio?

Non ne sapevo nulla, in realtà.

Qualche giorno prima, su *Arte*, ero rimasto molto impressionato dalle affermazioni di una ricercatrice del CNRS. La donna si augurava un futuro in cui l'essere umano avrebbe scelto il partner sessuale a seconda dell'umore o dei momenti della giornata: una donna la mattina, un uomo la sera; o viceversa. Chissà se, nel giro di quaranta o cinquant'anni, i futuri francesi avrebbero interpretato i nostri costumi sessuali di questo inizio secolo come un anacronismo quasi inimmaginabile, così come noi intendiamo oggi lo stato autoritario sotto l'Ancien Régime.

Tenendo conto dell'allungamento della vita e dei progressi della medicina, Julien, nel 2050 non sarebbe stato affatto vecchio. Invece di aiutarlo a costruire la propria identità, i consigli di un padre retrivo come me in fatto di costumi non rischiavano magari di ostacolarlo irrimediabilmente? Che Ruszczyk fosse nel vero e io sclerotizzato entro preconcetti normativi, pregiudizialmente contrario a quel libertinaggio al quale si lasciava andare un numero sempre maggiore di coppie moderne negli hammam licenziosi che fiorivano ai quattro angoli di Parigi? Che quell'apertura a un edonismo disinibito si rivelasse non solo un vantaggio ma una condizione *sine qua non* per realizzarsi nel mondo in cui sarebbe cresciuto Julien?

Grazie alle meraviglie dell'evoluzione, l'umanità stava probabilmente producendo dei campioni pronti ad adattarsi in tempo record, nel corso del loro breve passaggio sul pianeta, alle mutazioni tecnoscientifiche che si sarebbero succedute a un ritmo sempre più frenetico nei campi più diversi, dalla sessualità alla riproduzione, dalla medicina alla finanza, dagli armamenti alle comunicazioni. Non sapevo però se quello *struggle for life* di nuovo genere avrebbe causato in certe personalità più deboli, meno inclini alla lotta, o semplicemente restie ai cambiamenti, inedite devastazioni identitarie suscettibili di spaventose violenze, delle quali gli attentati dell'11 settembre rappresentavano con ogni probabilità solo una pallida prefigurazione. Sì, Cécile aveva ragione. Stavamo entrando in un mondo decisamente gravido di incertezze.

Grazie a Dio, di pari passo con la proliferazione delle minacce, si stava perfezionando la cyberprevenzione: lo dimostrava l'esplosione della domanda in termini sia di videosorveglianza sia di biometria. In Europa, il mercato della sicurezza avrebbe fatto registrare a breve termine curve di crescita elevate, come negli Stati Uniti. I fuori moda come Jacquier non l'avrebbero avuta sempre vinta.

Lo sguardo dubitativo di Julien, disorientato dalla mia

inopinata riflessione, mi ricondusse bruscamente a considerazioni più triviali. Suvvia… Proprio quel sabato in cui avevo deciso di liberarmi completamente la mente, andavo a cercare nientemeno che Darwin! Mi passai a lungo la mano sul viso.

"Credimi, Julien, presto avrò quarant'anni eppure sono rimasto scioccato vedendo un pugno penetrare dentro un ano o un'africana reduce da infibulazione introdursi un vibromassaggiatore nella vagina."

La crudezza delle mie parole fece centro, Julien abbassò gli occhi e disse a *mezza voce*[45]:

"Era per scherzare con Heddie, ci siamo lanciati una sfida, facciamo a chi trova il video più trash."

"Hai letto almeno gli opuscoli che ti hanno dato al liceo?"

Fece schioccare la lingua, esasperato.

"Ma va'… Solo i *golmon* leggono gli opuscoli…"

Golmon.

Invertii le sillabe per capire il significato del vocabolo. Davanti ai miei occhi, usciti dritti dalle pagine di *Michele Strogoff*, truci guerrieri tartari cavalcavano i loro fieri purosangue nelle steppe siberiane, poi mi resi conto che quel suono stava propriamente a indicare le persone in situazione di handicap mentale prodotto dalla trisomia 21.

"E come hai fatto a sopprimere il controllo parentale?"

"Be', ho sfregato il tuo login, ecco tutto."

Aveva "sfregato" il mio login…

Come se fosse un fiammifero.

E la luce fu!

Così aveva avuto accesso alle infinite risorse della pornografia planetaria.

Bene…

[45]. In italiano nel testo. (*N.d.T.*)

Che condotta adottare, adesso? Proibirgli di andare al cinema non sarebbe servito a nulla, tanto più che avevo assoluto bisogno di solitudine per rimettermi in forma. Da auspicabile, la siesta era diventata indispensabile.

"Tanto per cominciare, butta nel cestino quelle porcherie."

Era una misura di ritorsione in realtà priva di conseguenze, poiché i film X venivano evidentemente scambiati ovunque, ma a quel punto si rendeva comunque necessaria. Julien obbedì di buon grado, dopodiché condividemmo un lugubre pranzo.

Il Toulouse aveva fatto fuori il Castres alla grande, mettendo a segno non meno di cinque mete. Quanto al Lille, si era sbarazzato abbastanza facilmente del Nantes, la cui probabile retrocessione, dopo trentanove anni di presenza in Ligue 1, mi rattristava. Invece le ragazze, tornate stanche morte da Parigi, nascondevano a stento la loro gioia. La pompa a vomito, il gioco della pipì e la guerra dei peti avevano entusiasmato Manon. Cécile stessa si era enormemente divertita. Aggiungendo che non aveva soltanto riso, si era notevolmente istruita. Mia moglie ignorava che quando facciamo un peto gli unici gas puzzolenti sono l'indolo, lo scatolo e il solfuro di idrogeno. Per l'esattezza, è il solfuro di idrogeno a liberare quella puzza di uova marce.

"Per pietà, Cécile!" la interruppi. "Non è fine, ti prego, soprattutto sulla bocca di una donna..."

"Ah sì? E perché non posso parlarne come un uomo? Questa è misoginia pura e semplice! Ti disturba il fatto che i miei termini scientificamente precisi volino un po' più in alto dei motti scatologici che scambi con tuo padre, vero?"

Non insistetti, così come non le rivelai gli orrori scaricati da suo figlio sul disco rigido del nostro portatile.

L'indomani, Luc e Manoela Landreau avrebbero pranzato da noi. Da tempo eravamo in debito con i Landreau, e avevamo scelto quel 15 maggio per ricambiare l'invito. A che scopo incupire l'umore di mia moglie, già sottoposta a una pressione enorme dopo che aveva inserito nel menu un'anatra all'arancia che, ahimè, non aveva mai cucinato?

Cécile protestò quando mi vide sedere davanti al computer dopo cena. Si lamentava spesso del fatto che non guardassi mai i serial americani con lei.

"Non vedo a cosa mi serva essere sposata se poi mi ritrovo da sola davanti al televisore," brontolò attivando il lettore DVD e avvolgendosi nel piumone del divano.

La sera prima aveva registrato su *M6* tre episodi di *Sex and the City*.

Passai due ore buone a spigolare informazioni nelle centinaia di pagine, referenziate da Google, in cui figuravano "adolescenza" e "pornografia". Prima di coricarmi, scesi in cantina per prendere il vino adatto al pranzo domenicale. Di passaggio, gettai un'occhiata nel soggiorno: Cécile stava dormendo con la bocca aperta, mentre Samantha Jones raccontava l'ultima avventura alle sue tre superamiche sbalordite.

Lungo la scala che portava in cantina battei i denti dal freddo. Quel sabato era piovuto parecchio, le volte avevano trattenuto l'umidità. Uno studio condotto su diecimila studenti dalla terza media all'ultimo anno delle superiori aveva risvegliato il mio interesse in proposito. La ricerca rivelava che gli adolescenti che consumavano film pornografici moltiplicavano i comportamenti autodistruttivi, senza che, in ogni caso, si potesse stabilire scientificamente un nesso tra le due pratiche. "Questa prima inchiesta spalanca abissi di domande e di inquietudine", commentava semplicemente la ricercatrice dell'INSERM, stupita quanto me dalla facilità con cui i giovani riuscivano a procurarsi video osceni. Avevo dimenticato di riaccendere l'interruttore, le luci si erano spente, piombandomi in un'oscurità opaca che mi riportò senza che lo volessi a certi terrori infantili. Quella studiosa aveva enunciato la formula adeguata. *Abissi di domande e di inquietudine*, per usare le sue esatte parole. Alla cieca, procedetti a tentoni nel buio per localizzare l'interruttore. Riaccesi la luce ed estrassi quattro bottiglie dal loro scomparto in terracotta a struttura microcapillare e regolazione igrometrica.

Abissi che mi davano le vertigini, l'uno come l'altro.

In futuro avrei fatto di tutto per non cadervi dentro.

XXIII

In attesa della fondue al cioccolato, Manon era stata autorizzata a giocare in camera sua con Agathe e Louis, i piccoli Landreau. Quanto a Julien, lo avevo avvertito la sera prima: non si sarebbe alzato da tavola prima della fine del pranzo, gli piacesse o no. Messo in posizione di inferiorità dalle mie scoperte del pomeriggio precedente, non aveva opposto troppa resistenza. Unico assente all'appello, il figlio maggiore dei nostri invitati, che stava ripassando l'esame di medicina nei loro cento metri quadri in Avenue de Versailles.

"Sai, Luc, non è niente male dove lavoriamo noi. Bisogna sapersi accontentare di quel che si ha! Avremmo potuto essere messi alla porta."

Si era concesso noci di Saint-Jacques adagiate su un letto di porri in agrodolce, servite da Cécile come antipasto, si era servito a due riprese di anatra all'arancia e aveva fatto i complimenti alla padrona di casa con squisita cortesia raffinata da due secoli di educazione borghese scrupolosamente trasmessa di generazione in generazione.

Mia moglie era in estasi.

Ancora una volta, la sua scommessa un po' folle era stata vinta.

"Ce ne saremmo andati con una bella scorta di indennità!"

"Sì, sì... Ma il mercato occupazionale è attualmente in crisi, non c'è granché spazio per fare i furbi. Per quanto mi riguarda, ammetto che la partenza di Ruszczyk contribuisce in larga misura a farmi felice..."

Luc alzò le spalle.

"Non capisco cosa gli sia preso per spedirlo a Londra... Gli inglesi dovrebbero selezionare con più attenzione i loro cacciatori di teste... Ruszczyk non ha semplicemente la statura per assumere un incarico simile. Credimi, a volte è tutt'altro che smaliziato. All'inizio mi sono fatto le ossa con lui e gli ho visto fare certe cazzate, ma certe cazzate..."

Per non scandalizzare le nostre rispettive mogli, Luc e io eravamo riusciti fino a quel momento, a prezzo di una concentrazione al millesimo di secondo, a non "parlare sporco". A poco a poco, però, quella calamità endemica dei pranzi tra colleghi minacciava di compromettere la conversazione. Vinti dalla squisitezza del cibo e logorati dall'autocensura impostaci per tutta la prima parte del pranzo, allentammo la vigilanza profilattica.

"Dovevano prendere qualcuno come te. Tu sei dieci volte migliore di lui. Ti mancano la facondia e la faccia tosta, come a me del resto."

"È quello che gli dico sempre..." confermò Cécile. "Ma non mi sta mai a sentire."

"Sì, sì. È perché Pascal e io abbiamo ancora lo spirito ingombro di quei valori un po' stupidi come la dirittura morale, il rispetto del prossimo, il gusto della verità, pregi che diventano difetti nella società dell'ipercompetizione permanente nella quale stiamo inesorabilmente sprofondando. L'inconveniente peggiore del matrimonio tra il grande mercato planetario e l'isteria democratica è il fatto che la concorrenza spietata così promossa non garantisce più l'accesso dei migliori ai vertici. Al punto che ci troviamo spesso guidati da persone dappoco, solo un po' più scaltre, più perverse o più determinate delle altre. Basta guardare le perfette nullità, dotate però di pelo sullo stomaco, che i popoli eleggono ai quattro angoli del pianeta..."

"L'isteria democratica"...

Dove andava a pescare espressioni del genere? Quelle due parole, infatti, non avevano molto senso per me, per il semplice fatto che ignoravo la definizione precisa di "isteria" nella sua accezione psicoanalitica.

"In ogni caso, il tuo comportamento rilassato di questi ultimi mesi mi ha sorpreso..." riconobbi, congratulandomi con lui.

"Io invece ho sofferto, credimi!"

Attaccammo, insieme al sontuoso vassoio di formaggi che avevo accuratamente preparato con le mie stesse mani, una terza bottiglia del mio imbattibile Château-Pape-Clément 1990, di cui avevo acquistato parecchie cassette nel luogo d'origine, in occasione della nostra vacanza in Gironda nella primavera del 2002. Di quel viaggio tra i vigneti bordolesi avevo conservato un ricordo meraviglioso, anche se venato da qualche rammarico, perché ci aveva impedito di votare il 21 aprile.

"Sai, non sono entrato in Credixis per caso. Non amo troppo parlarne, ma ho lasciato la Borsa dopo un incidente in scooter, non perché mi fossi stancato di fare il trader..."

"Ah sì?"

A dire il vero, non mi ero mai fatto troppe domande sul curriculum professionale di Luc Landreau.

"Sì, mi sono ritrovato con un ginocchio a pezzi, sono stato dodici ore sul tavolo operatorio. Da allora ho un chiodo nella gamba destra, avrai forse notato che trascino un po' la zampa quando cammino..."

In effetti avevo notato quel suo leggero claudicare, ma lo avevo imputato a un fatto di costituzione.

"La lettura degli stoici mi ha molto aiutato a superare quella prova."

Strizzò gli occhi e scosse il capo, come per confermare a se stesso la pertinenza dell'asserzione che aveva appena fatto.

"Dopo l'operazione ho contratto una setticemia, dovuta a un'infezione nosocomiale fulminante. In poche ore il mio stato si è aggravato e sono entrato in coma. E lì ho vissuto quella che si chiama una EMI."

"Una EMI?"

"Una EMI, sì, un'Esperienza di Morte Imminente, sai, quella cosa che si racconta in tutte le salse, quello stato di pienezza, la sequenza dei ricordi della tua vita, la luce accecante in fondo al tunnel e all'ultimo momento quella voce che ti avverte che il tuo turno non è ancora arrivato."

"Ah sì," confermò Cécile, "conosco un libro fantastico in proposito, *La vita oltre la vita*, dovresti leggerlo Pascal, lo abbiamo in biblioteca."

"L'altro giorno, al JT, hanno trasmesso un servizio sul fenomeno. Con mio grande stupore, molti testimoni, in particolare tra i medici, osservavano che quel viaggio ai confini della vita umana prova che Dio non esiste. Personalmente penso esattamente il contrario. Io ero convinto che in fondo a quel tunnel mi sarei presentato al cospetto di Nostro Signore per subire il Giudizio divino."

Il fatto che un uomo colto come Luc Landreau si gingillasse con quelle stupidaggini infantili mi rattristava un poco.

"Del resto, alcuni mesi dopo, quando sono entrato nella Cappella Sistina, davanti al Cristo giudice di Michelangelo non sono riuscito a trattenere le lacrime, perché è esattamente in quel modo che me lo immagino. Vero, Manoela?"

"È vero, è vero, piangevi."

"Sono un po' stufo che si presenti costantemente il Messia come un ermafrodito larvale che si lascia crocifiggere ringraziando i propri carnefici. I quali, tra l'altro, non avevano niente da perdere ad aspettare. Il fatto che da duemila anni debbano vagare in eterno nella geenna servirà loro da lezione!"

"Dove c'è la geenna, si perde la cotenna."

Mio nonno, appena si lasciava sfuggire quel sostantivo desueto, ribadiva pavlovianamente quel mediocre calembour.

"Personalmente, uno degli argomenti che potrebbero indurmi a votare No al referendum è il mancato riferimento, nel testo, alle radici cristiane dell'Europa."

"Ah no, Luc, non mettertici anche tu! Sai bene che non abbiamo scelta... Se il Sì non vince, si torna al Trattato di Nizza, che è una maledizione. E poi, non vorrei darti un dolore, vecchio mio, ma la Francia cristiana è definitivamente morta. Dobbiamo voltare pagina, adesso. Guardare avanti!"

"È proprio quando guardo avanti che vedo spuntare come funghi dopo la pioggia un gran numero di moschee, qui in Francia, e la cosa non mi fa per niente piacere. Anche se non mi affanno più a lottare contro l'ineluttabile, essendo evidente che la grande maggioranza dei miei compatrioti se n'è fatta una ragione, esattamente come te, rivendico comunque il diritto di non esserne affatto entusiasta. D'altronde non sono il solo: l'ultima volta che è venuta a Parigi, una mia amica greca si è lamentata di trovarsi sempre più spesso in posti dove non si incontra più un solo francese, per riprendere le sue stesse parole..."

Cercai di trattenerlo dal procedere oltre su quel piano inclinato. Infatti, se avesse continuato a tenere quel genere di discorsi nauseanti, Cécile e io non avremmo più potuto frequentarlo.

"Te la prendi per niente, Luc. A mio modo di vedere, ci stiamo evolvendo con molta naturalezza verso una forma di multiculturalismo moderno, all'americana. In Credixis ce ne stiamo accorgendo già da un po' di tempo..."

"Può darsi, ma non riesco a capire cosa sia successo perché la figlia primogenita della Chiesa accetti sul suo suolo milioni di musulmani..."

"Io non mi sento per nulla scioccata dal fatto che persone dal futuro completamente privo di prospettive nel loro paese vogliano stabilirsi da noi..." intervenne Cécile con pacatezza. "È umano voler migliorare la condizione dei propri figli."

"Non dobbiamo meravigliarci della grande quantità di immigrati, visto che i francesi non vogliono più fare certi lavori..." rincarò Manoela. "Guardate i vecchi, per esempio. Sembra che ad accettare di occuparsene sia rimasta solo la gente di colore! Lo trovo disonorevole da parte nostra."

Cercavo di non fissare troppo la mia attenzione sul modo in cui Manoela tagliava il brie ma quella mania di riservare solo a se stessa la punta del triangolo per lasciare la crosta agli altri mi dava fastidio.

"Lo so bene," continuò Luc, troppo preso dai suoi argomenti per formalizzarsi sulle topiche della sua metà... "E so anche che noi occidentali, sotto molti aspetti, abbiamo la nostra parte di responsabilità per questi esodi massicci. Penso inoltre che sia indispensabile che i credenti dispongano di luoghi di culto dove pregare degnamente. Ciò non toglie che mi si stringa il cuore sentendo l'eco dei campanili trasformarsi nell'eco gracchiante dei minareti... Anche in un paese laicista come il nostro, dubito che i nostri anticlericali dichiarati, un tempo ferventi mangiapreti, diventino dei *mangiaimam* altrettanto ferventi, trattandosi di un tipo di appetito e di degustazione che può portare in gran fretta all'obitorio. Ora, ognuno sa che l'occidentale medio non teme nulla più del rischio."

"Già."

Luc non ci risparmiò neppure le sue teorie sull'andamento del mondo: in qualche modo si stava "pellinizzando". Chissà se un giorno quel tipo di persone avrebbe smesso di imbottirmi le orecchie con convinzioni incrollabili di cui mi infischiavo altamente, in tema di prezzi degli immobili come in tema di declino della Francia eterna. E chissà se Luc non si stesse preparando a servirci in tavola l'impagabile "il rischio zero non esiste", come il chirurgo di Le Chesnay.

"Attualmente prego spesso per i cristiani d'Oriente, la cui sorte mi angoscia molto, perché spesso con l'islam la tolleranza funziona a senso unico... Tremila moschee costruite in Germania, nessuna chiesa in Turchia. Né in Egitto né in Indonesia né altrove. In Algeria, Bouteflika stenta a sopportare trentamila cristiani, la millesima parte della popolazione!"

Ecco, Manoela aveva lasciato il coltello piantato nel roquefort! Luc dovette strisciarlo sul bordo del piatto prima di servirsi di Selles-sur-cher.

"Riconosco che l'islam non mi interessa molto, non più dell'induismo o del buddismo... È un segno di ristrettezza mentale, lo so, ma Cristo rimane la mia passione, se posso dire così!"

"Hai torto, a contatto con altre forme di spiritualità troveresti modo di arricchirti."

"Senza dubbio, Cécile, senza dubbio... ma troverei un po' buffo perdere tempo a chiedermi se il Corano intimi o no alle donne di portare il velo, e chi abbia ragione al riguardo, se i sunniti o gli sciiti, mentre non ho letto fino in fondo Sant'Agostino né ascoltato tutti gli *Stabat Mater* né ammirato il famoso quadro di Holbein al Künstmuseum di Basilea..."

Un po' stanco di ascoltare i suoi deliri, gustai un sorso di graves, il cui bouquet opulento riusciva sempre a meravigliarmi, con la sua freschezza e la sua scia di sapori speziati.

“Nondimeno provo un’immensa compassione per il popolo tunisino, che da anni vede arenarsi sulle sue spiagge quei banchi di otarie arrossate dai raggi UVA che si usa definire turisti. Un intero paese trasformato in un parco divertimenti! A Hammamet hanno persino costruito una falsa medina, per rendere tutto più autentico! Se lavorassi in uno di quegli hotel-club spaventosi che hanno definitivamente insudiciato la costa, credo che arriverei a odiare quegli invasori in sandali infradito. Personalmente, raccomanderei un bombardamento umanitario della NATO per rimediare al saccheggio. E il più presto possibile, perché ormai stanno per aggredire anche il Sahara! Vi stanno già allestendo dei ‘bivacchi fissi’, così inventeranno per la prima volta nella storia dell’umanità il ‘deserto sovrappopolato’. Bisogna vederli quei cretini, mentre visitano un bled di beduini: la loro condiscendenza verso l’autoctono, che trovano straordinariamente *pittoresco* e *diverso*... In *Le Monde diplomatique* ho letto un articolo terrificante sui guasti del turismo di massa a Tozeur: saccheggio dell’ecosistema, distruzione dell’agricoltura, tradizioni millenarie spazzate via di colpo. Una frase del giornalista mi ha divertito, *en passant*: parlava di una regione fiera della propria cultura e identità. Per un arabo essere fiero della propria cultura e identità è la cosa più ovvia che ci possa essere. Per un europeo la cosa è a rischio tribunale.”

“Io, quando qualcuno mi dice che è fiero di essere nato da qualche parte,” ribatté Cécile, intenzionata a non cedere neanche un pollice di terreno, “penso sempre al verso di Maxime Le Forestier: ‘è sempre un caso’. Non vedo come si possa essere fieri di qualcosa che non abbiamo deciso noi stessi...”

“Certo, ma si può comunque essere riconoscenti verso i propri antenati per il patrimonio che ci hanno trasmesso, per esempio le conquiste sociali, la libertà dei costumi o l’uguaglianza dei sessi...”

Non ce la feci a rispettare i cinque minuti di attesa che mi ero imposto, prima di tornare a godere del modo meraviglioso in cui le fragranze delle verdure grigliate, del cassis e della cioccolata si effondevano sulla tavola...

"L'abate Morin fustigherebbe il mio egoismo se mi ascoltasse, mi rimprovererebbe di tradire la lettera del Vangelo, ma tanto peggio... Io e lui ci scontriamo spesso su tali questioni. Dopotutto, Morin fa il suo mestiere, e i suoi richiami all'ordine mi sono preziosi quando, a volte, l'odio rischia di prevalere in me. Ho quantomeno la fortuna, contrariamente a lui, di attraversare solo di rado dei periodi di siccità, come li chiama l'abate, quando Dio si assenta, sostituito dall'implacabile martellamento del dubbio, sotto il tiro nutrito dei sarcasmi ateisti."

In realtà Luc imbarazzava un po' tutti con le sue ciance: Manoela, più lucida del marito nonostante i bicchieri di pessac che scolava anche lei con autentico rapimento, lo scongiurava di tacere, rivolgendogli sguardi costernati.

"Strabuzzavo gli occhi quando quel salame di Ruszczyk sparlava del mio Dio, ma in realtà sono del tutto tranquillo sulla questione. In mia presenza si può insultare Cristo quanto si vuole, fare la caricatura del papa rappresentandolo nelle situazioni più scabrose, *me ne sbatto*. Il cattolicesimo, passato al frullatore dalla Rivoluzione, schiacciato nel frantoio del nichilismo tra Sade e Nietzsche, non ha nulla da temere dai morsi da barboncino degli atei contemporanei. Personalmente, quando ho bisogno di un avversario davvero tosto per verificare la solidità della mia fede, apro la Pléiade e mi chiudo nello studio."

Durante il suo soliloquio, aiutandosi con il coltello, Luc si divertiva a formare un triangolo isoscele con le briciole sparpagliate sulla tovaglia.

"In fondo continuo a credere nella potenza sovversiva del

messaggio cristiano. Solo che, con tutta evidenza, bisogna rimboccarsi le maniche, rilanciare il proselitismo nelle periferie, indicare la via della speranza, impegnarsi su tutti i grandi temi che travagliano la nostra epoca: la coppia, la sessualità, la giustizia sociale, l'identità. Penso che il cattolicesimo, inteso non come fede ma come corrente di pensiero, sarà il grande serbatoio di idee nuove per il XXI secolo, come del resto lo è stato per il XX, si finirà per riscoprirlo. Sono praticamente dei pazzi quelli che credono che si possa vivere senza Cristo."

Come molti inquisitori paranoici, Luc vedeva in ogni individuo un possibile malato di mente.

"Se Cristo scompare, verso chi si volgeranno gli infelici che errano nella selva oscura? Se non esistono più né salvezza né redenzione, quale speranza rimarrà al derelitto, all'ultimo degli ultimi, cui più nessuno tende la mano nel fondo della sua abiezione? Mireille Dumas? Jean-Luc Delarue? Non ho nulla contro di loro, ma tutto sommato, per quanto riguarda la salvezza delle anime, *Ça se discute* e *Bas les masques* sono intrattenimenti un po' troppo leggeri..."

"*Bas les masques* non esiste più," lo corresse Cécile. "Ora s'intitola *Vie privée, vie publique*."

Ma nessuna obiezione poteva più fermare il "mulino a parole": funzionava in totale autonomia.

"A tutti quei ragazzi dei quartieri a rischio Cristo farà vivere un trip, come direbbe mio figlio. Gli farà vivere un trip, così come lo ha fatto vivere a me, in una fase di transizione della mia esistenza! A trentatré anni, e pazienza se il simbolismo può sembrare enfatico, dopo che me ne ero a lungo allontanato, sono tornato a vivere sotto la luce abbagliante della sua evidenza."

"Può darsi che la tua *metanoia* non interessi Cécile e Pascal," lo schernì Manoela, tamburellando le dita sulla tavola, spazientita.

Quella frecciata risvegliò Luc, che lasciò andare il coltello e si riprese, *subito*[46].

"Scusate, Manoela ha ragione... Su questo argomento mi infervoro troppo..."

"Cosa significa *metanoia*?" chiese Cécile. "Non avevo mai sentito questa parola!"

Invidiavo, in mia moglie, quell'umiltà che la autorizzava a confessare in pubblico la propria ignoranza...

"Una specie di... conversione... se vuoi," farfugliò Manoela, mortificata dalla propria pedanteria.

"In parole povere, sul mio letto di dolore all'ospedale ho giurato a me stesso che sarei diventato astemio, se mi fossi salvato."

"Be', oggi finirò per imparare un bel po' di parole..." osservò Cécile senza lasciarsi smontare. "Cosa significa astemio?"

"È astemio chi non beve alcolici," spiegò Luc con molta semplicità.

Posò la mano sulla mia scapola.

"Ecco perché ho rifiutato il tuo *beverage* bacchico, caro Pascal."

In effetti non aveva consentito a se stesso nemmeno di intingere le labbra nella flûte di Pommery che accompagnava gli stuzzichini preparati la sera prima da Cécile, al ritorno da *Crad'expo*.

"Gira e rigira, ci si rimette di brutto, come vedi... Bisogna dare tempo al tempo, come dice il perfetto cristiano Don Chisciotte. Perdonate il luogo comune, ma dopo la mia EMI, considero ogni minuto come un *bonus* concessomi dal Signore. Non c'è più nulla che mi attiri veramente. Non che sia diventato indifferente agli altri e insensibile alla miseria, ma mi accontento di approfittare appieno dell'istante presente, anche quando

46. In italiano nel testo. (*N.d.T.*).

rimango incastrato in un ingorgo, anche quando un Ruszczyk mi stordisce con le sue storie di sesso, anche quando la cara donnina del piano di sopra mi sveglia alle 7 dopo che l'ho supplicata mille volte di non passare l'aspirapolvere la domenica mattina..."

"Ruszczyk racconta storie di sesso?" fece Cécile con stupore.

"C'è stato un periodo in cui lo faceva tutte le settimane!" ridacchiò Luc. "Poco ci mancava che conoscessimo anche la marca dei suoi preservativi!"

Cécile si voltò verso di me.

"Perché non me l'hai mai detto?"

"Non mi sembrava che la vita sessuale di Lionel Ruszczyk fosse di importanza capitale."

"*Di importanza capitale.*"

Si agitò sulla sedia.

"Vuoi scherzare, spero?! La cosa mi avrebbe aiutato a identificare meglio la sua personalità e a darti consigli appropriati."

"Cara, riparliamone più tardi, vuoi?"

"Comunque nutro seri dubbi sulla veridicità delle sue scappatelle... Per questo mi piaceva farlo parlare a mensa: un cacciaballe finisce sempre per inciampare, perché dimentica le sue balle via via che le inventa, Montaigne e Proust hanno analizzato il fenomeno meglio di me..."

La chiaroveggenza di Luc mi depresse per come evidenziava la mia ingenuità. Lui non avrebbe fatto una piega quando la bomba di Hélène Pellin fosse esplosa nell'*open space*. Irritata dal fatto che non avessi provveduto io, Cécile riempì il bicchiere di Manoela, che avevo inavvertitamente lasciato vuoto.

"Devo dire che una domenica l'abbiamo incrociato al Jardin d'Acclimatation con un'asiatica che non era certo sua sorella... Non più giovanissima, ma sublime. Eh, Manoela?"

"È vero, non se ne incontrano tutti i giorni di bellezze simili...

È strano, ma mi è venuta voglia di farle il ritratto, tanto trovavo magnifica quella donna. Avrà sicuramente posato da modella per dei pittori, non potrebbe essere altrimenti..."

Grazie a quale sesto senso Manoela Landreau aveva intuito che la moglie di Ruszczyk – anche se non poteva supporla tale – frequentava il mondo dell'arte?

"Comunque Lionel aveva un'aria strana, ha fatto finta di non vederci, era chiaro che non ci teneva a presentarcela."

"Se penso che ho perso ore a riflettere sulla situazione senza disporre di un elemento così cruciale, è insopportabile!"

Luc continuò a battere sullo stesso chiodo:

"Be', ma non c'è solo il sesso ad appassionarlo, Cécile! Ci sono anche i parricidi. Diciamo la cronaca nera in generale... Quell'imbecille è certamente abbonato a *Nouveau Détective*".

"I parricidi! Neanche di questo mi hai parlato!"

Cécile non usava mai quel tono così aspro in società. Le guance le si imporporarono a vista d'occhio.

"*Inverosimile!*"

" In Australia ci sono dei posti fantastici."

L'intervento di Julien suscitò profondo sconcerto.

Alle prese con i preparativi del ricevimento, quella mattina non gli avevo prestato troppa attenzione, e nemmeno dopo l'inizio del pranzo. Mi ero solo accorto della sua aria stralunata, dei suoi occhi iniettati di sangue.

"Cosa stai dicendo?"

Ciondolò il capo.

"Ho detto: in Australia ci sono dei posti fantastici per fare surf."

Sì, occorre segnalare, tra le altre qualità innate di mio figlio, una stupefacente abilità a stare in equilibrio sulla tavola. A Lacanau la sua eleganza senza pari nel fare surf stupiva sempre i suoi istruttori.

"Julien, non vedo bene il rapporto con quello di cui stavamo parlando. E in primo luogo un ragazzo non interrompe senza una buona ragione degli adulti che stanno parlando.

"Oh, Pascal, basta con i tuoi sermoni!"

"La capitale dell'Australia è Canberra. Tutti credono che sia Sydney o Melbourne. Ma in realtà è Canberra."

Nessun senso dell'educazione né delle più elementari convenienze sociali... Quel suo incaponirsi implacabile a rispondermi con delle provocazioni andava oltre le mie capacità di resistenza...

"Julien, ti ho chiesto di piantarla, e subito."

Per una volta, davanti ai miei invitati, riuscii a piegare quella testa di mulo.

"Be', ne sai di cose, Julien!"

Con un solo complimento ironico, Luc aveva neutralizzato il mio accesso di autoritarismo.

"È più conosciuta una città come Adelaide per via del Gran Premio di Formula 1, ma la capitale è Canberra. Mi piacerebbe molto andare laggiù."

"Un viaggio simile ti aprirebbe gli occhi sul mondo," approvò Luc.

"Più che altro vorrei mettere il massimo della distanza tra me e questo paese di merda in cui può capitarti di essere fatto a pezzi dai black senza che nessuno venga in tuo aiuto."

"Magari preferiresti vivere in Darfour, imbecille!" lo redarguii, irritato da quell'ennesima e oltraggiosa calunnia scagliata contro i suoi genitori.

"Non è facile andare in Australia. È un casino avere il visto. Laggiù selezionano solo giovani diplomati belli tosti che hanno voglia di lavorare, non come qui in Francia, dove lasciano entrare qualunque cazzo di immigrato in cerca di un alloggio abusivo."

“La pianti sì o no, vuoi smetterla, idiota?”

“Insomma Pascal, che ti prende, calmati!”

“Ah sono io che mi devo calmare? Ma sì, già che ci sei, mettiti pure a difenderlo!”

“Io almeno, quando racconto una storia, la racconto *per intero*! Non ometto gli elementi *essenziali*!”

“Percorrere quegli spazi meravigliosi a perdita d’occhio, sentire i propri passi affondare nella terra vergine, come i pionieri che partivano alla conquista del Far West...”

Quel lirismo puerile, che cadeva così a sproposito... Un malato, un fuso di testa!

Affascinante bisboccia domenicale, senza dubbio: l’erudito pieno di ponderazione che frequentavo a Credixis si trasformava davanti ai miei occhi in un fondamentalista religioso, mia moglie cercava ogni pretesto per attaccar briga con me e mio figlio stava davvero per sprofondare nella demenza.

“Ma l’hai visto questo cretino? È sotto l’effetto della droga, è completamente fatto! Ne ho fin sopra i capelli di lui, ne ho le tasche piene!”

Julien scoppiò a ridere in modo sconveniente.

“Completamente fatto, che squallida espressione da vecchio!”

D’un balzo scattai dalla sedia e gli mollai un ceffone. Una ciocca di capelli penzolò dalla bandana D&G che gli teneva sempre ben stretta la lunga capigliatura, secondo il suo ultimo capriccio in ordine di tempo. Mi portai le mani alle reni lasciandomi sfuggire una smorfia di dolore, e nel farlo rovesciai il mio bicchiere...

“Fila subito in camera tua, stasera facciamo i conti!”

“Pascal, non è giusto picchiare tuo figlio!”

Julien si alzò meccanicamente, in preda a una discreto ma incontenibile ridarella. Appena tornai a sedermi, maledicendo sia la mia sciatica sia il Château-Pape-Clément, potei valutare l'immensità del mio errore. Avevo fatto scivolare il dito nell'ingranaggio del maltrattamento, il quale, in quegli ultimi mesi, aveva comportato l'esecuzione sommaria di parecchi genitori da parte dei loro figli. Come si sarebbe giustificato Julien, presso gli inquirenti, dopo il massacro? Avrebbe spiegato che lo avevo picchiato sotto l'effetto dell'alcol, dopo che aveva espresso per la prima volta il suo desiderio di partire per il paese dei canguri?"

"I figli non sono facili da trattare, di questi tempi," mormorò Manoela, pallidissima.

"Oh no, oh no, per niente facili!" la soccorse Luc. "Non bisogna mai abbassare la guardia, mai!"

Cécile impilò goffamente i nostri piatti da formaggio. Notai che stava tremando.

"Vado a prendere la fondue," annunciò con un filo di voce.

Cogliendo il primo pretesto valido, Luc e Manoela accennarono ad andarsene, senza neanche prendere il caffè, malgrado le proteste di Agathe e Louis, discpiaciuti di non poter più inzuppare altre fette di mela, banana e kiwi nella cioccolata nera cremosa. Mezz'ora dopo, i Landreau stavano sul nostro pianerottolo e ci ringraziavano calorosamente, promettendo di invitarci presto in Avenue de Versailles.

Ma non ci credette nessuno.

Nei giorni successivi, Cécile e io non scambiammo una parola. Non essendo un "musone" – al contrario di mio padre, capace di non spiccicare più verbo per tre settimane dopo un litigio con mia madre –, quella guerra fredda mi pompava una tale quantità di energia che le mie performance al *desk* ne risentivano. Maledicevo Julien perché, con la sua irascibilità, mi instillava quella tensione permanente, tanto deleteria da seminare l'anarchia nella mia vita professionale e affettiva. Tuttavia, ispirandomi all'efficace fermezza dimostrata da Luc Landreau verso i suoi rampolli, questa volta non cedetti in nulla, anzi, diedi un giro di vite supplementare che provocò, domenica 22 maggio, l'ultima crisi.

Quel giorno Julien si assentò per l'intera giornata, pur avendomi dato la sua parola che avrebbe dedicato il pomeriggio alla disinfestazione di quella scuderia che gli faceva da camera. Alle 17 non aveva ancora risposto all'*ultimatum* che gli avevo lasciato nella segreteria del cellulare. Allora, come da accordi presi esplicitamente con lui, procedetti a una pulizia-svuotamento della stanza. Gettai nella spazzatura qualunque oggetto ingombrasse la moquette, tutte le cianfrusaglie che non mi parevano rivestire un'importanza particolare. Il metodo, che mi costrinse a un'incursione nella privacy di mio figlio, mi provocò non poco disturbo. Quando rientrò, verso le 19, aprii teatralmente la porta della sua tana.

"Ecco, non ti resta che passare l'aspirapolvere!"

Quando prese visione dello spettacolo, la sua reazione superò le nostre più infauste previsioni. Quel ragazzo evidentemente non disponeva più di tutte le sue facoltà. Per usare un'espressione corrente, sapeva talmente di *erba* da togliere il fiato, e mi dardeggiò addosso delle occhiate febbricitanti. Ebbi la certezza che mi avrebbe colpito.

Invece si accontentò di colpire l'armadio, che spaccò lasciandovi un taglio di parecchi centimetri. "Violenza nei confronti delle autorità costituite", pensai quando il pugno di Julien mi sfiorò il volto.

Otto giorni prima, il mistero della sua improvvisa infatuazione per Tobe Hooper si era illuminato di una luce fin troppo cruda. A Orléans, un adolescente si era avventato sul fratello servendosi di una tranciatrice. La vittima aveva perso un braccio e un occhio. L'aveva fatta franca, ma la prognosi era rimasta a lungo riservata. L'aggressore aveva vagabondato per ventiquattr'ore, prima di essere fermato non lontano da casa, sconvolto, incapace di fornire il minimo indizio per spiegare il suo gesto. Non aveva agito sotto l'effetto dell'alcol o di una qualche droga. Fino a quel giorno tra i due fratelli, nati in una famiglia unita, era regnata l'armonia.

"Si tratta di un vero eccesso di follia, del tutto inconcepibile", assicuravano i compagni di classe. Il preside del loro liceo accennava a sua volta a "un caso incomprensibile", una delle tante espressioni lette e sentite *ad nauseam*, accompagnate dalla sequenza morbosa degli aggettivi qualificativi: "spaventoso", "inspiegabile", "orribile".

Perché quelle persone si coprivano così ostinatamente gli occhi? Perché spendevano tutte le loro energie per scovare motivazioni quanto mai ipotetiche sotto quei comportamenti aberranti, invece di ammettere semplicemente l'evidenza? Ormai occorreva abituarsi a morire sotto i colpi del proprio figlio o a scoprire la propria famiglia decimata, rientrando a casa.

Personalmente avevo preso la mia decisione.

La battuta scherzosa di Ruszczyk dopo il triplo delitto dell'adolescente normanno, nel novembre del 2004, rimaneva ben viva nella mia mente. *È perché tengo alla vita.* Ancora una volta la canaglia aveva visto giusto, pur abusando del suo odioso cinismo, quando aveva insistito su quel rischio, oh certamente minimo, ma ben presente. Che dilemma potevano porre, in lui e nella sua splendida moglie, quei massacri a ripetizione?

Nessuno.

Eccomi di fronte a una realtà spaventosa, davanti alla quale mi rifiutavo di praticare ulteriormente la politica dello struzzo. Come non sospettare, nei ripetuti sconfinamenti di mio figlio, i prodromi di una psicosi i cui effetti devastanti avrebbero potuto innescarsi in qualsiasi momento? Con tutta evidenza vivevamo tutti e tre sotto la perpetua minaccia di una crisi di Julien, che giorno dopo giorno perdeva il controllo, ancor più di quegli adolescenti che da parecchi mesi erano al centro delle notizie di cronaca nera.

Per quale *modus operandi* avrebbe optato? Il coltello o il bastone? Il fucile o la tranciatrice? Avrebbe colpito in pieno giorno o avrebbe atteso la notte? Chi avrebbe eliminato per prima, la sorella o la madre? Tanto per cominciare avrebbe asportato loro un braccio o una gamba?

Come ogni sera, avrei aperto la porta blindata. Avrei trovato la casa immersa in un silenzio inusuale. Eccezionalmente, Cécile non mi avrebbe accolto con il suo abituale "cucù!". Inquieto, avrei posato la mia valigetta prima di avanzare lungo il corridoio a passi felpati. In cucina, il corpo decapitato di Cécile sarebbe stato immerso in una pozza di sangue, con il lungo coltello affilato che usava per tranciare il pollame piantato tra le scapole. Impietrito nel soggiorno, sul divano macchiato di emoglobina, con la tranciatrice ancora in mano, Julien non avrebbe distolto lo sguardo vitreo dal televisore spento, sul quale troneggiava la testa di sua mamma. Grazie a Dio, la sorella, gravemente mutilata, respirava ancora. Avrebbe gemuto nel suo letto, terrorizzata sotto il piumone, ammutolita dallo spavento.

No, nessuno avrebbe voluto vivere quelle scene d'orrore.

Quella sera trattai con indifferenza il cattivo umore del folle. La mia flemma lo disorientò. La sua bestialità aveva semplicemente rafforzato in me una determinazione già radicata allo stato latente da parecchio tempo.

Pulendomi i denti, e per il bene di tutti noi, ribadii a me stesso la mia decisione.

Irrevocabilmente.

XXIV

Glazer mi aveva concesso una mezza giornata di permesso per il giovedì successivo, unico giorno della settimana in cui Julien sarebbe rientrato per primo. Alle 13, invece di accompagnare Zacharias e Landreau a mensa, lasciai il *desk*. In metropolitana erano più i posti liberi di quelli occupati, il che non capitava mai nelle ore di punta, almeno non quando la prendevo io. Il treno deserto dava a quel primo pomeriggio un'aria strana, l'aria di quando si marina la scuola. Trovai il tragitto quasi riposante. Superata Nanterre, il treno uscì dal tunnel. Uno splendido sole primaverile scintillava sul marciapiede desolato.

Cullato dal rollio del treno, pensavo alla mia passeggiata di mercoledì attorno alle statue di Maillol. Il mio precedente incontro con Hélène Pellin mi aveva scottato, tanto che in un primo tempo avevo declinato il suo invito per un giro alle Tuileries, ma, a forza di insistere, Hélène aveva vinto le mie resistenze. Vicino alla grande vasca, mi aveva offerto un cono gelato al limone verde, per farsi perdonare l'umore bilioso esternato al Café Marly: umore dovuto all'ansia incontenibile che la sommergeva, via via che si avvicinava l'ora dell'appuntamento galante con Renaud Saint-Géry, l'architetto della sua sala da tè. Hélène riponeva molte speranze in quella relazione nascente e inattesa, speranze che, una volta tanto, non erano andate deluse.

"Colpo di fulmine". Sinceramente Hélène non vedeva altra metafora, pur datata che fosse, con cui definire quel fuoco divampato subito nel suo ventre, ancor prima di abbracciarselo tutto, anima e corpo. Una tenera e calorosa amicizia, unita a un'osmosi carnale, la innalzava verso beatitudini di cui non aveva mai immaginato l'esistenza, nemmeno all'epoca della sua romantica adolescenza. Hélène, alla fin fine, non avrebbe rivelato nessuna delle imposture ruszczykiane. Durante l'ultima settimana, mentre stava per spedire la mail collettiva che limava da una ventina di giorni, una forza misteriosa, all'ultimo momento, l'aveva trattenuta dal farlo.

"Non saprei come spiegartelo... Una specie di divieto, scolpito dentro di me a mia insaputa. Davvero strano... Sai cosa ho fatto invece?"

"No."

"Ho messo in moto la mia vecchia Scénic, ho raggiunto un punto solitario del bosco di Vincennes e ho dato alle fiamme quel cazzo di dossier preparato da Pierre Paul, le foto, le prove, l'estratto di nascita di Ruszczyk, tutto quanto! Dopodiché sono andata da Renaud. E durante il tragitto in macchina mi sono ripassata il nastro della Piaf: '*Non, rien de rien, nooon je ne regrette rien, car ma vie, car mes joies aujourd'hui, ça commence avec touaaaa!*' È kitsch, vero?"

Avevo alzato le spalle, seguendo con gli occhi un veliero in miniatura che beccheggiava nella vasca, investito dal potente getto d'acqua della fontana.

"Che importanza ha, dal momento che sei felice..."

"La tua indulgenza ti onora, Pascal! Ho sempre saputo che eri una persona profondamente gentile..."

Era scoppiata a ridere, offrendo il suo décolleté ai raggi del sole.

"Se mi avessero detto che avrei vissuto i giorni più belli della mia vita a quarantotto anni, disoccupata e divorziata!"

Ero contento di vederla così radiosa. Dentro di me ammiravo il suo spettacolare recupero. Ben presto la nostra casa avrebbe dato ricovero alla sua serenità. Spesso Cécile e io auspicavamo un allargamento della nostra cerchia di amici, dal momento che avremmo potuto di nuovo invitare gente senza più temere uno scandalo. Ebbene, Hélène e Renaud figuravano in cima alla mia lista.

Tra i due fucili e la carabina ereditati da mio nonno, avevo scelto la Beretta semiautomatica a tre colpi. Il nonno custodiva le sue armi da caccia con tale scrupolo che non si rese neppure necessaria una revisione presso l'armaiolo. E ritrovai senza difficoltà anche le munizioni, conservate con cura in una vecchia scatola da scarpe. Anche lui portava solo le Weston.

Seduto sul divano, attesi l'arrivo di Julien, con la Beretta in posizione trasversale rispetto alle ginocchia. Quella notte avevo dormito male, ma sentendo Julien girare la chiave nella serratura fui pervaso da una calma assoluta. Dopotutto, assolvevo il mio compito. Quando la silhouette di mio figlio si stagliò nel riquadro della porta, spianai l'arma contro di lui. Per la prima volta da un'eternità il suo volto manifestò un'emozione umana, un misto di panico e incredulità. Sennonché, dopo i mesi che aveva passato a dare i numeri, come prendere sul serio quella prova tardiva di buona volontà, esclusivamente condizionata da una paura bestiale del castigo?

"Cosa stai facendo, papà?"

Ascoltando quelle due sillabe meravigliose che mi riportavano bruscamente a un passato luminoso e neanche tanto lontano, fui lì lì per abbassare l'arma. Ogni febbraio andavamo in montagna a sciare, prima che io mi lacerassi i legamenti crociati del ginocchio. La sera, rientrando dalle piste, davanti allo chalet, Julien e io salivamo sullo slittino, ci imbacuccavamo e scendevamo giù per il pendio a una velocità straordinaria. Il vento mi soffiava nelle orecchie, stringevo tre le braccia la carne della mia carne, le ossa fragili della sua cassa toracica scossa dalle risate, e mi chiedevo quale magnifica azione avessi mai compiuto per meritarmi tale felicità. Poi ci attendeva uno spuntino caldo preparato da una Cécile al settimo cielo, e infine Julien e io ci concedevamo una doccia bollente, sfiniti di fatica e di gioia. Manon imparava a leggere sui quaderni delle vacanze. Premetti per due volte il grilletto.

Julien crollò pesantemente a terra. Non mi fidavo del comportamento onorevole di quell'elemento incontrollabile, ma quando mi avvicinai constatai che il colpo di grazia non era affatto necessario. Julien aveva probabilmente sofferto ben poco. "Nell'ottobre '64", assicurava mio nonno mostrandomi una cartuccia verde che teneva tra il pollice e l'indice, "con questa ho fatto secco un cinghiale in piena corsa!" Ricordavo quella sua frivola vanteria non senza una commossa tenerezza, mentre osservavo i guasti causati dalla scarica di pallettoni che aveva letteralmente staccato la testa dal tronco gracile e ancora quasi impubere di mio figlio. Non si pensa mai fino a che punto il corpo umano sia principalmente composto di canali. La scena mi ispirava un'innegabile pena, ma il mio cuore non batteva troppo in fretta.

Verificai l'ora sulla pendola della cucina. Non mi andava che le ragazze assistessero alla rimozione della salma, momento ritenuto delicato per i congiunti. Valutai l'ampiezza del compito che mi attendeva nelle prossime settimane, tra le seccature della polizia, i cavilli che un giudice istruttore attento alle procedure non avrebbe mancato di contestarmi e i tesori di pedagogia che avrei dovuto prodigare per convincere Cécile della fondatezza del mio atto di prevenzione volontaria. Avrei insistito sulla lucidità, l'abnegazione e addirittura il *coraggio eroico* di cui avevo dato prova procedendo senza tremare a quello che – mi sembrava di sentirlo già da lì – quel porco di Ruszczyk avrebbe definito "aborto postnatale", quando il vento avrebbe portato la notizia fino a Chelsea. In definitiva, sapevo che avrei convinto mia moglie della ragionevolezza del mio operato.

Del resto, obiettivamente, chi, a parte la madre, avrebbe rimpianto a lungo quel giovane drogato razzista e maniaco sessuale? Anche Manon lo avrebbe dimenticato. Dura così tanto, la vita.

Posai la Beretta sul tavolino basso. Adesso mi sentivo tranquillo, finalmente sollevato da quell'angoscia diffusa che mi abitava da mesi. Con mia grande sorpresa, constatai che la lombaggine era scomparsa. E a livello della nuca si manifestò un immenso rilassamento, tanto che faticavo a tenere la testa diritta. Lungo la colonna vertebrale i muscoli si stavano distendendo, procurandomi una straordinaria sensazione di benessere. Unii i piedi e riuscii a toccare il suolo con le dita senza piegare le gambe, impresa che non mi riusciva più da anni.

Presto sarei potuto tornare al percorso-salute.

Così, ancora per tre o quattro minuti, continuai con gli esercizi per sciogliere la muscolatura.

Poi, con calma, mi accostai al telefono.

Sulla tastiera digitale composi il 17.

Parigi, agosto 2008

Bompiani ha raccolto l'invito della campagna
"Scrittori per le foreste" promossa da Greenpeace.
Questo libro è stampato su carta certificata FSC,
che unisce fibre riciclate post-consumo a fibre vergini
provenienti da buona gestione forestale e da fonti controllate.
Per maggiori informazioni: http://www.greenpeace.it/scrittori/

Finito di stampare nel mese di novembre 2012 presso
il Nuovo Istituto Italiano d'Arti Grafiche S.p.A. – Bergamo

Printed in Italy